U0644613

国家哲学和社会科学基金项目成果

走向世界的中国语言

以马礼逊《汉英英汉词典》为桥梁

杨慧玲 著

生活·讀書·新知 三联书店

图书在版编目（CIP）数据

走向世界的中国语言：以马礼逊《汉英英汉词典》为桥梁 / 杨慧玲著. —北京：生活 · 读书 · 新知三联书店，2017.1
（儒学与欧洲文明研究丛书）
ISBN 978－7－108－05768－6

Ⅰ. ①走…　Ⅱ. ①杨…　Ⅲ. ①英语－词典 ②词典－英、汉
Ⅳ. ① H316

中国版本图书馆 CIP 数据核字（2016）第 183942 号

特邀编辑　李　东　赵庆丰
责任编辑　朱利国　马　翀
装帧设计　刘　洋
责任印制　卢　岳
出版发行　生活 · 讀書 · 新知 三联书店
　　　　　（北京市东城区美术馆东街 22 号 100010）
网　　址　www.sdxjpc.com
经　　销　新华书店
印　　刷　北京中石油彩色印刷有限公司
版　　次　2017 年 1 月北京第 1 版
　　　　　2017 年 1 月北京第 1 次印刷
开　　本　635 毫米 × 965 毫米　1/16　印张 21.75
字　　数　280 千字
定　　价　60.00 元
（印装查询：01064002715；邮购查询：01084010542）

目　录

序　一

陈国华

马礼逊（Morrison）的三部六卷本*A Dictionary of the Chinese Language*（1815—1823），即本书作者所称《汉英英汉词典》，是世界第一套正式出版的汉英英汉词典。2008年，这套词典以《华英字典》为中文译名，作为张西平等主编、杨慧玲等副主编《马礼逊文集》的组成部分影印出版。笔者承蒙张西平教授惠赠文集全套14册，在此深表感谢。

马礼逊的词典，国内外已有不少研究，其中着力最大、成就最突出者，当属本书作者杨慧玲。她从硕士到博士，从毕业留校到如今，十几年来锲而不舍，孜孜不倦，一直都在做有关这一题目的研究，访学足迹遍布亚欧各国和地区，掌握了大量第一手资料。她的研究成果使我们对马礼逊所编写的词典和他对英汉双语词典学的贡献，有了更深入的了解和新的认识。现在她嘱我为其新作《走向世界的中国语言：马礼逊〈汉英英汉词典〉研究》作序，我欣然从命，因为我本人也在编写汉英、英汉词典，拜读这部著作和马礼逊的原著，使我获得一个学习的好机会。

一套200年前出版的词典至今仍然引发众多研究者的兴趣，可见它已经成为词典学，尤其是双语词典学的一部经典，其设计特征和编纂实践既对词典学理论构成了挑战，也为今天编写同类词典提供了宝贵的经验和值得汲取的教训。

词典学发展到今天，词典的分工或分类已经相当细密。既有单语词典，又有双语乃至多语词典；既有通用词典，又有专科词典；既有语文类词典，又有百科类词典；既有历时词典，又有共时词典；既有大型词典，又有中小型词典；既有参考词典，又有教学或学习词典。各类词典都有自己的设计特征。马礼逊这套词典对词典学理论的挑战就是：它应该归属哪一类？

马礼逊的这套词典由条首字按部首排序的三卷本《字典》、按音节排序的两卷本《五车韵府》和单卷本*An English and Chinese Dictionary*组成，除了不是单语专科词典外，具有多种词典的设计特征。首先，他在三部词典的简介或前言里都明确表示，编这套词典的目的是帮助不懂中文的人，特别是欧洲人学习中文，也就是说，他要编的是学习词典。然而他在《字典》简介里却宣布："本字典的基础是《康熙字典》，所收字的排序方式和数目都与之一致。"（《华英字典》第一册简介第9页）我们知道，学习词典的首要设计特征是对条首字加以限制，仅收录日常口笔语交流所必须掌握的常用词。《康熙字典》收条首字4.7万个，是典型的参考词典，这些字四分之三以上都是一般中国人一辈子也用不到的，更不用说学中文的外国人了。计划编学习词典却照搬参考词典的宏观结构，这可能是马礼逊在词典设计特征上的唯一重大败笔。由于《字典》工程浩大，翻译那些用不着的条目浪费了马礼逊的宝贵时间和精力，所以三册中只有第一册编得比较认真，以便腾出时间编写后面的音序词典，结果便是《字典》的第二、三册成了蛇尾。汲取了这一教训，马礼逊接下来在编纂《五车韵府》时，采取了更加切实可行的做法，把条首字压缩到1.2万个，正文篇幅由《字典》的2700页锐减至1000页；最后编纂英汉词典时，篇幅又进一步压缩至480页，这才像一般学习词典的规模。

《康熙字典》被公认为一部通用或语文字典，马礼逊的《字典》是在其基础上编纂而成，可是如果由此推定后者是和前者一样的通用或语文字典，那就错了。虽然就整体而言，马礼逊《字典》的释义以及各条目里所收录的词语和例证主要衍生自《康熙字典》，但据笔者观察，其常用字条目的内容，特别是就《字典》第一册而言，却往往大都来自他自己"有关汉字的知识、传教士编写的罗马教会所藏各种手抄本词典[1]、中国本土学者，以及自己特意研读过的五花八门的作品"（《华英字典》第一册简介第9页），这些内容《康熙字典》是没有的。杨慧玲注意到，马礼逊的《字典》还收录了大量百科词语，释义部分包含大量有关中国文化的内容。在英国出版的通用或语文词典里，此类信息是不多见的，因为欧洲国家的文化传统主要源自希腊、罗马，彼此大同小异。在习惯了西方传统词典模式的人眼中，马礼逊《字典》的内容显得过于"散漫"（diffuse）。针对这一批评，马礼逊在《五车韵府·前言》里回应说，"欧洲人不去中国，没有本土中国人的帮助，仅靠一部词典里**单个**[2]字的释义和**脱离语境**的例句，是学不会中文的"，因为"中国人是有原创性的人（original people），其思维和推理方式都有原创性，常与欧洲人大相径庭"；"外国人如果对中国的风俗习惯和思想意识（usages and mind）一无所知，凡遇到比**递给我一把椅子**或**拿个盘子过来**稍微深刻一点的句子，必然会导致对他们语言的误解"（《华英字典》第四册前言第4页）。在对百科或文化知识的处理上，马礼逊的观念具有相当的超前性，值得今天的词典学家编写通用或语文词典借鉴。

在康熙时代，语文词典意味着文言词典。《康熙字典》收录的词语和例证全部出自"经史百子以及汉晋唐宋元明以来诗人文士所述"（《康

---

[1] 据杨慧玲（2011）考证，其中最重要的手抄本词典是叶尊孝（Basilio Brollo，1648—1704）编纂的汉拉词典《汉字西译》及其英法译本。

[2] 原文用斜体加以强调，今改为黑体，下同。

熙字典·御制序》），而且条目内容大体按照历史原则编排。马礼逊要为欧洲的中文学习者编学习词典，必然要在以上两方面突破《康熙字典》的框架。马礼逊发现，“虽然皇帝陛下指示字典的编纂者要做到‘无一义之不详、一音之不备’，他们却几乎完全忽略了口语”（《华英字典》第一册简介第9页）。为了让欧洲的中文学习者学会与中国人进行日常口头交流，马礼逊在《字典》里收录了大量当时的汉语口语词汇和例证，同时将这些词汇、释义和例证编排在相关条目之首，以方便学习者查阅。这种口语和文言兼顾，当代先于古代的原则，满足了当时外国人学中文的要求。今天文言文虽然已经基本不再使用，但古代的名言名句仍有不少存活在当代汉语里。口笔语兼顾、今古兼顾的原则仍然值得今天的词典学家在编纂学习词典时借鉴。

在学习词典的主要设计特征中，最重要的就是提供什么样的语法和搭配信息，因为不提供语法信息，就无法保证学习者造出合语法的句子，不提供搭配信息，就无法保证学习者造出地道的句子。马礼逊在其词典中用的是什么语法体系，有没有提供搭配信息，提供了什么样的搭配信息，是我最关心的问题。

马礼逊在着手编词典之前，已于1811年完成了《通用汉言之法》（*A Grammar of the Chinese Language*）的写作。[1]在这部文法中，马礼逊共区分出了汉语的10类词[2]，即名词、量词、形容词、数词、代名词、谓词、副词、前置词、连词、叹词。除量词之外，其他9类词都是按照西方传统文法区分出来的。照理说，有了这样一个词类体系，马礼逊编词

[1] 这部语法书是第一部用英文撰写的中文语法书，与《字典》第一册于1815年同时出版。

[2] 日本学者内田庆市（2008:14）没有注意到马礼逊把量词也单列为一类词，误以为《通用汉言之法》的“词类也与当时英语的词类一样分为九种”。事实上，马礼逊还区分出另外一类词，即“用作前缀或后缀、表示数或复数的虚词（a particle of number or multitude）”，如“多人”的“多”、“先生们”的“们”（见《通用汉言之法》第60—61页），不过他没有将这些虚词单立一类。在西方文法传统里，particle指没有形态变化的副词、介词、连词等。汉语文法传统里的“虚字”或“虚词”一般被西方汉学家译为particles或function words。

典时对条首字进行语法标注就有了依据。然而杨慧玲发现，马礼逊的《五车韵府》很少给条首字标注词类，即使在释义里说明某个条首字的语法功能，所用术语也往往与《通用汉言之法》的术语有所不同，例如“而”字在语法书中被认为是连词（conjunction），在词典中被称为“连接虚词”（connective particle）。由此得出的结论是：

> 马礼逊的汉语语法体系的真正载体并非《通用汉言之法》，而是《汉英英汉词典》。然而，马礼逊在《汉英英汉词典》中总结的汉语语法事实以及对语法规律的描述，分散在词条中，增加了研究的难度。目前，对于马礼逊汉语语法体系的研究尚待展开。

杨慧玲的结论不仅适用于《五车韵府》，也适用于《字典》。特别值得注意的是，马礼逊在对《字典》里“且”“乃”“也”这三个虚字[1]释义时，跳出了西方传统文法的束缚，吸纳了中国传统文法的一些概念。先看“且”：

> 且 TS’THEÀY. * 且 S. C. 且 R. H.[2]
>
> …
>
> A particle, common in the beginning of sentences, where it is often an expletive; or as the Chinese call it, 发语之词 Fäyuchetsze. “A word ushering in a sentence.” An exporession of doubt, as, “If, should,” &c. It may often be translated, “And, then, therefore, further.” 且 Ts’heay.

---

[1] 这3个字都在《字典》一、丨、丿、丶、乙这前5个部首范围之内。

[2] *代表六书系统里的第一类汉字，即象形字；S. C.是seal character“小篆”的简写；R. H.是running hand“行书”的简写。马礼逊在“简介”（第3页）里将草字（即草书）误译为running hand，又将行字（即行书）误译为free hand。另外马礼逊提供的小篆“且”字里没有两横。

而|Urhts'heay, in the middle of a sentence, may be rendered, "And, and also;" as, 高而|宽 Kaouerhts'heaykwan. "High and also broad." ...

They say it is 进一步之词 Tsinyĭh poo chetsze. "A word denoting, advancing a step farther;" as 既明|哲 Kemingts'heaychĕ. "Discerning, and moreover, highly intelligent."

马礼逊首先将“且”定性为虚词，并说中国人称之为“发语之词”。该说法不见于《康熙字典》对“且”的释义。这一术语最早可以追溯到颜师古（581—645）的《汉书注》，里面区分“发语辞”和“语终辞”（又称“句绝之辞”），前者如《司马迁传》中“爰及公刘，以尊后稷也”的“爰”，后者如《哀帝纪》中“六月甲子制书，非赦令也”的“也”。

接下来我们看到，在“乃”字条的最后，“语终辞”也进入了《字典》的释义，只不过“终”字被换成了“已”字：

乃 NÀE.* 㐅 S. C.

…

They define it by, 语辞 Yu tsze. "Particle of speech, and expletive." 承上启下之辞 Shingshangkeheachetsze. "A particle connecting the preceding and the following." 继事之辞 Keszechetsze. "A particle continuing a subject." 辞之难也 Tszechenan yay. "Denoting a difficulty of expression." 辞之缓也 Tszechehwan yay. "Denoting a slowness of expression." 语已辞 Yu e tsze. "Denoting a sentence already finished."

该字条的释义里使用的“语辞”“承上启下之辞”“继事之辞”“辞之难”“词之缓”“语已辞”，全是直接从《康熙字典》里照搬过来的。不过马礼逊没有把《康熙字典》里的例证也一起照搬过来，可能因为他还没有完全搞清楚这些例证的意思。

“也”字的三个语法功能中，第一个被认定为“完成并结束一个句子或段落”，请看：

也YÀY. * S. C. R. H.

A Particle used generally to round and close a sentence or paragraph. At the beginning of a sentence, it possesses a qualifying sense; in the middle, keeps the mind dwelling on the principal word. In light compositions, and in the Colloquial Dialect, used in the middle of a sentence, in the sense of “And, also, likewise, even.”... 莫见乎隐莫显乎微故君子慎其独也Mŏhëénhoo yin; mŏhëenhoo we; kookeuntsze shin ketŭh yay. To a person’s self “there is no place more open than the most secret retirement; there is nothing more manifest than his most minute thoughts and actions; therefore, a good man is particularly attentive to the things which he alone knows.”(Chung yung.) |好Yayhaou. “Also well; may do.”道|者不可须臾离|可离非道|Taou yay chay; pühk’hoseuyu le yay; k’hole, fetaou yay. “Taou, (or the principle of natural conscience and reason) is that which may not be departed from for a moment; that which may be departed from, is not Taou.”(Chung yung.)

...They define it by,语之余| Yu cheyu yay.“The excess, or superabundance of a sentence.” Again, 凡言|则气出口下而尽| Fan yen yay, tsĭhk’hechŭk’howheaurhtsin. “Whenever Yay is uttered, the breath departs from themouth and is terminated.” Again,所以穷上而[1]成文 | So e keungshangurhchingwăn yay. “It is that which terminates the

[1]《康熙字典》原文里没有“而”字。

preceding, and perfects the sentence.[1]

类似术语还有哪些，出自什么地方，值得进一步发掘。

马礼逊在对汉英词典的条首字进行文法标注时，将自己事先为汉语建立的文法体系束之高阁，转而采用中国本土学者的术语，说明他发现自己的那套体系不足以清晰、准确地描写汉语口语和文言的实际使用情况。外国学者、汉学家早在200年前就已经认识到传统西方文法之履无法用来套汉语之脚，我们今天还需要用那9—10个词类再试一遍吗？

最让我大开眼界的是马礼逊对汉语搭配的认识和处理。据《牛津英语词典》，英文collocation（搭配）这个词作为语言学术语，在英语里的用法首见于美国语言学家乔治·特拉杰（George L. Trager，1906—1992）1940年发表在《语言》（*Language*）（第4期）上的一篇论文[2]，英国语言学家佛斯（John R. Firth，1890—1960）1951年在《论文与研究》（*Essays and Studies*）上发表论文《意义的模式》（*Modes of Meaning*），将collocation作为一个技术术语引入现代语言学。事实上，早在其1933年提交给英语教师第10次年会的《关于英语搭配的中期报告》（*Second Interim Report on English Collocations*）中，另一位英国语言学家哈罗德·帕尔默（Harold Palmer，1877—1949）就强调了搭配对于产出听起来顺耳的外语的重要性（见中文版维基百科的collocation条）。即便如此，人们的印象仍然是，英语国家语言学者对搭配的关注是很晚的事。然而马礼逊在《字典》简介里说："汉字的形式和词的得当搭配（the proper collocation of words）是中文不可或缺的两个方面，需要认真对待。"一句话将collocation的首次出现和学界对这一问题的关注往前推了

[1] 这一段的中文，前一句出自《康熙字典》所引《说文解字》徐注，最后一句出自《玉篇》。
[2] 论文题目是"俄语的性范畴"（The Russian gender categories）。

将近120年。马礼逊没有对collocation加以界定，不过通过对字条内容的研判，我们可以推断，在马礼逊看来，凡由两个或以上单字组成的固定表达式，只要不是例证，都在汉语搭配之列。马礼逊是不是最早提出搭配概念的学者，英语语言学里的搭配概念是否源自汉语语言学，也值得进一步考证。

序　二

章宜华

2015年4月，杨慧玲博士通过电话聘请我为她主持的国家社科基金青年项目——马礼逊《汉英英汉词典》研究的“咨询专家”，并带着她那仍散发着油墨香的书稿专程从京来穗，在美丽的白云山下让我来最先分享她的研究成果。当时我们一起探讨书中的亮点和存在的一些问题；她对马礼逊历史资料掌握之丰富、理解之深透，以及她谦逊严谨的学术态度都给我留下了深刻印象。今年3月中旬，她又来函说其成果已经顺利结项，并得到国际儒学联合会的资助，将在北京的三联书店出版，希望我能作一篇序言，还附上了最新修订的电子版的书稿。当然，对于像她这样积极向上的青年学者的学术研究，我自当鼎力支持。

认识杨慧玲博士的时间大概是2009年10月在北京外国语大学召开的第八届全国双语词典学术研讨会上，她有些“特别”的发言引起了我的注意：年轻人一般热衷于用现代语言学理论来研究词典，特别是研究学习词典的编纂和使用，而她却从史学的角度来谈“汉英双语词典的诞生及其早期设计特征”，从明末西方传教士入华开始的西方传教的历史文化背景的视角来审视这些“业余作者”所编写的汉英词典，给人一种清新的感觉。

事实上，杨慧玲博士从硕士阶段起就开始了对马礼逊编写的世界上第一部汉英英汉词典的第二部分《五车韵府》的研究。十多年来，她到过西方许多国家访学，这为她系统搜集有关马礼逊与其《汉英英汉词典》方面的第一手资料或历史记录提供了便利条件，她也因而获得了大量的史实资料。她的博士论文和国家社科基金青年项目也都是围绕马礼逊及其《汉英英汉词典》展开的。她可谓是国内在马礼逊研究方面取得成果最为显著的青年学者之一：2011年7月，《19世纪的汉英词典传统——对马礼逊、卫三畏、翟理斯汉英词典的谱系研究》被评为北京市优秀博士论文，2013年1月，该论文获得“2012年全国百篇优秀博士论文提名”；同年，她入选教育部“新世纪优秀人才”支持计划，最近又入选北京外国语大学“卓越青年教师”。

有关马礼逊及其词典的研究资料我也读过一些，但大多是就事论事，而像杨著这样掌握的资料之全、涉及的史实之翔实、研究视野之宽广、学术见解之深刻，所见不多。作者从英语单语学习词典和汉外、外汉双语学习词典的源流入手，阐述了马礼逊词典产生的社会和文化背景，及其对传统的继承与创新。

作者以翔实的历史资料对马氏词典的编纂动机、词典内容和规模、词典用户及需求、词典的类型及功能，以及马氏词典的个性化特征等都做了全面系统的阐释，着力论述了马礼逊《汉英英汉词典》的设计理念，并从宏观结构和微观结构两个方面论述了《汉英英汉词典》中蕴含的不同于英语学习词典的设计特征，较真实地反映了马氏词典设计和编纂的全过程，揭示了欧美汉语学习者对汉语词典的需求，以及编者为满足用户需求所做出的努力，从用户需求的视角分析了马氏词典中对当代汉语学习词典编纂的实践意义。

最后，通过对马氏词典中大量的汉英翻译例证进行具体分析，探讨了中国文化特色词的突破的词典翻译方法，为突破语言文化障碍做出了有益的探讨。

研究200多年前的词典史确实不是一件容易的事情，因为资料的搜集和分析难度很大，故大多是搜集别人的零星或个案研究进行综述，从中获得一些“灵感”；而本书所用的文献，包括马礼逊亲笔编写的编纂所需的中文藏书目录和原始条目的编写与修改记录，以及马氏家谱、马氏自撰个人年谱等，均是以往马氏研究未曾提及过的第一手资料。这些弥足珍贵的文献，加上作者深厚的史学研究积累和历时的研究方法，使本书得以向读者真实地展现马礼逊的对外汉语词典产生的时代和文化背景，以及其词典编纂动机、设计理念和编纂过程。这些史实的挖掘和梳理对于丰富近代文化史、世界汉语教育史、双语词典史等都有积极的作用。

阅读此书稿，使我也对马氏词典编纂的理念，以及《汉英英汉词典》的价值有了重新的认识。如果说还有些许微瑕的话，就是文中对马氏及作品的评价多了一点主观色彩，少数段落的句子还不够精练。但瑕不掩瑜，本书从理论阐释和史例分析都展现出了作者深厚的学术功底和创新思维。我有幸在此书出版前通读全文，谨此诚恳地向读者推荐这部对外汉语词典研究的佳作。

2016年初夏于白云山麓

前　言

本研究是通过剖析世界上第一部西方人为促进以英语为母语者的汉语学习而编纂出版的《汉英英汉词典》，探究外向型汉英学习词典在学习词典的设计与译义方面如何体现“汉语学习”的“针对性”特征，探讨如何在21世纪外向型汉英学习词典的设计和译义中体现出汉语学习的特色，为当代编纂具有世界影响力的汉语学习工具书提供宝贵的历史经验，打破当下汉语学习词典的编纂热衷模仿英语单语学习词典的迷信，总结历史成功经验，基于汉语自身特点，从汉英对比的角度，以具体案例展示如何熔古铸新，创新21世纪外向型汉英学习词典的设计特征和译义方法。

以往日本、澳大利亚等国的国际学者对马礼逊的《汉英英汉词典》的研究，是分别从语言史、文化翻译、文献学的角度展开的。本研究立足于词典学，是国际范围内首次从词典学和词典文本入手对马礼逊《汉英英汉词典》进行研究的专著。为此，在研究中笔者精心设计了以“需求－功能－设计特征”为核心的外向型汉英学习词典研究方法，帮助当代人理解历史上汉英学习词典的功能和设计，剖析其所具有的辅助汉语学习的功能和功效。不同于国内学界模仿英语单语学习词典的路向，本研究另辟蹊径，以早期汉英学习词典为根基，探索发展具有中国文化特色的外向型汉英学习词典的新路径。

专著由六章和五个附录组成。作为跨学科视野下的研究，第一章先追溯了英语单语学习词典和外向型学习词典的不同发展历程，马礼逊的《汉英英汉词典》作为历史上继往开来的汉语学习词典典范，是回应外国人学习汉语的迫切需求而衍生出的一支独立汉语学习词典传统，一条迥异于当下借鉴英语学习词典设计汉语学习词典的新路向。基于此认知，本书以马礼逊的《汉英英汉词典》为核心，根据笔者在海内外探访到的珍贵原始文献，尽可能真实地再现历史上马礼逊的汉语学习方法以及编写第一部《汉英英汉词典》的过程。接着，从词典编纂角度剖析词典文本，以词典编纂具体过程为纲，结合词典学理论分析词典设计特征、欧美汉语学习者的需求及词典文本如何服务欧美汉语学习者，探究马礼逊词典中蕴含的积极因素和功用，以及它们对当代汉语学习词典编纂的启发。同时，适度地引入学习词典理论以及用户视角，以此搭建起对词典史研究与当代词典编纂实践的桥梁，从而超越单纯词典史研究的个案意义，更好地挖掘词典史著作在当代的普适性价值。

第二章采用史学的方法概括性地勾勒了词典作者生平、词典编纂背景、编纂过程以及印刷出版的历史，尤其重视描述和词典编纂、出版等相关的重要环节。一般从事词典研究的都是语言学学者，研究编写于两百年前马礼逊的《汉英英汉词典》，如果没有史学研究的基础和方法，只对词典文本进行研究而不清楚词典文本的产生过程，文本研究也不能深入。因此，了解词典作者的人生经历、汉语学习过程以及词典编写过程等背景资料，都有助于更好地理解后续章节的词典文本分析。历史学者们为马礼逊作传者不乏其人，马礼逊的生平也是两百年来学者们着力较多的一个领域。然而本章中笔者所采用的文献，均是未被以往致力于马礼逊研究的历史学者所见所闻的第一手资料。马礼逊的后人在20世纪末新捐献的马礼逊的家谱、马礼逊自撰的个人年谱、马礼逊亲笔写的编纂词典的中文藏书目录、入选英国皇家学会会员记录等一大批珍贵原始文献，都是以往研究马礼逊的专著或专题研究中所无、本研究首次采用的原始文献，这些珍贵的文献被收入附录一和附录二。第二章的内容简洁而丰富，笔者按照马礼逊自拟的人生阶段叙述马礼逊的生平，用一手新文献补史之阙，还重点剖析了马礼逊的汉语学习经验以及词典编纂过程的史实。马礼逊的《汉英英汉词典》之所以能够成为世界上出版的第一部汉英双语词典，与其艰辛的出版过程有关。这些史实的挖掘和梳理对从近代史、世界汉语教育史、双语词典史等领域深入了解马礼逊的生平和作为有新的贡献，也正因为原始文献的珍贵，文中倾向于使用直接引用原始文献，而非转述。

第三章从实用词典学的角度深入剖析马礼逊的《汉英英汉词典》。马礼逊词典编纂年代距今久远，马礼逊词典中的许多内容设计和功能并不为当代学人所理解，而且翻阅过或者能够查阅马礼逊《汉英英汉词典》的人也不多。为此，作者采用宏观结构和微观结构相结合、内容描述和功能分析相结合、文字与图像相结合的综合模式，立体地呈现马礼逊词典中的内容与功用，在此基础上客观地为该词典定性。由于《汉英英汉词典》的三个组成部分是各自相对独立使用成书的词典，每一部分的设计特征和功能都各不相同，因此，第三章从“功能”的角度分别对三个部分《字典》《五车韵府》《英汉词典》进行了宏观微观结构描述和词典功能剖析。这样做的目的是更好地理解汉语学习词典的用户需求以及外向型汉语学习词典设计时如何在宏观结构和微观结构中满足这样的需求。这与学习词典学理论所倡导的功能理论有一定关系，功能理论强调学习词典满足未来潜在用户的需求，而本章研究的对象是首部汉英学习词典中所具有的满足以英语为母语的学习者实际需求的实用功能，建立在此基础上服务于未来外向型汉语学习词典，同时兼具功能理论所提倡的价值和意义。

第四章主要从词典的宏观结构和微观结构两个方面，提炼出马礼逊《汉英英汉词典》中蕴含的能体现出不同于英语学习词典而颇具“汉语学习词典”设计特征的精髓，按照“需求－设计特征”的模式解析马礼逊词典中对当代汉语学习词典编纂仍有价值的历史经验。第一节结合实证研究的调查结果，首先确定汉语学习过程中学习者查阅词典的类型和目的。在此基础上，提出了最能满足学习者需求的检索系统和编排系统的设计方案。第二节是对微观结构的分析，首先对被以英语为母语者视为难记的汉字，在词典中增加释字部分，通过解析有限的表音表义的汉字部件，结合汉字故事，增强学习者对汉字的文化理解和对形音义的联系记忆。接着，对外向型汉英学习词典编纂中涉及的词类标准问题和词语搭配问题，提出了利用语言学和计算语言学的最新成果，编写具有扎实汉语语料库根基的学习词典的设想。最后，针对学习词典必不可少的文化信息，以及如何在有限的词典篇幅中全面引入中国文化的知识和信息，总结了马礼逊《汉英英汉词典》中的成功经验。

第五章利用马礼逊《汉英英汉词典》所包含的海量双语翻译例证，通过具体案例，对外向型汉英学习词典如何跨越语言与文化障碍进行了探讨。第一节对于所有的汉字都能进一步分解成为意符、音符、记号这三类字符，通过具体实例探究这三类字符译义以及出现在形声字中译义的理据与方法。第二节分别以虚词“什”和复杂多义动词“打”为例，摸索在学习词典中展现汉语的语法和搭配信息的方式。第三节通过具体案例“五脏”和“脉诊”，探讨外向型汉英学习词典中，在向毫无任何中医学知识的学习者介绍最具中国文化特色的中医药专业术语时，如何将复杂的专业知识化繁为简，以普通学习者可理解的方式纳入学习词典。

第六章全面总结了前面章节在汉语学习词典功能、设计特征、应用实例等方面的成果，总结了历史上第一代汉语学习词典的设计特征，展望21世纪新型外向型汉语学习词典的新时代。至此，本研究画上了圆满的句号：在力所能及的范围内完成了从过去到当代的研究时空的跨越，实现了史学、词典学、语言学的跨领域研究的初衷，同时也展望了如何创新未来外向型汉英学习词典的前景。

第一章
汉英学习词典历史与研究现状

“学习词典”这个概念是源于为非母语英语学习者专门设计和编纂的教学词典，“从广义角度或从其设计和功能特点而言，学习词典应包括所有从用户需求角度为语言教学和学习编纂的词典，即包括面向外国人和本族语学习者的、提供语词系统（语法）知识信息和使用信息的词典”，“学习词典的根本任务就是要满足二语学习者不断增长的学习需求”（章宜华，2015:3、286）。本研究所指的学习词典是狭义的学习词典，仅指面向外国人学习汉语的学习词典。目前，世界范围内单语学习词典历史最为悠久、最为成功的也是英语单语学习词典。英语学习词典在类型学方面具有独特的设计特征和理念，在长期发展中积累了一定的经验。汉语学习词典最早起源于中西文化交流史上的宗教人士，曾经在19世纪有过繁荣的局面，只是现当代的汉语学习词典遗忘了历史过往。

第一节 英语单语学习词典的源流[1]

英语学习词典自20世纪30—40年代诞生以来，现已发展成为国际辞书出版界的主导产品，而且英语学习词典已经成为各国研发学习词典的楷模。“从时间上看，学习词典是一个崭新的词典类型，其发展历史不足百年。但是，英语学习词典先进的编纂理念和编纂实践甚至反过来影响了具有悠久历史的通用性语文词典的编纂。英语外向型学习词典所表现出的许多创新性特点，都值得内向型词典借鉴（夸克，1986:3—4），尤其是学习词典对语言编码功能的强调，对控制性释义用词的使用等（伊尔森，1986）……学习词典对其他类型词典编纂的影响还体现在编纂手段和工具方面”（于屏方、杜家利，2010:8—9）。英语学习词典从诞生发展迄今已日趋成熟，在国际市场上获得了极高的关注度和接受度，通过对其代际设计特征的考察，可以揭示英语学习词典在不同阶段的发展特征，这对汉语外向型学习词典的编纂与研究具有启发意义。

学习词典的编纂产生于英语作为外语的语言教学之中。Cowie（1999）将英语学习词典史追溯到20世纪20—30年代，并把这一期间英语学习词典编纂中所运用的词汇控制、短语研究及教学语法等新理念作为学习词典编纂的起点。Cowie对英语学习词典的发展阶段进行切分，认为截止到20世纪30年代，英语学习词典的编纂已历经三代，1995年英国出版的学习词典“四巨头”属于第四代，2000年之后的学习词典属于第五代（陈国华、田兵，2008）。

[1] 本节由项目组成员、广东外语外贸大学于屏方教授写作，笔者根据章宜华教授的《二语习得与学习词典研究》第一章第二节的内容对本节做了修订。

源头时期的英语学习词典代表作各有千秋。1935年，韦斯特（Michael West）与恩迪科特（James Endicott）主编的《新方法英语词典》（*New Method English Dictionary*）出版。源头时期的英语学习词典显现了外向型学习词典的一些基本设计特征。具体包括：第一，对立目单位语音标注。韦斯特在其词典中采用标注数字的方法在词目词上直接标注部分读音。在英语词典编纂史上，因为英语文字的表音性特点，阿伯克龙比（Abercombie，1978）认为语音标注并不是工具书必然要出现的部分，可以视为冗余信息，此特征后来在英语学习传统中被淘汰。第二，使用相对简易的词释义。在该词典中，韦斯特与恩迪科特用1490个词对全部23898个词目词进行释义（West，1935:34—41）。在《新方法英语词典》出版之后，韦斯特发表了研究报告《释义词汇》（*Definition Vocabulary*），首次明确提出在英语单语高阶学习词典编纂中使用控制性释义词汇，目的就是实现释义的可理解性，解决外语学习者在外语学习过程中普遍存在的语言能力不足的问题。这一点是外向型语文词典与强调释义精准性的传统内向型语文词典最大的不同。

另一个对英语学习词典传统做出了贡献的是美国著名教育心理学家、词典学家桑代克（Edward Lee Thorndike）出版的在美国学校中普遍使用的桑代克-巴哈特词典系列（Thorndike-Barnhart dictionaries）。桑代克将他擅长的教育心理学研究成果应用于词典编写，他的《桑代克世纪初阶词典》（1935）、《桑代克世纪高阶词典》（1941）"……是一种新型的、符合学生语言学习需要的词典。桑代克词典对语词、结构和义项频率都进行了原创性的处理……是后来英美学习型词典的模板"（Dohi，2001:22）。

为英语学习词典奠基的另一支传统是1938年帕尔默（Harold Edward Palmer）编写的《英语词汇语法》（*Grammar of English Words*）出版。该词典致力于对动词句型的说明，把动词句型分为27种，是第一部研究动词句型的词典（徐海、源可乐、何家宁，2012）。

1942年，霍恩比（Albert Sidney Hornby）融合了上述三种新特征的《英语习语与句法词典》（*The Idiomatic and Syntactic English Dictionary*）[1]出版，该词典的出版正式确立了外向型英语学习词典这一崭新的词典类型。与传统的内向型语文词典相比，英语单语学习词典在词典微观结构的设置方面具有鲜明的特征，分别涉及语音、语法、语义三个层面，具体是：第一，全面标注立目单位的读音信息，对一些习语的非常规重音位置也进行了标注。第二，采用“动词中心说”，对英语动词句型进行分类，并据此设计了25种动词模式，在词典中采用号码型标注法，对动词词目进行整体性的标注。霍恩比也因此被誉为“第一个在学习词典中标注语法信息的词典编纂者”（Lemmens & Wekker, 1986）。此外，学习词典中考虑到学习者母语结构类型的多样性，标注名词的单复数特征。第三，强调释义的可理解性，用英语常用词作为释义词汇。释义时力图提供能够表现立目单位典型用法的例证，例证数量多且以自撰例证为主。霍恩比充分考虑到非英语母语的学习者的特点、学习困难以及学习者母语与目的语之间的差异性，强调语言学习的交际性、生成性，中介语的简易性以及例证的示范性。霍恩比的英语词典奠定了英语单语学习词典编纂的基本范式，尤其是他的词条结构等架构模式，成为后来的英语以及其他语种学习词典模仿的榜样，此后的英语学习词典基本上是以霍恩比词典为基础，在微观结构上进行的调整和优化，霍恩比的词典奠定了牛津高阶英语学习词典系列的基础。第一个以学习词典命名的是1948年霍恩比的《现代高级英语学习词典》。

[1] 1942年，霍恩比的《英语习语与句法词典》先由日本的开拓（Kaitakusha）社出版。1948年，词典由牛津大学出版社重印出版，1952年该词典更名为《当代高阶英语学习词典》（*The Advanced Learner's Dictionary of Current English*）。习惯上，将1948年版的《英语习语与句法词典》称为《牛津高阶英语学习词典》第1版。

1978年《朗文当代英语词典》的出版，打破了牛津学习型词典一统天下的局面。实际上，与其说《朗文当代英语词典》挑战了牛津学习型词典的地位，不如说英语学习词典的编纂进入竞争性共存的良性循环阶段。《朗文当代英语词典》基本沿袭了《(牛津)英语习语与句法词典》的基本范式，只是进行了局部的由粗转精，或者是去粗取精的优化：在句法信息的标注方面，《朗文当代》(1978)的语法代码系统，涵盖范围比《牛津高阶》要广，既包括对动词的语法信息标注，也包括对名词、形容词、副词这三个实词范畴的标注。与《牛津高阶》不同，《朗文当代英语词典》第1版(1978)首次采用了字母或字母加数字(alphanumeric code)的语法标注方法。之所以采用字母，是考虑到词典用户的接受视野。《朗文当代》中的[D][I][T]，分别表示的是双及物动词、不及物动词、及物动词，与数字的高度抽象性相比，字母成分具有一定程度的"助记"(mnenomic)特点。到了《朗文当代》第2版，学习词典"用户友善"特征表现得较为明显，赫布斯特(Herbst, 1989:1382)认为其中语法信息的透明性，甚至比词典空间安排和词典成本问题还要重要。《朗文当代》第2版中语法代码的助记性特点更为突出，比如在《朗文当代》第1版中，[Wv6]表示动词不能用于进行体，而在第2版中，则明确使用[not in progressive form](不能用于进行体)，取消了[Wv6]的标注。而[the+P]则表示一个名词只能出现复数形式，并且前面必须加定冠词"the"。《朗文当代》第2版使用符号"√"和"×"分别表示正确和错误的句子。这与该词典对学习者的偏误分析直接相关。除此之外，《朗文当代》第2版是第一部明确宣称对语用信息进行系统性表征的词典。利奇(Leech, 1987)指出，《朗文当代英语词典》主要使用了三种方法来表达语用信息：一是在词条下面设置"用法说明栏"(usage note)；二是设置"语言注释栏"(language notes)；三是通过评论以及提供合适的配例(comments and example)说明语用信息。自此之后，语用信息开始在各英语学习词典中相对系统地予以体现。《朗文当代》第2版的这种处理方法，成为当代英语学习词典编纂的一个基本模式。

《朗文当代》与《牛津高阶》共存的局面形成之后，英语学习词典开始相互学习、彼此参照，共同确立了英语单语学习词典的如下要素：第一，在注音方面，确立了国际音标（IPA）的全面语音标注系统，以及对短语成分进行重音标注；第二，在语法标注方面，尽量使用具有自明性的符号详细标注词类，对不同词类的立目单位的句法信息进行概括性说明；第三，在释文中采用常用词作为释义词汇，强调释义的可读性和可理解性。此外，收录大量的搭配信息，并在微观结构中渗入语用信息。上述要素已经演化成为当代英语学习词典的基本设计特征。1987年《柯林斯COBUILD英语词典》开启了英语学习词典编纂中使用语料库的新局面，从方法论层面创新了英语学习词典的传统。

具体到英语学习词典的宏观结构方面，最早的《新方法英语词典》曾专注于对核心词与常用词的处理，《牛津高阶》与《朗文当代》的早期版本都倾向于收录高频词。但是，词典编纂学界逐渐意识到：学习词典需要同时实现编码功能与解码功能，学习者的语言编码主要与高频词相关，而学习者的语言解码功能必然要涉及低频词。而学习词典中通常需要对高频词进行细化处理，因此占用大量篇幅。为了解决编用矛盾以及词典篇幅的空间限制问题，《麦克米伦高阶》（2002）采用了“双轨制”的立目单位处理方法——高频词详解、低频词略举。内森和牛顿（Nation & Newton）提出了外向型学习词典立目在词汇排序方面的四个等级：按照词汇习得的递进性特点，学习词典词目中依次出现的是高频度词汇、学术词汇、专业技术词汇以及部分低频词汇。主流英语学习词典对Coxhead（2009）所提出的学术词汇表中的学术词汇也进行标注，以方便高阶学习者在学术写作过程中选取合适的词汇单位。同时，各学习词典也收录了大量的专业技术词汇。

随着语料库技术的发展和在词典编纂中的应用，对立目单位频率信息的语料库统计以及词典显性标注成为可能，1995年《柯林斯COBUILD英语词典》第2版中提供立目单位的频率信息。同年，《朗文当代》第3版的主编萨默斯在该版本中标注口语与书面语体中常见的3000词的使用频率。自此之后，对常用词目词频信息的显性标注成为英语学习词典的一个基本特征。而且，对立目单位频率信息的标注从词位发展为义位，频率标注越发精细、准确。

英语学习词典在分布结构方面也有所创新。《麦克米伦高阶》首次设置了隐喻栏，对概念隐喻进行揭示。这实际上是从思维的角度，对学习者的语篇输出提供帮助。同时，该词典对学术论文写作予以特别关注，为学习者提供了谋篇布局以及词语选择方面的相关信息。同时，英语学习词典开始利用中置页部分提供语篇信息。主要分为两类：一是选取若干在语言交际过程中具有较高使用率的语义场，提供义场内成员的名称；二是对某些语言项目——通常是写作类项目，进行集中说明。

检索结构上的一个重要创新是学习词典中义项索引项的设置，也是内部索引的一种。《朗文当代》第3版开始提供了多义词目的义项检索，在多义词条的每一义项前都提供大写形式的“语义界标”（signpost），通过近义词、类义词或上位词等关键成分对义项进行语义提示，以期方便用户的检索。这是英语学习词典在检索结构方面的一个亮点。这一结构特征与二语词汇习得的相关研究结果是相吻合的。Ellis（1995）指出，简单释义（simple definitions）有助于二（外）语学习者的词汇学习，而简单定义的构成要素是：其一简短；其二只包含相关词汇的若干决定性特征。其他主流英语学习词典也在词典语篇中采用义项索引的方式。同时，《剑桥高阶》（第1版，1995）在释义前设立“导航词”（guide words）。后来，《麦克米伦高阶》第1版（2002）对有5个以上义项的条目提供“快捷菜单”（quick menu）并将菜单栏置于释文之前；《牛津高阶》第6版（2000）设立“捷径”（short cut）。到目前为止，意义索引已经发展成为学习词典的一个基本设计特征。外部索引也是提高学习者词典查询率的重要手段：《剑桥高阶》提供了习语索引；《牛津高阶》第7版提供了插图索引和用法知识索引。除了上述精确型索引之外，英语学习词典还提供了模糊型索引，即通过设置主题词，提供页边索引以及通过印刷版式上的变化方便用户查询。总之，在检索结构方面，英语学习词典的“用户友好”特点变现得非常明显。

英语语文词典传统上不设置插图，其中以《简明牛津英语词典》为代表。《简明牛津英语词典》专注于处理语言信息，插图被视为典型的百科信息，自然被摒弃在词典之外。《牛津高阶》第1版中就设置了插图，为黑白型素描图，到第3版采用了照片。第5版中出现了插页。并且插页的数量越来越多，插图形式也趋于多样。总之，在现代学习词典的编纂中，插图的使用呈现出越来越普遍的趋势，并且从早期的页内插图发展到现在的全页插图，从黑白插图发展到彩色插图，从线条图发展到照片，并最终从词典微观结构中分离，成为词典中观结构中的一个基本构件（刘京晶，2008）。

尤其需要关注的是语料库技术在学习词典编纂中的作用，这被称为词典编纂中的语料库革命。20世纪80年代，柯林斯出版公司与伯明翰大学合力建成了“柯林斯伯明翰大学国际语料库”，开启了利用语料库进行学习词典编纂的先河。“英语国家语料库”的建设，为英语学习词典普遍使用语料库提供了良好的平台。语料库在词典编纂过程中可以实现如下功能：自动生成词表，控制释义元语言并区分义项；选取典型例证；显示搭配、语义韵等信息，揭示语法、语用等信息。除了共享的语料库之外，英美著名出版公司都有自己的语料库，同时，学习词典编纂者特别重视中介语在语言学习中的作用，非常重视对学习者语料库的分析和利用，对学习者常见的，或者是典型性的语言偏误进行归类、诊断和纠正，并设置语言学习偏误警示，使得学习词典在内容设置方面更具有针对性和指导性。

英语单语学习词典的发展历经六代，体现英语单语学习词典的基本设计特征由粗转精、不断优化，到现在已经确立了基本范式。朗德尔（Rundell，1998）认为，外向型英语单语学习词典具有如下特征：（1）对释义语言进行词汇控制；（2）提供词目词的句法信息；（3）注重词项间的搭配；（4）通过多种手段，比如用法说明、语用信息、同义聚合等，帮助使用者选择正确的词汇。库克（1995）从词典类型对比的角度指出，与内向型英语单语词典相比，外向型英语学习词典有五个重要特征：（1）注重对英语核心词汇的处理；（2）使用有限数量的释义用词；（3）注重提供语法信息；（4）使用多种手段，如语体标签、用法指南等对词目词进行进一步说明，以提高学习者的编码能力；（5）例证丰富。斯坦恩（2002:72—73）论述了普通语文词典与外向型学习词典的七大不同，分别为：（1）普通语文词典强调收词的全面性，学习词典则注重收词的基础性和典型性；（2）普通语文词典注重解码功能，而学习词典的主要功用，是帮助使用者完成编码任务；（3）与普通语文词典相比，学习词典的释义用词相对简单；（4）两种类型的词典在发音标注系统上有差异；（5）学习词典提供了更多的语言使用信息；（6）学习词典提供的例证较多，且多是真实语境中的例子；（7）学习词典通常不提供词源信息。

当代研究者认为，英语单语学习词典的基本设计特征处在不断优化的进程之中，其中促进英语单语学习词典不断向前发展的有三个基本方面：一是语料库语言学的发展；二是词典编纂由“编纂者视角”转向“词典用户视角”；三是学习词典关注编码功能的实现，它们对英语单语学习词典在宏观结构、微观结构、分布结构、索引结构四个方面的功用如下表所示。

表1-1 英语单词学习词典四大功能

宏观结构	1. 收录常用词 2. 收录低频词、科技词汇、专业词汇 3. ……
微观结构	1. 全面标注语音，包括多词单位的重音 2. 标注立目单位的频率信息 3. 使用限定性释义用词 4. 细化的词类标注 5. 义项按照频率性原则排列 6. 提供意义索引 7. 例证丰富，且具有典型性 8. 大量的用法信息 9. 搭配信息丰富 10. 语用信息的植入
分布结构	1. 大量的用法栏目 2. 中置页的设置
索引结构	1. 模糊索引 2. 精确索引

学习词典的编纂与语言教学如影随形。英语学习词典的产生是英语作为外语教学的深入开展与词典编纂有机结合的结果，从产生伊始就赢得了外语学习者的喜爱，并逐步扩大自身在世界辞书市场的份额，获得了类型学上的独立地位。当前英语学习词典的一枝独秀，有赖于语料库的语言学与计算语言学的发展。当代英语学习词典普遍建立在大型语料库基础上，并充分利用语料挖掘技术提取典型性的语言信息，词典的信息收集、编纂过程以及呈现方式都与此前截然不同。英语学习词典现已成为国际市场上最主流的词典产品，且英语学习词典家族具有体系强、子类型丰富的特点。

第二节 汉英双语学习词典的源流

2.1 《华夷译语》体系中的汉英双语词典

中国自远古时期与其他文明已有交流，外族或外国人学习汉语语言文化的历史也极为悠久，仅以汉英两种语言的接触和交流而言，汉语学习词典的编纂历史要比英语学习词典的历史悠久得多。目前，笔者所知最早收纳中英双语词汇的是故宫博物院所藏《华夷译语》[1]中的《暎咭唎国译语》。[2]据杨玉良考证，“乾隆十三年九月上谕礼部：‘朕阅四译馆所存外裔番字诸书，虽分类译名物，朕所识者，西番一种，已不无讹缺。因思……既有成编，宜广为搜辑，加之核正，悉准重考西番书例，分门别类，汇为全书。所有西天及西洋各书，于咸安宫就近查办。其暹罗、百夷、缅甸、八百、回回、高昌等书，着交与该国附近省份之督抚，令其采集补正。此外，如海外诸夷并苗疆等处，有各成书体者，一并访录，亦照西番体例，将字音与字义，用汉文注于本字之下，缮写进呈，交馆勘校，以昭同文盛治。着傅恒、陈大受、纳延泰总理其事’（《高宗实录》卷三二四）”（杨玉良，1985:67—68）。此外，杨玉良发现这批书中的“汉字中避玄、弘帝讳。有虫蛀、修补和挖改痕迹”，因此，他推测故宫博物院现存无总书名、不分卷、不著编者姓名和编录年代的42种共71册的《华夷译语》均为此次乾隆上谕后编纂成书。这批《华夷译语》中最为可贵的是囊括了英语、法语、拉丁语、意大利语、葡萄牙语、德语等欧洲语言与汉语的译语，其中，《暎咭唎国译语》两册，按照

[1] “《华夷译语》是明清两代朝廷以对外交流的需要，由官方组织编纂或刊行的各种《译语》《杂字》《来文》的统称。这些书中并未署有《华夷译语》名，20世纪30年代，德国学者福克斯（Walter Fuchs）发现了故宫藏的该类典籍，并统称为《新华夷译语》，后日本学者纷纷研究该类典籍，也随称《华夷译语》，并分甲、乙、丙、丁四类。其《译语》部分是将国内外各民族语言词语译成汉语，并用汉字注音而成的词汇集，是今人研究我国古代各民族及外国语言文字的重要资料”。春花、李英、郭金芳，《论清代“会同四译馆”所编〈华夷译语〉》，《故宫博物院90周年暨万寿盛典学术研讨会论文集（下册）》，584页。

[2] 这批欧洲语言文字与汉语的译语最早是由德国学者福克斯在20世纪30年代发现的。他研究后发现，“与其他五种西洋译语相比，《暎咭唎国译语》的内容很多不易理解，错误又多，很有可能是中国人所编，而其他五种则主要由当时在京当差的西方传教士所为。”见黄兴涛，《〈暎咭唎国译语〉的编撰与西洋馆的问题》，《江海学刊》2010年第1期，151页。黄兴涛继又提出了“它多半是中国广东十三行英语‘通事’的杰作，至少是其主要参与的结果……当时中国既无英美传教士，在京西洋教士中直到马戛尔尼使华时仍无人懂英语，那么由管理西洋贸易事务的两广总督来组织通事编撰《暎咭唎国译语》，实在也并不奇怪”，152页。

西番书例编写。

《嘆咭唎国译语》的编写体例完全同于西番译语，有天文门、地理门、时令门、人物门、身体门、宫室门、器用门、饮食门、衣服门、声色门、经部门、文史门、方隅门、花木门、鸟兽门、珍宝门、香药门、数目门、人事门、通用门20个类别共计734个英汉词汇，[1]首先提供英文词，接着为对译汉字，并用汉字录写英文读音。它的目的是帮助中国人理解英语，是当前所见最早的中英对应词汇表。从对照词表形式的《嘆咭唎国译语》上，我们可以看到两种语言接触初期学习词典的雏形特征：以核心基本词汇为主导，以母语记录外语读音，词汇对译或对照形式的词表型词典。

反观欧洲人学习汉语编写的手稿双语词典，也经历过同样的阶段并具有类似的设计特征。现藏于罗马安吉利卡图书馆（Biblioteca Angelica Ms. Lat. 60）的汉语-西班牙语词典，以五行“金、木、水、火、土”为部首构字的汉字开始，接着按动物、植物、日常用语等分门别类列举汉语字词作为词目，用西班牙语字母录写汉字字音，提供西班牙语对应词。这样编写双语词典的方式完全同于《华夷译语》（杨慧玲，2012:42—45），鉴于汉西词典是由中国人协助西班牙籍传教士编写而成的，此种编写双语词典的方式应该也源自中国的《华夷译语》。这种类型的双语词典同样也多见明清之际广州、澳门一带流传的洋泾浜葡萄牙语或英语词典。[2]

---

[1]《西番译语》收词量为740个词，黄兴涛判断，“现存本《嘆咭唎国译语》本身却并不完整。其第一册内容为‘天文类’，但现缺分类标题。估计该本开首至少缺1—2页。如果缺2页，那么其收词量便与《西番译语》的740个完全一样。因为现存的西洋译语抄本，每页均收录4词，首页则统一留出空白，只收2词。”见黄兴涛，《〈嘆咭唎国译语〉的编撰与西洋馆的问题》，《江海学刊》2010年第1期，第153页。

[2] 中国人学习葡萄牙语的双语词典也多属《华夷译语》体系，笔者发现柏林前国家图书馆的一部印刷出版的汉葡词典《澳门番语杂字全本》，内容有“天地类、人物类、身体门、言语通用、买卖问答、穿着门、食用门、物件门、绸缎门、颜色门、洋货门、铜铁门、数目门、丈尺门、斤数门、担斗升门”16个门类，但这本书只写到食用门，后面部分均已遗失。从天地类的收词来看，其收词内容详过《华夷译语》，见杨慧玲《德国前柏林国家图书馆汉学书库与Wolfenbüttel图书馆的中文藏书概述》，《或问WAKUMON》63 No.17（2009），第63—68页。

《华夷译语》体系的汉英双语词典在双语词典史上并未出现纵深发展的态势，此类双语词典的体系和内容恒久地停滞在有限基础名物词的双语对译，它的功能局限于两种语言最初接触或简单贸易时的有限沟通，未能满足中西文化交流日渐深广后的社会需求。19世纪中叶当汉英双语词典编纂与出版日趋繁荣之际，《华夷译语》类双语词典随即退出了历史舞台，如今，它们只是作为历史遗迹被学者们记录和研究。

2.2 《汉字西译》体系中的汉英双语词典

《汉字西译》是汉外词典史上抄本最多、影响最大的手稿词典谱系之一，"汉字西译"作为词典名始见于叶尊孝（又名叶尊贤，Basilio Brollo，1648—1704）[1]按汉字部首排序法编写的第一部汉拉词典（1694）。佛罗伦萨档案馆珍藏的世界上最早的《汉字西译》词典抄本，封面设计极为精美，清晰地用汉字写着"汉字西译"词典名，这标志着《汉字西译》词典体系的诞生。

笔者曾在欧洲英国、意大利、德国的重要图书馆和档案馆实地调查海外藏汉外双语词典，修订整理了"十六至十八世纪汉语词典目录"，据笔者所见所知，世界各国图书馆和档案馆珍藏的汉外双语词典抄本中，数量最多、最为常见的是并未标注作者名的《汉字西译》各个版本的抄本。作为《汉字西译》体系中的诸多抄本，既有以汉字部首编排的汉拉词典，也有按汉字注音检索编排的汉拉词典；语言也不再限于汉拉

[1] 他出生名为Mattia Andrew Brollo，在加入方济各会时改名为Basilio Brollo。目前国际学界对叶尊孝的研究以拉丁文、意大利文等文献为主，国内近年来有马西尼的文章《十七、十八世纪西方传教士编撰的双语字典》，载卓新平主编《相遇与对话》，宗教文化出版社，2003年。继而有杨慧玲的《叶尊孝的〈汉字西译〉与马礼逊的汉英词典》，载《辞书研究》2007年第1期。姚小平的《早期的汉外字典——梵蒂冈馆藏西士语文手稿十四种略述》也涉及梵蒂冈藏的叶尊孝手稿汉外词典，该文刊登于《当代语言学》2007年第2期。杨慧玲的《〈汉字西译〉考述》一文是对《汉字西译》的作者、成书年代、重要版本以及历史流传进行的迄今为止最为全面深入的一篇文章，载《中国典籍与文化》2011年第2期（总第77期）。

两种语言，拉丁文被译成了法语、英语或其他欧洲语言。

其中，汉英双语版的《汉字西译》抄本共四卷，在抄本扉页有一个简短的说明“拉佩尔先生（Mr. Raper）恳请英国皇家亚洲学会接受他抄写的三卷本汉英词典以及他增补的按英文字母排序检索前三卷内容的第四卷索引卷”。[1]第一卷卷首中文名为《字汇英吉利略解》，英文名为*A Dictionary Chinese and English, carefully compiled from many others, translated from the Latin Macao Dictionary in III volumes, 1807*。第二卷和第三卷卷首中文名为《汉字西译》，这两卷是词典正文。第四卷是词典抄写者拉佩尔先生自编的英文索引表。各卷内容详见下表。[2]

表1-2 汉英稿本《汉字西译》四卷结构

卷数	标题	页码
第一卷 Volume Ⅰ	抄写者拉佩尔向英国皇家亚洲学会捐赠四卷汉英词典说明	扉页
	《字汇英吉利略解》*A Dictionary Chinese and English, carefully compiled from many others, translated from the Latin Macao Dictionary in III volumes, 1807*	1页
	三卷总目录 *Table of contents*	1页
	致读者序 *To the reader*	1—6页
	《打字连语》*The Tà character joined to other words*	I–IX页
	《对字目录》*of opposite characters a short account*	1—34页
	《御制百家姓》*An accurate collection of an hundred family names*	1—4页
	《边画目录》*The radical strokes their index*	I–VI页
	《列画正谱》*of the characters with the strokes that form them ranged in proper order, an exact representation*	1—112页
	节异数目 *of divers particles a short collection*	1—6页
	数字 *Numeral characters from one to 100 millions of millions*	1页

[1] 见英国皇家亚洲学会图书馆藏书CHINESE MANUSCRIPTS/Box 3/Raper's Chinese-English dictionary, Vol. 1–4。

[2] 中文加书名号来源于抄本原文，英文均摘自抄本原文。

续表

卷数	标题	页码
第二卷 Volume Ⅱ	《汉字西译》*Chinese characters with an European Interpretation*	1页
	从注音“Ça Cha”始至“Kiao”	1—592页
	扉页一行字“拉佩尔先生于1824年6月19日捐赠”	
第三卷 Volume Ⅲ	《汉字西译》*Chinese characters with an European Interpretation*	1页
	续“Kiao”至“Xun”结束	593—1191页
第四卷 Volume Ⅳ	扉页一行字“拉佩尔先生于1824年6月19日捐赠”	
	从“Able”始至“Zone”的英文索引	1—352页
	总汉字及注音表	1—75页

在四卷的汉英抄本中，《字汇英吉利略解》仅见于第一卷词典序言及附录卷，而词典正文第二、三卷另有中文名《汉字西译》。第一卷词典序言中无一处提到汉拉词典原名及原作者叶尊孝，从序言和抄本命名来看，至1807年时，人们不知道《字汇腊丁略解》首见于1726年版的《汉字西译》抄本[1]，也不知道叶尊孝编写《汉字西译》时最重要的中文参考辞书是《字汇》——这是《汉字西译》后期抄本中出现别名《字汇腊丁略解》的由来。第一卷的附录名称仅有“节异数目”与1726年《汉字西译》汉拉抄本附录“数目异节”不同。同名附录是《汉字西译》体系抄本的重要标志之一，这部汉英词典抄本中文名称的混乱反映出传抄过程中普遍存在的问题：抄本没有如实记录原作者及词典原名，此外，在转抄过程中有人将拉丁文翻译成了英文，抄本同样没有如实记录英译者的姓名和英译版的时间。这些无名英雄成为汉英双语词典史上的谜团。笔者曾对《汉字西译》词典各个抄本进行研究，初步梳理出了《汉字西译》的原作者叶尊孝以及《汉字西译》流传的基本情况，然而，英

[1] 1726年的抄本外封上出现了两个中文名《字汇腊丁略解》《汉字西译》，此抄本藏于罗马Biblioteca dell'Accademia Nazionale dei Lincei e Corsiniana，是克莱门十二世教宗（Pope Clemente Ⅻ Lorenzo Corsini，1652—1740）家族捐赠而来。

译版《汉字西译》的译者目前仍有待破解。

据史料记载，清康熙二十八年（1689）英国东印度公司第一次派商船直接到达广州。随着对华贸易的增长，次年东印度公司在广州设立商馆，英国对华贸易从此迅速发展，至18世纪，中英的贸易已经占据中国外贸之首。在1759年英国东印度公司广州商馆洪仁辉（James Flint）事件之前，中国并未禁止外国人学习汉语。约在1719年，一位在华英国东印度公司职员完成了一部汉译英小说、格言、诗歌的翻译选集，[1] 1761年该汉译英选集在伦敦出版。这位职员的双语能力在东印度公司广州商馆的职员中并不多见，洪仁辉和贝文（Bevan）在汉语方面也都取得了很大的进展。洪仁辉事件改变了在华外国人研习汉语的历史进程。清乾隆二十二年（1757），清廷进一步闭关，撤销漳州、宁波和云台三个口岸及海关，仅保留广州口岸，并特许广州十三行行商统一经营中国对外贸易，在西关的珠江河北岸设立夷馆，限制外商在华贸易与居留。英国东印度公司广州商馆对中国官方政策颇为不满，公司职员洪仁辉驾船北上，遇宁波官员阻拦后直闯天津，试图进入北京告御状，控诉粤海关的贪污勒索行径。清廷在严惩粤海关的贪污行为的同时，对一个外国人竟能从帝国一隅轻易率船北上的行为大为震惊："细察根源，总由于内地奸民教唆引诱，行商通事不加管束稽查所致。查夷人远处海外，本与中国语言不同，向之来广贸贩，唯借谙晓夷语之行商通事为之交易，近如夷商洪仁辉于内地土音官话，无不通晓，甚而汉字文义，亦能明晰，此外夷商中如洪仁辉之通晓语言文义者，亦尚有数人，设非汉奸潜滋教

[1] *Han Kiou Choaan, or The Pleasing History. A Translation from the Chinese Language, to which are added, I. The Argument or Story of a Chinese Play. II. A Collection of Chinese Proverbs. and III. Fragments of Chinese Poetry.* In four volumes with note.（London, 1761）. 斯当东认为这是由"一位名为James Wilkinson的先生"所翻译，由Dromore主教Thomas Percy博士编辑出版。见苏珊·里德·斯蒂夫勒（Susan Reed Stifler）著，刘美华、杨慧玲译《英国东印度公司广州商馆的汉语学生》，载《国际汉学》24辑。原文"The Language Students of the East India Company's Canton Factory"刊登在*Journal North China Royal Asiatic Society*, 1838, Vol.69, pp. 46-81。

诱，何能熟悉？如奸民刘亚匾始则教授夷人读书，图骗财物，继则主谋唆讼，代作控词，由此类推，将无在不可以勾结教诱，实于地方大有关系。”[1]刘亚匾被处以极刑，洪仁辉被关押三年后驱逐出境。自此，清廷加强了对在华外商的防范和管理，1760年后清廷明令禁止中国人教授外国人汉语，违者斩首严惩。在此种威慑之下，英国在近半个世纪的时间内，虽然对华贸易额屡创新高，然而，精通汉语的人才严重匮乏，英国东印度公司广州商馆的贸易等完全依赖中国通事和澳门的天主教神父。直到1809年，马礼逊因为出色的语言能力被英国东印度公司广州商馆聘为译员，才结束了自18世纪后半叶以来汉语人才匮乏的状况。

从中英交流史来看，英国人进入中国并学习汉语的历史与其亚洲殖民史以及新教传教史同步。迟至清中后期，英国才开始出现英译版的《汉字西译》，英国人通过翻译早期入华天主教传教士最具代表性的《汉字西译》，为19世纪汉英词典史的繁荣奠定了坚实的基础。英译版《汉字西译》的译者不外乎上述所说三位精通汉语的英国东印度公司广州商馆职员或者某位曾供职于英国东印度公司广州商馆的澳门天主教神父。谁是译者的问题并不是最关键的问题，叶尊孝汉拉词典在汉外双语词典史上的影响更值得探究。

19世纪汉英双语词典一枝独秀，成为双语词典家族中的主流。马礼逊的《汉英英汉词典》开创了19世纪的新局面，它对前人抄本词典的继承与创新是根本性的问题。笔者研究发现，虽然没有直接证据表明马礼逊使用了英译版的《汉字西译》——马礼逊在提到自己用的抄本词典时通常笼统地说天主教传教士的手稿汉语词典，也偶尔提到叶尊孝的名字。然而，马礼逊《五车韵府》索引表中罗列的手稿汉语词典的注音可以成为寻找马礼逊使用手稿汉拉词典的重要线索。从千差万别的手稿

[1] 郭廷以，《近代中国史》，商务印书馆，1947年，381页。

汉语词典的注音中找到相同或者可解释的规律性对应的注音并不容易，这种非常规律的对应关系也只可能解释为同源。经过系统地比较注音，笔者得出最为保守的结论：马礼逊使用的天主教手稿汉语词典就是叶尊孝《汉字西译》的某个抄本。[1] 马礼逊的《汉英英汉词典》是在继承前人汉外手稿词典基础上的创新，是中国汉外词典史从手稿汉外词典传统向出版汉英词典传统的关键环节，是19世纪汉英词典发展和繁荣的奠基之作。

2.3 马礼逊词典对传统的继承与创新[2]

从16世纪中后叶至19世纪初马礼逊词典问世，欧洲人研习汉语并编写汉外词典已有两百余年的历史。在此过程中，欧洲天主教传教士理所当然地成为沟通中西语言和文化的使者。他们并未受过正规的语言学训练，而当他们跟随欧洲殖民者的船只到达了新世界以及亚洲、非洲腹地，为了传播基督教信仰，就迫切需要了解异国民众的语言和风俗习惯，与异国民众有效地沟通以达到转化异民族的宗教信仰的目的。学习异国语言以及了解异国文化民俗是欧洲传教士们首先面临的问题，招揽异国信徒的目的，又对他们的外语水平设定了更高的目标。欧洲传教士先驱为了传播宗教而勤奋地研习当地语言与文化，将基督教教义、祈祷文等翻译成当地语言，同时为了帮助传教士同伴而共享语言与文化研习成果，在特定的历史情境下，欧洲传教士在语言与文化传播方面做出了特殊的贡献。据不完全统计，仅入华耶稣会士的中文译著就达700余部（徐宗泽，1985），19世纪以来基督新教传教士的著述数量更为可观，

---

[1] 详见杨慧玲，《19世纪汉英词典传统——马礼逊、卫三畏、翟理斯汉英词典的谱系研究》，商务印书馆，2012年，第116页。

[2] 本节参照了杨慧玲《19世纪汉英词典传统——马礼逊、卫三畏、翟理斯汉英词典的谱系研究》一书中的第八章第二节的部分内容。

保守估计也有数千种（Ryan Dunch数据库），19世纪的汉外词典数量多达百余部。从地域分布来看，汉语和欧洲语言的最初接触以及发展不局限于中国境内，而是遍地开花：无论是菲律宾、巴达维亚等存在华人聚居地的周边地区，还是在罕有中国人身影的欧洲本土，都曾出现过汉外词典。生命力最为顽强也是最为茁壮的一支是中国境内的汉外双语词典编写，这一支汉外双语词典传统根基扎实，汲取中西词典学和语言学精华，绵延数百年而不绝。

从形态上可以将中国明清时期汉欧双语词典史分为两个阶段：16—18世纪的手稿汉外词典阶段和19世纪出版的汉外词典阶段。通过文献考察并结合海外田野调查，目前我们对16—19世纪汉外词典的基本情况已有初步的了解。[1]鉴于这一时期汉外词典史的研究刚刚起步，手稿汉外词典的稀缺性以及传播途径的不确定性，当前仍无法准确描述在长达两百余年的时间里手稿汉外词典的具体演进过程。然而，词典史的发展进程并不完全是循序渐进的过程，一些优秀的词典往往决定并影响着整个词典史的进程，如东汉许慎的《说文解字》和欧洲Varro的《论拉丁语》（*De Lingua Latina*）都是影响词典史长达千余年的里程碑式作品，后人很难超越它们。词典史上最具代表性的优秀词典，基本可以代表词典史的发展轨迹。中国汉外词典史的研究同样可以通过揭示不同阶段最具代表性的汉外词典的特征，从而摸索基督教传教士以欧洲语言编写的汉语学习词典的基本特征以及发展规律。

从词典性质来看，无论是早期入华的基督教传教士编写的汉外词典还是后来驻华外交官以及外国雇员编写的汉外词典或者外汉词典，本质上都是专为学习汉语的外国人编写的双语词典，因此，这些服务于汉语

[1] 调查结果见《19世纪汉英词典传统——马礼逊、卫三畏、翟理斯汉英词典的谱系研究》一书的附录二“16—18世纪汉外词典目录”和附录三“19世纪出版的汉英英汉双语词典目录”。

学习的汉外词典与中国人学习外语的汉外词典必然有着不同的设计特征。这种自然萌发的、经受住了时间考验、服务于汉语学习的汉外词典的设计特征，是21世纪中国向世界推广汉语语言及中国文化最宝贵的可供借鉴的资源。此外，汉语学习词典的设计特征与当今主流的英语学习词典特征有着较为鲜明的差异性，这更进一步提醒我们不仅要参考英语学习词典的成功编纂经验，更要借鉴历史上的汉语学习词典的成功经验，而后者比前者来得更直接、更切合实际需求。

辞书作为工具书，检索功能是实现词典价值的重要方面。中外词典的检索排序方式都是经过长期摸索积累后定型，成为通用的检索方式的。“在汉语辞书中，按词（字）的形体、读音、语义分为形序排检法（简称‘形序法’）、音序排检法（简称‘音序法’）、义序排检法（简称‘义序法’）三大类。”[1]至明清时期，这三种类别的汉字检索排序方式已日趋成熟。“形序法”即“部首排序法”，东汉时期许慎在《说文解字》中首创，至明代梅膺祚的《字汇》为里程碑，将汉字部首数量删减到214个，同时还确立了每个部首内部汉字的排序原则，“以前字典部首的排列和同部首内字的排列没有定则，查找极其不便。《字汇》的部首序列与部首内属字序列原则，一律按字的楷书笔画多少依次排列，使读者可按笔画数寻检。且每卷卷首列表标明该卷所赅各部字所在的页码，使字有定位……（《字汇》）卷末附有难查字笔画检字表，更是笔画法的首创，而且也是索引的开端，这都有其重大意义。在这之前，中国辞书只有编排法，而没有查检用的索引，从检索方面来看，还是不完备不齐全的”。[2]中国传统辞书的“音序法”即“韵目排序法”在韵书中不断得到改进，元朝周德清的《中原音韵》将宋代陈彭年《广韵》的206韵减

[1] 林玉山，《中国辞书排检史探》，载《中国辞书论集》，中国辞书学会学术委员会编，1999年，第194—209页。

[2] 同上书，第199—200页。

至106韵，归入19个韵部，每一个韵部的字又按照阴平、阳平、上、去等四声排列，取消了入声，此后中国传统韵书一般均采用韵目排序法。“义序法”起源于《尔雅》,《尔雅》是中国存世最早的一部词典，分门别类地释词，是“义序法”的鼻祖。

16世纪中后叶，欧洲人进入亚洲之初，无法使用按汉字部首以及笔画排序的汉语辞书，也难以利用按韵目编排的韵书。因此，源头时期编写于中国、菲律宾、巴达维亚等各地的汉外学习词典，仅有菲律宾齐瑞诺（Petrus Chirino，1557—1635）的汉西手稿词典部分采纳了中国辞书的“义序法”编排方式，以五行“金、木、水、火、土”为部首的汉字开始，接着分门别类地列举动物、植物、日常用语等词语和表述，后面夹杂着常用短句和对话。中国境内最早的《葡汉词典》(1583—1588）以及巴达维亚的《荷－拉－汉词典》(1628）都采用的是西文字母排序法，以母语为源语寻找以汉语为目的语的对应词和对应表达。对于使用字母文字的学习者来说，在仍未掌握相当数量的汉字也不熟悉部首笔画的情况下，按西文字母排序法编排的从母语到目的语的词典更便于使用。

据记载，利玛窦等在研制出汉字的西文字母注音方案后，又编写了一部汉葡词典。然而，至今尚未能找到这部词典。从另一部约编写于17世纪初、现藏于罗马耶稣会档案馆的汉葡手稿词典来看，这部汉葡词典在汉字检索编排系统方面已经有了突破：这部词典的检索系统是按照汉字的西文字母注音排序。按汉字的西文字母注音编排的汉外词典可以解决听到汉字字音以查检汉字字形和字义的问题，这也是在中国生活的欧洲人日常生活中经常会遇到的情境。对于欧洲传教士而言，只需要熟悉词典中的汉字注音方案，基本上就可以查检使用汉葡词典了。这部词典的检索排序法仍有待完善，对于不止一个汉字的词语或短语，放在某一个核心字的释文中，会有不知查阅哪个字的困难。最迟至17世纪初，欧洲人编写的汉语学习词典中开始使用以汉字罗马注音为基础的音序检字编排法。

17世纪末，以汉字罗马注音为基础的汉语学习词典检字编排法日臻成熟。在叶尊孝第二部按注音排序的《汉拉词典》（1698—1700）中，词典宏观结构沿袭了汉字罗马注音编排法，他还在词典前后页部分创造性地引入了索引表，在按中国传统辞书部首排序的汉字总表中，增加了每个汉字的注音（现当代词典索引表是提供页码），实现了从字形到字音的检索功能。欧洲人的汉语学习词典中自此又增加了一项通过汉字字形查检汉字字音、字义的功能，因此，欧洲人既可以查阅汉外词典解决口语交流中遇到的陌生字词，也可以查阅同一部词典解决阅读以及书写中遇到的汉字问题。中西辞书传统开始汇聚融合。没有相对统一的汉字注音方案，符合欧洲人习惯的汉字注音编排汉外词典就不可能出现。如果汉外词典中没有收入中国辞书成熟的部首排序法，汉外词典就无法在汉字总索引表中有效编排众多汉字，通过给每一个汉字标注注音，实现从汉字字形查检汉字注音乃至意义的功能。欧洲人编写的汉语学习词典在宏观结构方面经过一个世纪的探索，中西合璧，取得了质的飞跃。而迟至一百余年后，中国辞书中才首次出现查检用的索引表。

19世纪初，马礼逊的《汉英英汉词典》在汉语学习词典的宏观结构方面的主要贡献体现在：首先，继续完善了汉字罗马注音方案，使其更为精简；其次，马礼逊丰富了汉语学习检索表的种类和数量，不仅有从汉字字形到汉字注音的检索表，也有从母语到目的语的检索表；再次，马礼逊汉字注音方案相较于此前注音方案的对照检索表，在汉语学习词典的检索排序法的基础上，增强了词典的实用性和综合检索能力。

综观汉语学习词典的宏观结构，欧洲人从最初发现中国辞书的检索方式难以利用，继而到继承中国汉字形检系统的优势，并结合欧洲辞书字母排序的优势，巧妙地完成了与中国汉字部首形检系统的完美结合。中西合璧的方案最早产生于叶尊孝的汉拉词典，被马礼逊《汉英英汉词典》继承和发扬，19世纪逐渐完善，奠定了当代汉外词典的宏观检索结构。在这一过程中，汉字的拉丁字母注音方案起了重要的作用。汉字部首检索表与注音和页码的结合，亦是这种宏观设计的重要环节和关键点。

叶尊孝和马礼逊对汉语学习词典宏观结构的另一大贡献是，词典封面设计、词典前学术性序言、功能索引表、百科性质的附录等词典前后页材料被正式收入了汉外词典。叶尊孝生前的两部汉拉词典，除了没有学术性序言，无论是封面设计、功能索引以及百科附录，还是两部汉拉词典的实用性和释义准确性，都赢得了广泛赞誉。在18世纪初，出版叶尊孝的汉拉词典被提上日程，第二部汉拉词典开始冠以第一部汉拉词典的名称《汉字西译》，并由他人代笔撰写了学术性序言，抄写整齐的叶尊孝的汉拉词典抄本作为出版底本而流传至今。一个世纪后，马礼逊的《汉英英汉词典》突破了双语词典出版技术的制约，向世界呈现了一部完整的、精心编纂出版的《汉英英汉词典》。

微观结构方面，马礼逊的《汉英英汉词典》远远超出了此前手稿汉外词典所达到的高度。叶尊孝的两部汉拉词典因为参考借鉴了中国辞书《字汇》，对汉字词目的释义准确性超出了前人。马礼逊因为参考借鉴《康熙字典》和叶尊孝释文中对汉字词目的词性判断，从不准确的对应词或口头咨询模式，到系统研究中国辞书释义方式，借鉴中国传统语言学成果，结合西方语法学观念以及语言学认知模式，开创了汉外词典的新篇章。

叶尊孝汉拉词典的例证体现出汉语学习词典的一个特点：收词重视生活口语的特点。如同绝大多数的手稿汉外词典，叶尊孝的两部汉拉词典不提供任何汉字形式的例证。由于全部例证都是以注音代替汉字，这样的例证对学习者而言，仍局限于口语交流用途。马礼逊的《汉英英汉词典》与相对简洁的叶尊孝汉拉词典相比，释文的质量取得了很大的突破。首先，马礼逊较为系统地引入了《说文解字》的构字信息，对于汉语学习者理解字形和意义关系有所帮助。其次，马礼逊词典中所有例证都是汉字－注音－英译对照的，且例证数量动辄以万计。马礼逊除了从

《康熙字典》中选取例证，还有很多他在中国生活与中国人交往中获得的一手语料，马礼逊的词典兼收书面语和口语词汇，释义时兼顾当代意义与用法以及语言史上的意义。汉语学习词典中蕴含如此丰富的汉语语言文化内容，是世界汉语学习史的一大创举。

第三节　马礼逊词典研究新文献、新方法

虽然词典编纂的实践有着数千年的历史，词典学作为一门学科的出现却是相当晚近的事件。历史上，外国人学习汉语自编的学习工具书数量众多，且流传广泛。19世纪出版的首部《汉英英汉词典》奠定了其后一个多世纪汉英学习词典的编纂传统，也影响到20世纪中国辞书的编纂。

词典学界较为独特的现象是词典学理论与词典编纂实践的严重脱节。理论词典学把每一个单词都当作极其丰富的世界，这种理想式的研究与词典编纂时种种务实的考量格格不入。现实的词典编纂实践中没有足够的空间充分展现每一个词，更不要说数以万计的词了。这是造成理论词典学与词典编纂实践的鸿沟所在（Anna Wierzbicka，1992:46）。进入21世纪，词典学理论与实践脱离的情况得到了改变。当前最前沿也是最具代表性的词典学理论是“功能理论”（functional theory），功能理论在词典学界引起关注的一个重要因素在于，他们在提出前瞻性理论的同时，还将理论付诸词典编纂实践。目前，在功能理论指导下，他们已经编纂出了超过百部词典。丹麦的两位教授Sven-Olaf Poulsen和Henning Bergenholtz作为功能理论的奠基人，提出“以词典用户作为研究目标”，并在抽象的词典理论与具象的词典编纂实践之间构建桥梁。他们所在的丹麦奥胡斯大学商学院（Aarhus School of Business Aarhus University）自20世纪80年代末一直致力培养探索词典用户研究的硕士和博士，这些硕士和博士生毕业后在理论研究的指导下又亲自参与了大量词典的编纂

实践，进一步检测或修订他们的理论。1996年，丹麦奥胡斯大学成立了词典学中心，以词典功能理论为核心，拓展面向未来潜在词典用户需求的数据库以及学习词典研究。目前，奥胡斯大学的词典学中心主任Sven Tarp是学习词典理论方面的创建者，其代表作《知识与非知识中间地带的词典学——论及普通词典理论并以学习词典为核心》（*Lexicography in the Borderland between Knowledge and Non-Knowledge*：*General Lexicography Theory with Particular Focus on Learner's Lexicography*, 2008）就普通词典学理论及其分支学习词典理论有着详细的论述，着重探讨了词典用户需求与学习词典编纂理论。词典功能学派Tarp对“功能”一词的定义为“词典功能是指满足某种类型的潜在用户在某种特定情境下萌发的某些与词典相关的需求”（Tarp，2008:81），而功能的重要性在于功能决定了词典所收入的信息、信息的结构以及检索方式，功能是词典编纂时一系列选择的基础和出发点，是词典评述和词典批评的基础，也是词典方法论的基础。然而，功能理论侧重对潜在词典用户以及未来用户的需求而非当前词典用户以及词典使用情况做实证性研究。

马礼逊的《汉英英汉词典》是历史上第一部汉英英汉词典，词典的编著者和使用对象都是以英语为母语的学习者。通过剖析马礼逊《汉英英汉词典》所具有的功能，总结针对汉语学习为特点的学习词典的设计特征，是一条迥异于借鉴英语学习词典设计特征的新路向。在借鉴英语学习词典设计特征的道路上，汉语学习词典并未取得重大突破，在这方面的经验也十分有限。而历史上外国人编写的一大批汉语学习词典，却是应外国人学习汉语的实际需求并解决其学习中的实际问题而衍生出的一支独立传统，其生命力长达数百年而不绝。这样的历史经验对于发掘未来外向型汉英学习词典的编纂有重要的借鉴意义。

3.1　最新历史文献为基础

国内外学界在对马礼逊生平进行研究时，首选文献是马礼逊遗孀艾莉莎编写的《马礼逊回忆录》(1839)。原因有二：其一，虽然马礼逊的日记和信件部分原件至今仍存，然而，马礼逊在结束繁重公务之后书写日记和书信的潦草字迹，为当代国内外学者解读这批文献制造了相当大的困难；其二，《马礼逊回忆录》中收录了大量马礼逊日记、书信以及给传教会的报告，这些经过挑选后出版的原始资料，是学界对马礼逊进行历史研究所依赖的重要基础文献。

然而，学界所不知道的是，马礼逊遗孀艾莉莎编写《马礼逊回忆录》的框架是马礼逊生前自拟的。1824年，马礼逊在返英的漫长旅途中，亲自起草了自传纲要。当时，马礼逊已经编纂并出版了世人惊叹的《汉英英汉词典》以及《圣经》的中译本，对于自己难以预料的未来，在他看来，死亡不过是永生的开始，他毫无遗憾地亲笔书写了自传纲要，记录了1824年之前他自己认为对人生有重大意义的事件。马礼逊遗孀艾莉莎在他去世后，根据马礼逊的纲要从马礼逊的日记和书信中选编资料，编织拾掇成书。历史学家写作人物传记时，以原始资料为重，而此类传主自撰的材料更加弥足珍贵，它直接反映了传主的所思、所想、所为。

与本研究相关的另一类重要文献是马礼逊本人编译或出版的关于中国语言与文化的著述，像《通用汉言之法》(1815)、《中国杂译》(*Horæ Sinicæ: Translations from the Popular Literature of the Chinese*，1812)、《中国一览》(*A View of China for Philological Purpose*，1816)、《广东省土话字汇》(1828)等与汉语语言相关的著作，以及包含马礼逊的语言观、汉语学习方法等内容的著作。

对于上述庞杂的原始文献，笔者更侧重于与本研究相关的语言方面的文献，尽可能地向读者全面展现世界上第一部汉英英汉词典作者的语言学习和词典编写过程。这些弥足珍贵的历史资料是当代人透析马礼逊学习汉语和编著词典历史过程的重要突破口，还为我们更好地了解词典编纂策略以及决策奠定了基础。

3.2　词典史研究的新方法

作为理论词典学分支的词典史研究，对方法论的探讨和实践远多于对理论的总结和概括。本研究对象涉及英语和汉语双语词典，而中外词典史研究有着不同的渊源和传统。

词典学科诞生以来英语词典史的奠基之作是1954年斯塔恩思（D.T. Starnes）的《文艺复兴中的英拉拉英词典》（*Renaissance Dictionaries: English-Latin and Latin-English*）。该书对1500—1660年的英拉拉英双语词典史进行了全面梳理，打破了此前对某一部词典孤立的研究，奠定了词典史研究的新方法。

斯塔恩思对拉英双语词典史研究所采取的具体方法可归结为：追溯每一部重要词典的蓝本词典以及与它相关词典的传承关系；考察词典中的词条排序、词源、注音、语法信息、定义、用法等技术层面的特征，比较词典的内容与编纂方法；在一个较长时段内系统地研究英拉词典的定义和词源，可以较为清晰地确立拉英英拉词典之间的时间顺序和各个词典之间的关系，同时为更系统地研究纯粹的英语词典奠定基础。斯塔恩思的拉英英拉词典史的研究方法具有深远的影响：从内容方面来说，拉英双语词典史孕育了英语单语词典史；从方法论层面来看，他采用的词典史的研究方法对当代的词典史研究仍然有很高的学术价值。

16世纪上半叶之前只有拉英双语词典，英语作为欧洲新兴国家的民族语言，第一部英语词典是约翰·帕尔斯格勒夫（John Palsgrave）的*Esclarcissement de la langue francoyse*第三部分的英法双语词典[1]，1530年出版于法国巴黎，其实它是一部按字母排序、以英语词为词目，罗列了法语对应语词的双语词表。至1604年，罗伯特·考德雷（Robert

[1] 介绍作者及这部词典的有一部专著：Gabriele Stein, *John Palsgrave as Renaissance Linguist: A Pioneer in Vernacular Language Description*,Oxford Clarendon Press, 1997.

Cawdrey）才出版了第一部英语单语词典*A Table Alphabeticall*[1]。1985年，加布里尔·斯坦因（Gabriele Stein）研究了1604年之前英语词典的前史，并出版了《Cawdrey之前的英语词典》（*The English Dictionary before Cawdrey*）。

斯坦因在英语词典前史的研究中引入了英语史的新视角，[2]为了勾勒英语词典传统，她上溯盎格鲁－撒克逊时期的词典形态，下至1604年第一部英语单语词典的诞生，对这一时段"词表的编纂，词目的编排，对应词的结构，以及对词目的宏观语言学信息（metalinguistic information，包括读音、拼写、语法、地域用法等）"等进行了研究（Stein，1985:3）。因为英语在这一时期并未获得独立语言地位，因此，只要是涉及英语的双语或多语词典、词表都被她纳入了研究视野，并且不厌其详地描述这些珍稀文献。斯坦因全书的结构与主要考察内容基本同于斯塔恩思，将每一部词典或词表单独列为一章，并用大量篇幅再现部分词条或者与其他同源词典进行比较，以此挖掘这些词典的特征以及词典之间的关系。全书的开篇和结尾章节，都是对此前词典传统或之后词典传统的概述。由此可以看出，斯塔恩思英语词典史著作的研究方法和篇章结构形成了一种经典模式，让后继者如斯坦因难以逾越。

相比而言，另一部《1861年之前的美国词典史》（*American Dictionaries of the English Language Before 1861*）所采用的方法论截然不同。书中论及了上起1798年塞缪尔·约翰逊（Samuel Johnson Jr.）《学生词典》

[1] 全名如下：*A table alphabeticall conteyning and teaching the true writing, and understanding of hard usuall English wordes, borrowed from the Hebrew, Greeke, Latine, or French, &c. With the interpretation there of by plaine English words, gathered for the benefit & helpe of ladies, gentlewomen, or any other unskilfull persons. Whereby they may the more easilie and better understand many hard English wordes, vvhich they shall heare or read in scriptures, sermons, or elswhere, and also be made able to use the same aptly themselues*。

[2] "鉴于对英语词汇进行综合历史分析著述的缺失，本书的目的之一是激起学者对英语词汇研究的兴趣，而英语词汇都收在词表和词典中。"（Stein，1985）为此，她的研究范围不仅限于词典，也包括词表（glossaries and vocabularies）。

（*A School Dictionary*），下至1860年约瑟夫·爱默生·伍斯特（Joseph Emerson Worcester）《英语词典》（*A Dictionary of the English Language*）的美国词典史，重点考察了韦伯斯特和伍斯特两大词典系统以及他们之间的词典之争。这部书对美国词典史著作的纵深化处理不如斯塔恩思和斯坦因的深入和细致，没有引入词典学的内容，而更为依赖史学的方法研究词典史，词典史被当作透视美国社会史、文化史和教育史演变的物质载体。

另一种新的词典史著模式以2008年孔子聃（John Considine）的《近代初期的欧洲词典：词典学及文化遗产的建构》（*Dictionaries in Early Modern Europe: Lexicography and the Making of Heritage*）一书为代表，这种模式不侧重技术性地分析或再现欧洲近代早期的词典史对中世纪词典的继承关系，而是侧重分析近代早期词典的编纂理念以及强调词典作为文化遗产的价值。为了实现这样的目标，作者从三个层面对词典进行了探讨：（1）从词典的社会史和文化史的角度研究，深化并丰富了词典学的研究范围；（2）作为文化遗产的欧洲近代早期词典如何传承的基因关系是研究的重点问题之一，其中既有父子传承的家庭背景，也有古典语言与现代民族语言的传承；（3）词典作为文化产品呈现的不仅是对字或词的释义，而且更深层地呈现了微观的文化世界，是关于传统文化的参考工具书。因此，词典学与文化遗产的建构是本书所要探究的另一个重要层面。这种立体式建构词典史的新模式可以称为词典文化史模式。

最能代表并体现国际词典学研究现状的当属两大词典学刊物：欧洲辞书学会会刊《国际词典学刊》（*International Journal of Lexicography*）[1]和北美辞书学会会刊《词典》（*Dictionaries: The Journal of the Dictionary*

[1] 该刊为欧洲辞书学会（European Association for Lexicography，简称EURALEX）会刊，于1988年首发，为季刊，影响因子在社会科学引文索引（SSCI）语言学刊物中位居前列。

Society of North America）[1]。它们的文章涉及词典学的方方面面，同时，也是研究理论与实践的风向标。在《国际词典学刊》和《词典》中，词典史理论与方法类文章的缺失反映出国际学界对词典史的理论与方法的总结和研究不够充分。虽然两个刊物上都发表了一定数量的词典史方面的论文，其中最多的是讨论牛津英语词典的文章，只有两篇关于中国词典史方面的论文，托马斯·克里默（Thomas B. I. Creamer）关于《说文解字》文章"Shuowen Jiezi and Textual Criticism in China"（1989 Vol.2 No.3）和Xue Shiqi关于中国单语词典史的概述文章"Chinese Lexicography Past and Present"（*Dictioanries*, Number 4, 1982）。这两篇关于中国词典史的论文深度远不及中国国内用汉语发表的著述，在此不再详述。这两部欧美辞书学界的国际核心词典学刊物上探讨英语词典史以及欧洲其他双语词典史的文章对本研究的方法论有一定的启发，如探讨牛津英语词典的资料来源、编纂原则、对其他词典的影响等，这都是词典史研究的核心问题。

中国国内关于词典史方面的著述，首先要提及的是雍和明《中国辞典史论》（2006）。这部词典史根据词典的类型，结合历史时期，分别介绍了中国各个朝代的代表性词典的背景、内容与体例、价值与影响。这部史著最大的优点在于：这是国内首部纵贯了从萌芽开创阶段至20世纪末完整的词典史，体现了词典史发展的连贯性以及类型性特征的词典史著作的价值。《中国辞典史论》特意区分了不同类型的词典，这一点在以往的汉语单语词典史著作中并不常见。雍和明的词典史涵盖了汉语单语词典、双语词典、专门词典、百科词典，偶尔也涉及特殊词典，还具有一般词典史类著作所匮乏的理论性和系统性等优点，因此，这部词典

[1] 该刊为北美辞书学会（Dictionary Society of North America，简称DSNA）会刊，于1979年创刊，每年一期。

史著作在国内学界有较大的影响。

雍和明指出“双语词典、专科词典和百科词典在近现代和当代中国辞书发展中的地位不容忽视，其编纂数量数倍于汉语语文词典。任何一部中国词典史，没有汉语双语词典、专科词典、百科词典的论述，注定是残缺不全和缺乏分量的”（2006:3）。该书中对明清时期词典史的归纳“中国词典的沿革与成形”，更符合汉语单语词典在这一时期的特征，虽然书中也有提及马礼逊及其他著名来华传教士的双语词典，但因为当时此领域尚属空白而无法深入。

《中国辞典史论》对词典史研究的理论与方法方面都有突破。首先，该书突破了“传统的重独立分析、轻系统理论概括的做法”，全书既描写了纵向的词典史，也有对词典史著作横向的勾连，对词典的研究不再孤立进行，而是在发展的进程中动态地审视词典的特征和价值。其次，该书重视社会文化需求和词典之间的互动关系，以中国社会文化演进与词典发展为两大主脉络，“强调社会文化演变与词典产生发展、社会文化需求与词典编纂使用的联系”（2006:3）。这种新理念为中国词典史的研究注入了活力，词典史因此具有了反映“民族文化史”与“社会文明演进史”的双重意义。

《19世纪汉英词典传统——马礼逊、卫三畏、翟理斯汉英词典的谱系研究》（杨慧玲，2012）是一部特定历史时期内的双语词典史著作。该书采用了“词典考古法”，具体来说，就是结合了“谱系考古”和“蓝本考古”两个方面，对词典史上优秀词典史著作，进行穷尽式的综合考察，揭示影响词典史发展进程的优秀词典史著作对既往传统的继承以及创新，客观评估它们在词典史上的地位与价值。这种新的研究方法是在伊尔森（Ilson）与哈特曼和杰姆斯（Hartmann & James）的“词典考古”法基础上升华提炼，经过实践检验、颇有成效的双语词典史研究方法。该书因为采用了新材料、新方法，对中国明清以来迅猛发展的汉英双语词典史做了较为详尽深入的研究，并且对理论词典学做出了一定的贡献。

词典学作为跨学科的研究，虽然可以多方采纳许多相关学科的研究方法，丰富词典学的理论与方法，然而这并非意味着词典学方法论可以等同于其他学科的方法论，也不意味着数种方法论的叠加。选择最适合的研究方法是为了更好地实现研究目的。词典学界对于如何进行词典研究，即词典研究的方法论方面关注得极少。“关于词典学研究中的各种方法，或者如何进行词典学研究，这方面罕有建树。事实上，据我所知，根本就没有关于怎样或者如何将词典编纂过程本身称为词典研究的已知发表成果。”（Hartmann，2005:111—112）[1] 至于词典学的理论，“词典学理论研究的真正意义在于通过对词典编纂方法和使用需求的研究来提高词典的编纂质量”（章宜华、雍和明，2007:5）。

本研究是想通过剖析世界上第一部西方人编纂出版的《汉英英汉词典》在词典设计与词典编写方面的实践，探究如何在当代外向型汉英学习词典的设计和译义中体现出“汉语学习”的特征，在兼顾汉语学习“针对性”的同时体现中国文化的“民族性”，为当代编纂外向型汉英学习词典提供宝贵的历史经验。因此，作为对马礼逊《汉英英汉词典》的专题研究性著作，应该尽可能详尽、全面地揭示词典作者生平、词典编纂的过程、中国语言与文化在词典英语语境中的再现、萌芽外向型学习词典的设计特征和功用等。虽然研究中有很多涉及词典史的内容，但并非完全的词典史研究，而是要从中吸取历史经验教训，服务于当代外向型学习词典编纂的实用性目的。

有鉴于此，词典考古法虽然是词典史研究中非常有效的研究方法之一，具体而言，就是通过对蓝本溯源、词典批评、在词典史上的流传及影响等系统研究，可以对一部历史词典更为精准地在词典史上做出定位和定性的结论；然而，词典考古法对历史上优秀词典史著作的研究也存

[1] 笔者译自英文原文。

在一定的局限性，对于优秀词典史著作对当代的启示性价值方面不能进行充分和深入的发掘。马礼逊的《汉英英汉词典》是一部优秀的双语词典，但是，“词典考古法”以及雍和明的词典史论法都不适合做它的专题研究，需要创造性地借助新理论与新方法，以弥补词典史方法的不足、语言史方法的不足以及词典理论与实践结合的不足。

综上所述，本研究根据研究目的确立了新的研究方法及模式：以史学为基础，尽可能真实地再现马礼逊汉语学习以及编写第一部《汉英英汉词典》的过程。接着，从词典编纂角度剖析词典文本，以词典编纂具体过程为纲，结合词典学理论分析词典设计特征、欧美汉语学习者需求及词典文本如何服务欧美汉语学习者，探究其积极因素和功用对当代汉语学习词典编纂的启发。学习词典理论原本是为了有效沟通词典学理论以及词典编纂实践而生。在本研究中，适度地引入学习词典理论以及用户视角，以此搭建对词典史著作的研究与当代词典编纂实践的桥梁，这样可以超越单纯词典史研究的个案价值，更好地挖掘词典史著作在当代的普适性价值。

第二章

马礼逊与《汉英英汉词典》

第一节　马礼逊其人其事

1823年1月20日，马礼逊（Robert Morrison，1782—1834）在来华15年之后，独自踏上了返乡之旅。这片渐行渐远的异乡土地，淡出了他的视线，却永远铭刻在他的心头。虽然他只能偏居于中国海角之一隅，也只在陪同英国阿美士德使团进京时略微在中国沿海及内陆省份游历，然而，他的人生轨迹因为来到中国而发生的剧变，让他从平凡走向了不凡。

1807年1月31日，马礼逊别亲离友，从英国横渡大西洋，取道美国纽约辗转来华，于1807年9月4日下午抵达澳门，9月6日到达广州。中国的澳门是广州贸易季结束后外侨的法定居住地，而广州是英国东印度公司广州商馆在贸易季的工作地，马礼逊来华后在澳门与广州的两地奔波，记录了他有形的轨迹。他坚定不移的信仰，让他无论在航海时历经险境，还是来华初期遭遇到常人无法想象的困难时，都能履之泰然。原本并不健康的身体常年承受着高强度的脑力劳动和体力劳动却并没有

图2-1　青年时期的马礼逊

垮掉，甚至挺过了丧子、丧偶、丧友等一连串的打击以及孤独寂寞的煎熬。《汉英英汉词典》（*A Dictionary of the Chinese Language*，1815—1823）和《圣经》中译本《神天圣书》（1810—1823）的出版，抚慰了他服侍天国主人的心灵，是使他名垂千古的辉煌印记。

作为精通中国语言、法律、习俗的东印度公司广东商馆的译员和雇员，在中英间不断爆发的贸易和政治摩擦中，他“敏锐的判断和坚定的立场”成为英方与中方政治贸易谈判所依赖仰仗的人物，而他从不夸耀他让中国政府屡屡妥协退让的骄人成果，尽心尽力地为英国东印度公司乃至英国政府的世俗利益效力。在完成了巨著《汉英英汉词典》和《神天圣书》的出版之后，马礼逊首次感到有必要暂时离开中国，返回遥远的故乡与亲人团聚，更重要的是，他可以现身说法，说服英国派遣更多的传教士接替他开创的在华传教事业，为英华书院和中国传教站募集更多的资助，倡导更多的人学习中国的语言，为此，他毕生奋斗不止。

马礼逊作为副业编纂和出版的《汉英英汉词典》，是世界上第一部出版的汉英英汉词典，是影响了汉英双语词典史一个世纪的巨著，亦是本书致力研讨的主题。作为鸿篇巨制的作者，尽管马礼逊本人谦逊不语，时隔两百余年，笔者仍然感到有必要真实地还原词典作者马礼逊的一生以及词典编纂出版的过程。

马礼逊将自己的人生分成四个阶段：1782—1802年，出生至母亲去世；1802—1807年，进入霍士顿神学院至抵达中国；1808—1823年，学习中文，结婚，编词典译《圣经》，家庭友人变故，出使北京，创办英华书院和新加坡书院，回到英国；1824年以后的标题是“死亡与永生”。[1]

第一个阶段：1782—1802年

1782年1月5日出生于诺森伯兰郡（Northumberland）的莫珀斯镇（Morpeth）布勒古林（Bullers Green）。

1798年16岁，确立了宗教信仰。

1799年1月1日起，开始写日记，开始学业。

1801年1月19日，跟随莱德勒牧师学习拉丁文。

1802年，母亲去世。[2]

马礼逊前20年的人生可谓波澜不惊，父母育有八个子女，他是家中最年幼的一个。父亲作为苏格兰长老，对子女的宗教教育较为严格。马礼逊自幼受家庭和教会的宗教训练和熏陶，13岁时，可以对苏格兰教会的《圣经》倒背如流。1798年，他也成为纽卡索长老会（the High Bridge Presbyterian Church in Newcastle）的一员。虔信宗教之后的马礼逊变得非常好学，虽然此时他的学习尚无明确目标，也得不到渴望的书籍。利用新学会的速记法，从1799年1月起直到1807年1月他离开英国，他始终如一地记日记，仅有一年例外。保存至今的日记如实记载了马礼逊的

---

[1] 这是马礼逊1824年返欧途中的自述，1824年后只有一个标题“Death and Eternity”。艾莉莎的《马礼逊回忆录》也是根据马礼逊的人生自述划分的四个阶段，整理材料编写而成。由于艾莉莎是马礼逊第二任妻子，因此，她对马礼逊人生最后一个阶段的境遇最为了解。

[2] SOAS/LMS/MS380583/Papers of Robert Morrison c.1824.

勤奋和对宗教的虔诚：通常他最多睡7小时，即使每天从事长达12—14小时的体力劳动时，他面前总放着《圣经》或别的书，读书、思考和参加基督教社团活动是他最大的娱乐。

作为母亲最喜爱的孩子，马礼逊虽有意从事牧职，但出于对母亲的孝顺，马礼逊答应母亲在她有生之年不离开她。1802年，马礼逊的母亲患重病并于当年病逝，履行完对母亲承诺后的马礼逊不顾家人的劝阻，义无反顾地向福音派非国教派（Evangelical Dissenters）创立的著名的霍士顿神学院（Hoxton Academy）[1]提出入学申请，接受成为一名牧师的训练。

第二个阶段：1802—1807年

这一阶段的马礼逊如饥似渴地汲取知识，只有源源不断地获取广博的知识以及对神的信仰才能够安抚他的焦虑并滋养他的灵魂。

1803年1月7日，马礼逊进入霍士顿神学院学习拉丁文、希腊文、神学理论、传教史等。神学院的友人如此评价马礼逊："1803年1月我刚进入霍士顿神学院，就发现马礼逊先生已经先我数日到了……他那时的性格就表现出了日后让他堪称典范的优秀特征：热切的信仰，不懈的努力，献身的精神。他本性严肃、爱思考，因此他脑海中经常充满焦虑而又悲观的想法，在看待自己和才能方面尤其如此，所以别人偶尔觉得他是一个沉闷忧郁的人。但是最了解他的人完全相信，他的焦虑主要源自他认识到了自己准备投身的事业的重要性，对他不具备忠实履行牧职的能力的担心，对他未来事业的责任感，为此他必须竭尽全力，充分利用

[1] 霍士顿神学院于1776年创立，是18—19世纪英国培养非国教派牧师的神学院之一。自1801年起，学生修习时间从两年延长为三年，研习课程包括《圣经》、神学、英语语法与写作、拉丁文、希腊文、希伯来文、逻辑学、修辞学、历史、地理等课程。参见苏精，《中国，开门！》，香港基督教中国宗教文化研究社，2005年，第16页。

一切有利条件。所以，他成了最模范的学生，总是努力做到优秀，即使对他不擅长的课程也都如此。”[1]另一位霍士顿神学院的同学对马礼逊的一件事印象尤其深刻。马礼逊入学前曾学过一些拉丁文，然而对希腊文一窍不通。他的同学们入学时在希腊文方面远高于他，而他夜以继日地学习，终于赶上甚至超过了同学们的水平。勤奋努力是马礼逊一贯的风格，也是让他在后半生实现了人生目标、取得辉煌成就的要素之一。

在霍士顿神学院学习期间，马礼逊的人生志向从担任牧职转向了海外传教。马礼逊的父亲勉强应允，而霍士顿神学院的导师们却更希望他留在英国，甚至用给予他到苏格兰大学继续深造的机会引诱他留下。马礼逊不顾劝阻，在1804年5月28日向伦敦会（London Missionary Society）[2]提出了海外传教申请[3]。他的申请在第一轮面试当天就得到了肯定的答复，仅仅两天后，马礼逊就离开了霍士顿神学院，转入高士坡接受传教训练。在他给父亲的信中，真实地展现了他内心的矛盾：

> 父亲，我是这样考虑的：《先知书》告诉我主耶稣的计划是让福音遍及全地。因此我听到他对仆人们说，“这天国的福音要传遍天下，对万民作见证，然后末期才到来”（《可》16：15）。我知道上帝的赎民是从每个国家、每种语言、每个种族中召集的。从这一点考虑，我觉得我有责任离开这个国家，这里有充足的劳作者，我应该去劳作者稀少的国家。我不是只考虑兴趣，也想过自己会为疏忽而牺牲我的生命痛哭时，我该不该放弃传教。为此我请示了上

[1] 这是与马礼逊有着长达32年友谊的霍士顿神学院校友布鲁尼博士在马礼逊去世后应马礼逊遗孀请求撰写的一段回忆录，详见［英］艾莉莎·马礼逊编，《马礼逊回忆录》（中文版）二，大象出版社，2008年，22页。

[2] 伦敦会成立于1795年，成员来自各个新教教派，信仰福音派。伦敦会从创立之初，就致力于向海外拓展，把南太平洋诸岛、南部非洲、印度、中国等地作为重要的传教目的地。

[3] 马礼逊加入伦敦会的申请书全文被收入艾莉莎·马礼逊编，《马礼逊回忆录》（中文版）一，大象出版社，2008年，29—30页。

帝，或许我可以按照上帝所喜悦的去做！我盼着您尽快给我回信，只要我不改变主意，我可能很快就要付诸行动了。我向传教学院的导师博固先生（Davis Bogue）[1]、伯德先生（Mr. Burder）、沃牧师和其他的委员申明了我的意向，也和一直很关心我、现在的导师威尔森先生（Mr. Wilson）谈了。除了我的自己脆弱难测的心之外，没什么可怕的。我怕会让我想要为之效力的传教事工蒙羞，事实上，很可能如此，除非上帝帮我。父亲，我希望您能同意我所说的，既然我已经献身做了上帝的仆人，就应该热心地去做任何事情，哪怕是最危险的，我会小心谨慎的，但是最重要的是不做神懒惰的仆人——本来会在末日审判时受到耶稣的欢迎，却因懒惰而遭到遗弃。（艾莉莎·马礼逊，2008a:30—31）

被伦敦会接受成为传教士，是马礼逊以前未曾预料或者被他认为是几乎无法实现的一个愿望，他因此认定这是上帝为他做出的神秘莫测的安排，他更坚定了献身海外传教事业的信念。马礼逊坚定的信念致使他在一年零两个月的时间内完成了为期三年的传教训练项目，从1804年5月起，马礼逊开始接受医学和天文学等广博科学和人文学科的训练，传教训练同样向马礼逊灌输了重视学习传教地区语言和文化的观念，重视通过著述印刷传教的观念，在传教地创建学校培育人才的观念。[2]虽然英国东印度公司已经在中国从事贸易多年，而英国人对中国的无知在欧洲罕有其匹，“当时只有一个英国人算得上通晓汉语——那就是乔

[1] 博固博士，《福音》杂志的主编、高士坡神学院的院长，受英国浸礼会卡瑞到印度传教的启发，1794年9月在《福音》杂志上刊发了一篇文章号召新教教徒到海外传播福音，同时提出成立一个传教会。在他的倡导和推动下，伦敦会随之成立了，他是伦敦会的重要创始人和董事会成员，他主持的神学院成了伦敦会培养海外传教士的摇篮。马礼逊在华传教事业受博固博士的影响至深。

[2] Christopher A. Daily, *Robert Morrison and the Protestant Plan for China*, pp. 37-82.

治·托马斯·斯当东爵士（1781—1859），而他当时也不住在英国本土”。[1]当马礼逊被确定派往中国后，伦敦会为他找到在伦敦的中国人容三德（Yong-Sam-Tak）学习汉语：

> 在马礼逊先生掌握了写汉字的方法，有了一些汉字基础后，他开始抄写大英博物馆收藏的中文《圣经》手稿，包括四福音书、使徒行传、保罗书信，没有抄希伯来书；他还抄了一部手稿的拉汉词典（*M.S. Latin and Chinese Dictionary*），这是皇家学会借给他的。他不知疲倦地抄了几个月，抄完了这些书。他继续学习这些知识直到1807年1月他离开英国。（艾莉莎·马礼逊，2008a：42）

马礼逊的汉语学习与他日后取得的成就有着密切关系，这是我们关注的焦点。仅凭马礼逊日记中只言片语的记载，我们仍无法了解他的汉语学习方法以及进展过程，而这是词典学家们最渴望了解却并不擅长挖掘的一个方面。笔者结合马礼逊著述中散落于各处的记述，以及其友人的评议，下一节将全面剖析马礼逊的语言学习过程及心得。

1806年圣诞节前，伦敦会安排马礼逊前往中国的旅行，此时在英国以及英国海外殖民地，英国东印度公司为了维护自身的经济利益，存在着反传教士的倾向。英国传教士虽然通过间接途径能够到达英国海外殖

[1] 艾莉莎·马礼逊编《马礼逊回忆录》（中文版）一，大象出版社，2008年，35页。“在东印度公司来华贸易的一百多年历史里，斯当东（George Thomas Staunton，1781—1859）可说是其中一位最重要且影响最大的人。1792—1793年，他以侍童身份，参加由东印度公司出资、马戛尔尼爵士所率领的使团，第一次来到中国，在旅途上开始学习中文。1798年4月，他因为其中文能力而获聘为东印度公司初级书记，并开始担任翻译工作；1804年年底，擢升为货监；1806年，担任特选委员会的秘书；1808年，正式获委任为中文译员。1814年9月，最后一次来到中国，1816年1月开始接任东印度公司在中国组织架构中级别最高的位置特选委员会主席，且以副使的身份跟随阿美士德使团到北京。1817年6月，回到英国，再也没有回到中国。”王宏志，《斯当东与广州体制中英贸易的翻译：兼论1814年东印度公司与广州官员一次涉及翻译问题的会议》，《翻译学研究集刊》2014年第十七辑，57页。

民地，然而，能否获准居留海外仍是一个未知数，马礼逊向哥哥倾诉未卜的前景：

> 你要知道，不经过英国东印度公司（The East India Company）的特别批准，我们传教士就不许搭乘任何英国驶往印度的船只……伦敦会在印度的传教士是搭乘国外中立国的船到达那里的。伦敦会从未向东印度公司提过这样的请求，但是现在准备为我试试……与现在的生活相比，未来的一切都是那么不确定。无论怎样，只要有出发的消息，我都会尽早告诉你。我现在从格林尼治搬到了伦敦，埋头学习汉语，同时还研究神学和《圣经》。我亲爱的哥哥，无须掩饰，就像你看到的那样，我步入了一项伟大的事工；在我继续前进时，我感受到了它的压力……至于父亲和你的来信都谈到我独自前往，坦率讲我也觉得不太好，这使得任务更加艰巨了；但是说真话，我并不是为此担心。我忧虑的是到天国去的困难，只为上帝、不为自己的困难。我担心给其他人布道，或许自己却被神丢弃。一名传教士首先当是神的人。（艾莉莎·马礼逊，2008a：49）

1807年1月31日，马礼逊动身前往中国。临行前，他被正式按立为牧师，并接受了伦敦会给予的传教任务：

> 鉴于无法确定你未来的居留地点，我们若以任何具体的指示约束你的行动，将是极其不明智的。我们必须允准你依照自己的审慎充分自由行事。正如我们所知，无论上帝将你安置在何处，能对周围的人有所帮助，将会十分令人高兴；我们希望，在向他们传递珍贵的知识时，你将有机会展示你的数学才能，传授各样数学知识；你也可以讲授英文，这对许多与长住或偶尔到访中华帝国的英国人有所来往的中国人必定大有价值。

> 我们盼望在你完成掌握汉语的大目标之前，不会出现反对你住在广州的任何举动；达成目标之后，你要尽快将这项成就转变成对于全世界有益的事——也许你有此荣幸编纂一部较以前更为全面、正确的汉语字典——或更为荣幸地将《圣经》翻译成世界上三分之一民众所讲的中文。如果有必要离开广州的话，你可以自行决定下一个居住地点。（艾莉莎·马礼逊，2008a：5）

1807年1月31日马礼逊从英国登船启程，9月4日踏上了中国的土地。

第三个阶段：1808—1823年

马礼逊的人生在入华之后大放异彩，尤其是在身处重重困境之中仍坚毅进取而获得的非凡成就，更加令人钦佩。

马礼逊入华之际，清官府沿袭着1759年颁布的《防范外夷规条》，对外商以及来华外国人进行严格管理和防范，不允许外商在非贸易季留居广州，不许外国人购买中国书籍，中国人教授外国人汉语则论罪处死。[1]为此，英国东印度公司广州商馆的人员学习汉语的热情被打消了，当时有语言天赋并能够掌握相当程度汉语的也仅有乔治·斯当东。马礼逊带来的由英美两国颇有社会影响和身份的人士所写的推荐信，让他顺利见到了东印度公司广州商馆的大班，得到了英国东印度公司广州商馆的默许，暂居广州、澳门。马礼逊假扮美国人潜居在法国商馆中，斯当东帮他物色并推荐中国教师。马礼逊雇用的中国男仆以及商馆的仆人都乐意帮助他学习方言，中国教师主要教授他官话。

他在学习汉语的同时，每日都在抄来的汉拉词典上增补词条和内

[1] 杨慧玲，《马礼逊与中国语言和文化的西传》，《文化杂志》2006年春季刊，25—35页。

容，编写词典。他对中国传统的雕版印刷技术也颇感兴趣，出于出版费用的考虑，他对中国的雕版印刷进行了尝试——中译本《圣经》的出版就采用了中国雕版印刷。

马礼逊入华的最初两年靠伦敦会的经费资助，过着节衣缩食的生活，然而，对于聘请中国教师学习汉语和购买中文书从不吝惜，逐渐形成了自己的中文图书馆。有了中国助手教师和中文图书馆，马礼逊将全部时间和精力投入汉语学习。让马礼逊备受鼓舞的是，东印度公司广州商馆大班剌佛和斯当东允诺帮助他实现编纂一部汉语词典的目标，给予他一定的经济资助。两年后，马礼逊与中国政府官员讨论如何处理一起所谓外国人谋杀中国人的案件。他在公开审理时盘问了目击证人，赢得了很大的声誉；所有的人都很惊诧，因为经过了两年他已经能写中文，还能用官话和当地方言与人交谈。他所表现出的汉语水平让东印度公司广州商馆的人为之震惊，因此还引发了商馆人员学习汉语的一个热潮。

马礼逊对自己的汉语水平却并不满足，他自评说：

> 虽然我在英国时就开始学汉语，亲手抄写了一本汉拉词典。自从离开英国后也一直在学，这两年间无论早中晚，我都在努力地学习；现在我能给广东总督写出语意清晰的中文信函，也和几个政府的高级官员当面交谈过，可是我在中国文学方面的知识既有许多不正确的地方，又肤浅片面。我补充一句，虽然我翻译了大量的公文信函，也翻译了两本中国蒙童读物，此外还翻译了孔夫子著作的前两部《大学》《中庸》以及第三部《论语》的一部分，但是我仍认为我对中国文学的了解很不完善。你提到的那些汉语书籍我早就有了，我还有很多其他关于汉语的书籍，除了中国人的经典和天文地理方面的书，还有法律、历史、宗教、解剖、医学等各类书籍总计已达1229卷，此外还有一些小册子。（艾莉莎·马礼逊，2008a:142—143）

1809年2月20日马礼逊与18岁的莫顿小姐（Miss Morton）结婚，21日因其出色的汉语水平被英国东印度公司广州商馆聘为中文译员兼中文秘书。马礼逊更加努力了。

> 自从上次去信后我一直做着同一件事：让我的汉语变得无懈可击或者接近完美。这是我的目标，迄今仍未达到。然而毫不吹嘘地讲，我始终都很勤奋；此外不是夸耀自己，在语言方面上帝确实给了我相当的天赋，也丰厚地赐予了我健康。只要上帝继续给我这些恩赐，我就会不断前进。只是不能从事属灵的工作让我很痛心。但愿我有足够的热情帮助异教徒归主！目前我还没能让任何一个人因着爱而接受这信仰。我盼望着为耶稣领回迷羊。
>
> 同您的信一起寄出的还有给理事会的信，信里也是不厌其烦地描述了我为实现目标所做的努力。今年我不会继续写日志了，每天做的事情都差不多，像一个学生那样学习，没什么趣闻逸事，也没有太激动人心的东西。因此一封信就足以达到目的，而不再需要日志了。
>
> 中国政府反对我学习汉语，他们不知道我学习的目的是什么。因为我是商馆的中文译员，所以一些中国高官都认识我，这是我的公职带来的坏处之一。我主要居住在澳门，葡萄牙人没有骚扰我，他们消极地与我作对，他们禁止天主教信徒帮助我。（艾莉莎·马礼逊，2008a:153）

马礼逊1811年4月2日完成了《通用汉言之法》，在东印度公司的大力资助下，1815年《通用汉言之法》在塞兰坡出版，同年12月29日，马礼逊的《字典》首册由东印度公司澳门印刷所出版。1815年，马礼逊被东印度公司解职，因为他在中国印刷出版并散布宗教书籍都是违反中国法律的行为，东印度公司担心马礼逊的行为会牵连公司的商业利益，借此摆脱了与马礼逊的正式关系。作为补偿，东印度公司给予了马礼逊一笔赔偿款，并继续雇用马礼逊以个人的名义为公司服务。[1]

1793年马戛尔尼勋爵率领的第一个英国使团访华，英方想要达到与清朝政府建立平等的外交关系，在北京设立大使馆，与中国通商等目的，马戛尔尼此行未获成功。虽然出使失败由多方面原因导致，但在东印度公司乃至英国内部，都有人将第一次访华使团的失败归咎于语言障碍。因此，在巴罗、斯当东等的推动下，英国政府和英国东印度公司在1816年再次派出阿美士德勋爵（Lord Amherst）出使北京。阿美士德使团的阵容可谓强大，其中首席特派员斯当东爵士，中文秘书兼翻译马礼逊、图恩（Toone）、德庇时等都是精通汉语之士。马礼逊虽然并不看好英国使团访华，但仍陪同阿美士德使团于1816年7月取海路从澳门前往北京，在天津接受了钦差工部尚书苏楞额会同长芦盐政广惠奉嘉庆帝旨意举办的筵宴。在觐见嘉庆帝是否行三跪九叩礼节问题上，阿美士德勋爵因听从了东印度公司和斯当东的意见，拒绝按中国礼节觐见嘉庆帝，而提出按英国礼节单膝跪地脱帽鞠躬，为此，使团遭到嘉庆帝的驱逐，广惠奉命押送英使返回广州。[2]虽然出使北京并不顺利，但马礼逊借机得以深入中国内陆，了解各地的历史地理，接触到各地方言，同时，沿途中看到许多穷人的生活状况令他感到震惊。1817年马礼逊被格拉斯哥大学（University of Glasgow）学术委员会授予神学博士称号，嘉奖他出版的旨在促进汉语学习的一系列语言学著作。

1817年底，马礼逊决定用自己的积蓄在马六甲购置的传教站土地上兴建英华书院（Anglo-Chinese College）："神恩庇护，我个人名下略有积蓄，我决定捐献一千镑建立一所名为英华书院的大学，该书院旨在培养

[1] 东印度公司特选委员会的密信以及马礼逊的解释，参见艾莉莎·马礼逊编，《马礼逊回忆录》（中文版）一，大象出版社，2008年，第219—221页。

[2] 台北故宫博物院辑，《清代外交史料（嘉庆朝）》，1968年，576—578页敕谕。

图2–2 马六甲英华书院

汉语、英语文学，以期传播耶稣基督的福音。”[1]随后，马礼逊和米怜向英国、印度、中国等地的各界人士募捐。1820年9月，英华书院校舍竣工。马礼逊亲自起草了校规和管理制度，马礼逊终身担任英华书院的理事，米怜终身担任校长，由米怜全面负责管理书院的日常事务。马礼逊和关心英华书院的人为英华书院赠送了一批珍贵的书籍，英华书院的图书馆也初具规模。英华书院落成后，来自各方的捐赠支持着英华书院的运转。

英华书院自1820年起，以印刷品的形式向公众汇报书院的资金、学生、教师、课程等各方面的信息。英华书院在很多方面颇具开创性：1825年英华书院招收女生入学；1826年，英文课引进了英国教育体制（British System）；来自贫穷家庭的学生可得到生活津贴，学生有校服，校内就餐住宿；书院的课程体系自1828年后，分为中文课程和英文课程。当东印度公司大班马治平参观英华书院后，惊讶地发现：“其中很多人，中英文书写优美，熟练掌握算术、地理学、历史学知识，还会使

[1] 艾莉莎·马礼逊编，《马礼逊回忆录》（中文版）二，大象出版社，2008年，25页。

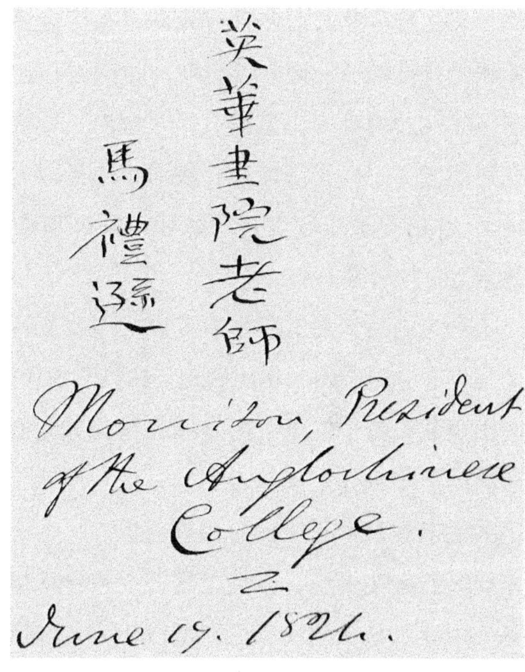

图2-3 马礼逊亲笔写的名片

用地球仪。正是英华书院，才让马六甲农夫的儿子能够接受就连中华帝国皇子都难以得到的文明教育。”[1]

1823年，马礼逊与新加坡总督莱佛士商谈在当地建立一所类似英华书院的马来书院（Malayan College），并计划在未来将马六甲的英华书院迁入新加坡，合并成为一个新加坡书院（Singapore Institution）。新加坡总督赠送了一块土地并将之命名为马礼逊谷（Glen Morrison），马礼逊投入了大笔积蓄用于书院建设并亲自为之奠基。然而，因继莱佛士之后的新加坡当地理事对资金的管理不善以及对书院建设事务的疏忽，1827年马礼逊获悉新加坡书院筹建失败的消息。

[1] 艾莉莎·马礼逊编，《马礼逊回忆录》（中文版）二，大象出版社，2008年，第32页。

马礼逊事业上的非凡成就却是在历经种种生活悲剧中取得的。隐藏传教士身份的马礼逊来华初期，时刻担心被驱逐出境。直到1809年被英国东印度公司聘为中文译员，才解决了合法居留中国的身份问题，同时在生活方面始有经济保障。然而，他又因为违背中国法令出版中文《圣经》，1815年被东印度公司解职，不再享受东印度公司职员的福利和退休金等各项待遇。

马礼逊的幸福生活非常短暂。与妻子玛丽在1809年缔结婚姻后，长期与妻子分居广州、澳门两地。1811年5月5日他们的第一个儿子在澳门刚出生就夭折了，玛丽的身体和精神为此遭受了重创，离开中国澳门返回英国疗养身体。马礼逊夫妇分居六年后，玛丽重返中国与马礼逊团圆不久就于1821年6月10日因病去世。

马礼逊在困境、孤独、痛苦中独自承担着英国东印度公司繁重的公务，中英贸易之间尚有行商可以代劳，麻烦的是他还得处理外国海员在中国的犯罪案件或者中国人伤害外国人的法律纷争，以及外商从事鸦片贸易导致与中国政府日趋严峻和频繁的政治、经贸摩擦。

马礼逊很少在日志或信件中抱怨公务繁重，也极少抱怨日复一日、年复一年编写词典或翻译《圣经》的操劳，更多的是倾诉他对上帝的虔诚。孤独的处境，从中闪现的是他坚毅的性格和追求的执着，让他编写并出版了世界上第一部汉英英汉词典，第一次将《圣经》译成中文并在华出版，筹建了英华书院和新加坡书院，开拓了基督新教在华的传教事务，取得了事业之大成。1823年10月，他正式向英国东印度公司广州商馆告假，“我已经在中国度过了16个年头，常年伏案从事翻译、编撰汉语词典和其他工作，现在感到身体迫切地需要一些体力活动，我因此决定利用公司董事会慷慨允准的假期返回英国”。[1]

---

[1] 艾莉莎·马礼逊编，《马礼逊回忆录》(中文版)二，大象出版社，2008年，第119页。

第四个阶段：1824—1834年

马礼逊返回伦敦后极为忙碌，没有时间记录日志，他在旅途中起草的自传式的编年也只到1824年，在起了一个颇具宗教哲理的标题“死亡与永生”后就结束了。马礼逊抵英后不久，与艾莉莎缔结了第二次婚姻，艾莉莎见证了马礼逊人生的第四个阶段，她编写的《马礼逊回忆录》是马礼逊人生最后一个阶段资料的主要来源。

1824年，马礼逊赴华后首次也是最后一次回到英国，受到英国宗教界和东印度公司等政界人士的热烈欢迎，当年与斯当东爵士一起得到英王乔治四世的接见。1825年6月，马礼逊因翻译出版中文版《圣经》和汉英词典被英国皇家学会接纳为会员。他同时成为法国亚洲学会的荣誉会员。英国皇家学会至今仍保留着斯当东等一批社会名流举荐马礼逊申请会员的记录：“为一名具有多学科的科学才能，尤其在汉语语言方面卓有成就的先生（中文版《圣经》的译者和按《康熙字典》排序的汉英词典作者），盼望成为英国皇家学会会员。我们据个人所知，推荐这位配得上此等荣誉而且将成为一名优秀会员的马礼逊先生。”[1]

在荣耀与光环面前，萦绕在马礼逊心头的，却是要为伦敦建立一所研究全球语言协会（Universal Philological Society），为此，他延长了在英国的居留时间。马礼逊在朋友和政教名流的帮助下，1825年在英国伦敦创办了一个“语言传习所”（Language Institution），马礼逊亲自开办中文部，授课三个月，教授了十三名学生。此外，马礼逊每周三次到一所传教学校给有志于到中国传教的英国青年教授汉语，每周另外三天在家教授一些英国女士中文。为了帮助英国人学习汉语，他在英国期间编写了一部小书《中国杂撰》（*Chinese Miscellany*）。

---

［1］原文献见British Royal Society EC/1825/06 ROBERT MORRISON ELECTION CERTIFIED。英国皇家学会建立于17世纪60年代，是历史最为悠久、云集英国顶尖科学家的学会，功能相当于英国的皇家科学院，该会官网https://royalsociety.org。

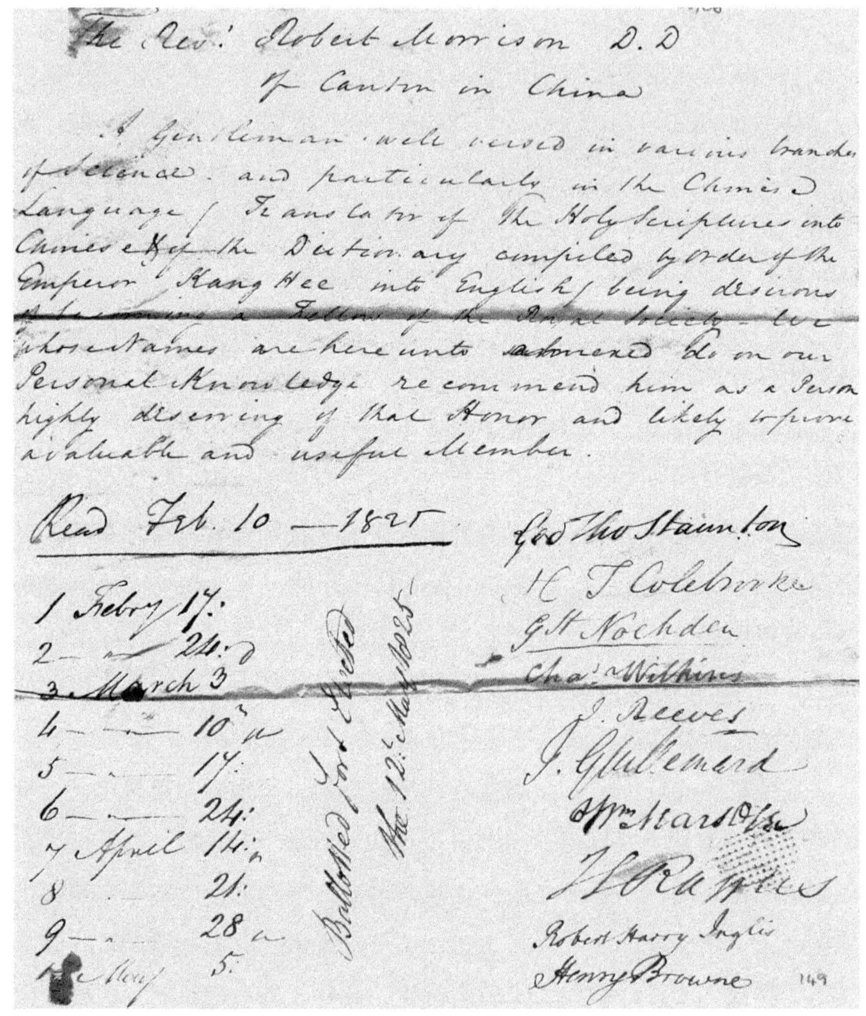
The Rev.d Robert Morrison D.D
of Canton in China

A Gentleman well versed in various branches of Science and particularly in the Chinese Language / Translator of the Holy Scriptures into Chinese & of the Dictionary compiled by order of the Emperor Kang Hee into English / being desirous of becoming a Fellow of the Royal Society — We whose Names are here unto subscribed do on our Personal Knowledge recommend him as a Person highly deserving of that Honor and likely to prove a valuable and useful Member.

Read Feb. 10 — 1825

1 Febry 17:
2 — — 24:
3 March 3
4 — — 10
5 — — 17:
6 — — 24:
7 April 14:
8 21:
9 — 28
10 May 5.

Balloted for & Elected the 12th May 1825

Geo Tho Staunton
H T Colebrooke
G H Noehden
Chas Wilkins
J. Reeves
J. Guillemard
Wm Marsden
T S Raffles
Robert Harry Inglis
Henry Browne

149

图2-4　斯当东等联名举荐马礼逊的原件（1825年2月10日）

马礼逊回英国前，从斯当东等的来信中得知英国成立皇家亚洲学会的事情，马礼逊也是该会最早的会员之一。斯当东向亚洲学会捐出了自己的藏书并推动建立东方图书馆和博物馆的事情启发了马礼逊。马礼逊返回英国时带上了自己在中国十年来省吃俭用购买搜集的7803种约一万

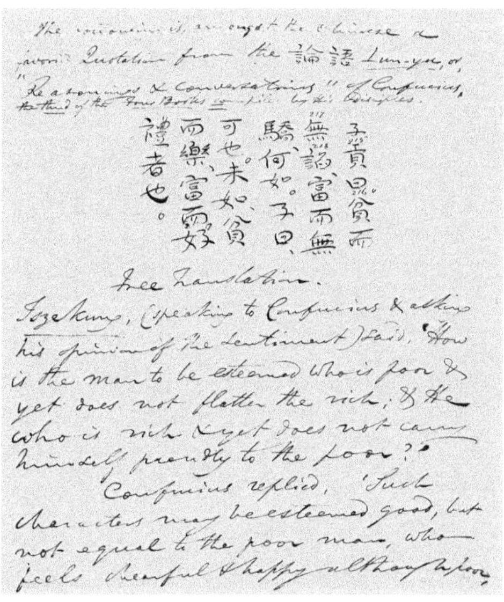

The following is, amongst the Chinese a
favorite Quotation from the 論語 Lun-yu, or,
"Reasonings & Conversations" of Confucius,
the third of the Four Books compiled by his Disciples.

子貢曰貧而
無諂富而無
驕何如。子曰
可也。未如貧
而樂富而好
禮者也。

Free Translation.

Tsze Kung, (speaking to Confucius & asking
his opinion of the sentiment) said, 'How
is the man to be esteemed who is poor &
yet does not flatter the rich; & he
who is rich & yet does not carry
himself proudly to the poor?'
Confucius replied, 'Such
characters may be esteemed good, but
not equal to the poor man, who
feels cheerful & happy although he poor,

图2-5　马礼逊《中国杂撰》手稿原件

册中文书籍[1]，其中不乏珍品，马礼逊在旅途中亲自编写了这批中文图书的目录。他要把这批中文书籍赠送给一个可以让英国公众自由使用的图书馆或机构，供汉语研究和学习使用。马礼逊带回英国的中文书籍使得英国的中文收藏跃居欧洲前列。斯当东以拥有马礼逊藏书为条件，成功说服伦敦大学设立了首个汉学教授席位：1837年，英国诞生了第一位汉学教授——基德。而马礼逊藏书迄今仍较为完整地保存在伦敦大学亚非学院图书馆中。

根据上述马礼逊获得的荣誉以及他取得的成就判断马礼逊毫无争议地得到了当时社会各界的认可，然而，历史的真实状况则令人难以置

[1] 购买中文书籍为当时清政府所禁，因此，马礼逊收集中文藏书并不容易，常常要隐匿藏书防备中国官员的检查。据马礼逊自述，他的藏书花费在2000镑以上。马礼逊最初的想法是捐给牛津大学或剑桥大学，条件是他们必须设立一个中国语言教授席位，后来因为英国海关对这批书要征以重税，为了寻求免税，马礼逊暂时搁置了原来的想法。

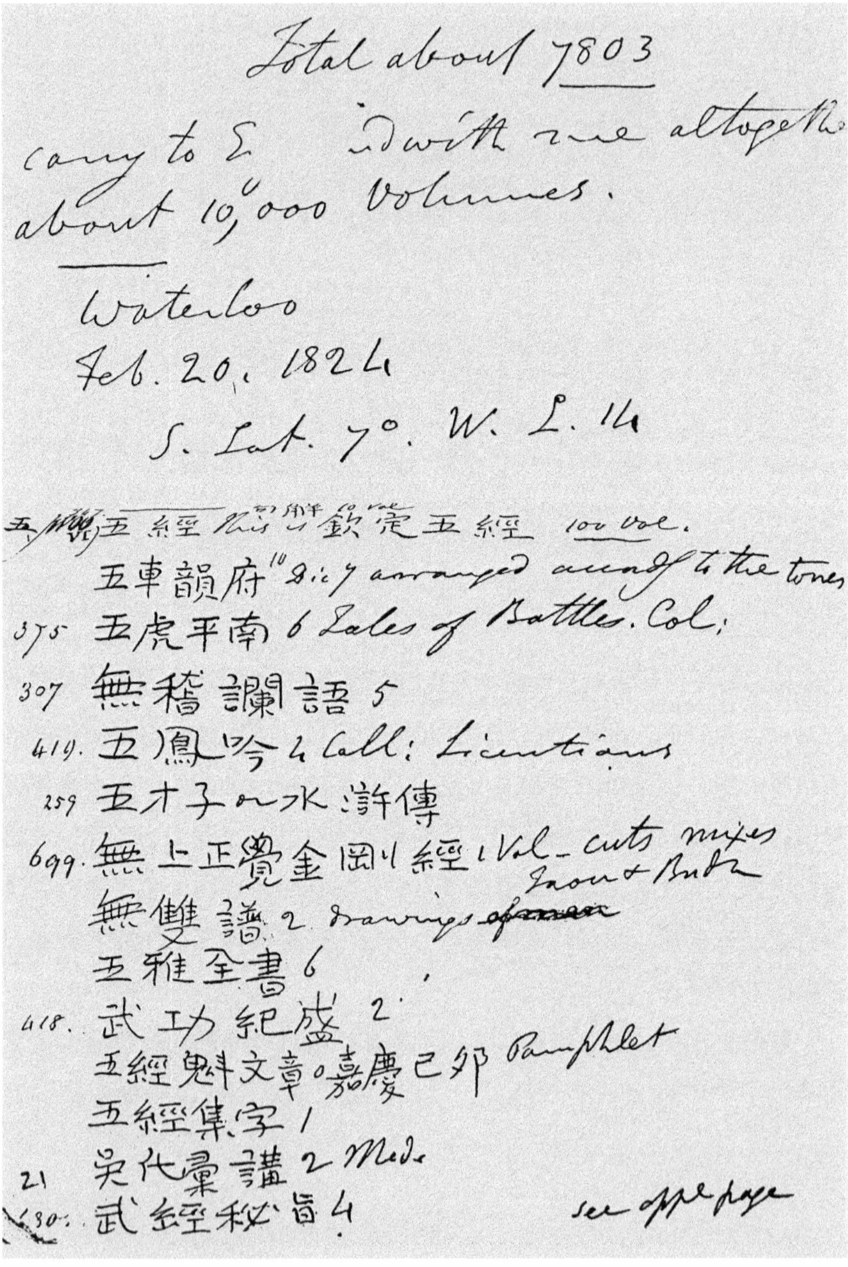

Total about 7803

carry to E. with me altogether about 10,000 volumes.

Waterloo

Feb. 20. 1824

S. Lat. 7°. W. L. 14

五經 this 欽定五經 100 Vol.

五車韻府 10 Dic'y arranged accord'g to the tones

375 五虎平南 6 Tales of Battles. Col:

307 無稽讕語 5

419. 五鳳吟 4 Coll: Licentious

259 五才子 or 水滸傳

699. 無上正覺金剛經 1 Vol. cuts mixes Taou & Budh

無雙譜 2 Drawings

五雅全書 6

418. 武功紀盛 2

五經魁文章 嘉慶己卯 Pamphlet

五經集字 1

21 吳代彙講 2 Med

130. 武經秘旨 4 see opp. page

图2-6　马礼逊自制的图书目录卡片（1824年2月20日）

信。由于马礼逊创办的马六甲英华书院、伦敦的语言传习所等教授汉语及培养双语精英的教育机构带有宗教目的，而他本人的身份也是一名传教士而非学者，因此，欧洲学术界对马礼逊翻译并出版的中文版《圣经》和汉英词典存在不同声音。欧洲学界为此展开了激烈的辩论，质疑者有之，辩护者更多[1]，而马礼逊极力避免卷入与他个人有关的争端，试图以此换回欧洲汉学界的理解与和平，共同促进英国乃至欧洲对汉语的学习和研究。从他未刊的文章中，我们可以了解到他真实的想法。对于《圣经》的中译本，马礼逊认为只要是翻译《圣经》，就没有完美的版本，而白璧微瑕的《圣经》译本仍然是神的话语。还有一些针对《圣经》和词典的批评，只是评论者观点的不同，不是马礼逊的错误，更不是译本的质量问题。

英国的一份报纸因此愤愤不平："我们听到过这样的意见，一位有才干和学识的人把这些奉献给宗教事业，在现今看来，他的境遇就像第一位有这样一个人——尽管通过文学界不多的先知，文学界听到过他负有盛名的出版物，或甚至听过他的名字。有数百种各种类型的杂志，都是为促进文学而设立运作，都在上天下地搜寻新闻；然而据我们的观察，几乎没有一家杂志把马礼逊博士努力成就的事告诉世人！"[2]然而，马礼逊自己感到满足，"他拥有了最渴望追逐名誉的人所梦想的一切，他应该感到很满足了：他不仅与最杰出的文学界人物建立了友谊；还引起了欧洲与美洲学界和科学机构的注意，他们在马礼逊毫不知晓的情况下主动把荣誉敬献在他的名下；基督教各个差会都信任他、尊敬他，许多拥有足够判断他劳动价值的著名人士在他离开英国前夕纷纷给他写

[1] 杨慧玲，《19世纪汉英词典传统——马礼逊、卫三畏、翟理斯汉英词典的谱系研究》第四章第三节"马礼逊《汉英英汉词典》的流传和影响"，其中谈到了欧洲汉学家围绕马礼逊《汉英英汉词典》展开的激烈辩论以及原委。

[2] 艾莉莎·马礼逊编，《马礼逊回忆录》（中文版）二，大象出版社，2008年，157页。

信，向他表示感谢”。[1]

马礼逊书信往来中最频繁的当属英美两国的教会机构，马礼逊常给赞助或关心他在华传教事业的英国圣经公会（British and Foreign Bible Society）、英国福音小册公会（Religious Tract Society）、美部会（American Board of Commissioners for Foreign Missions）、美国圣经公会等写信，汇报中国传教的进展，募集资金，同时也呼吁英美差会派遣更多传教士来中国。马礼逊日益年迈，自米怜去世后新教差会在中国的传教事业后继无人，英国伦敦会长达十余年不理睬马礼逊派英国传教士来中国的吁求，甚至1833年马礼逊的妻子因重病要返回英国治疗，马礼逊向伦敦会求助，都未能得到伦敦会的任何回应。[2]美国的美部会积极响应马礼逊的呼吁，派出两名美国传教士于1830年来到中国，并由美部会出资出力创办中文印刷所，协助马礼逊在华传教事业。

马礼逊人生最后一个阶段同样辉煌，笔耕的代表作当属《广东省土话字汇》（1828）。由于在广州从事贸易的外国商人常常苦于听不懂广东话，而且交易商品的名称不规范，有时使用中文，有时中外文混杂，中英贸易困难重重。为此，马礼逊编写了包括6000余条日常生活和贸易词汇的广东方言词典。东印度公司广州商馆在贸易季节分发马礼逊《广东省土话字汇》中的中英词表，结果证明他的字汇对贸易非常有效。

马礼逊来华后的另一大功绩是在中国创办了早期的中英文期刊。1815年，马礼逊和米怜合办了中文期刊《察世俗每月统计传》（1815—1821）；1817年马礼逊和米怜又创办了一份英文刊物*The Indo-Chinese Gleaner*（1817—1822）；1832年，马礼逊帮助美国来华传教士裨治文创办了著名英文报刊《中国丛报》（*Chinese Repository*）（1832—1852）；1832—1833

---

[1] 艾莉莎·马礼逊编，《马礼逊回忆录》（中文版）二，大象出版社，2008年，第157页。

[2] Christopher A. Daily, *Robert Morrison and the Protestant Plan for China*, Hong Kong University Press, 2013, pp.4–5.

年，马礼逊自己印制传道者与中国杂记（*The Evangelist and Miscellanea Sinica*）和《杂闻篇》等不定期小报。马礼逊用自己的积蓄先后购置了石印设备和活字印刷机（Albion），成立了马家英式印刷所（The Morrisons' Albion Press），雇用工匠制作了六千多个中文活字，印制中文小报与宗教小册。[1] 马礼逊的私人印刷所维持时间不长，也没有大部头的著作，但马礼逊对中外出版的探索和尝试为他在中国现代印刷史上赢得了一席之地。

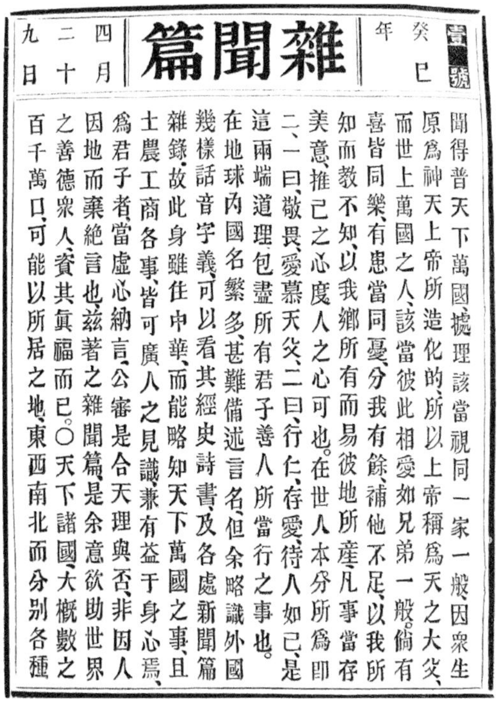

壹號　癸巳年　雜聞篇　四月二十九日

聞得普天下萬國據理該當視同一家一般、因衆生原爲神天上帝所造化的、所以上帝稱爲天之大父、而世上萬國之人、該當彼此相愛如兄弟一般。倘有喜皆同樂、有患當同憂、分我有餘、補他不足、以我所知而教不知、以我鄉所有而易彼地所產、凡事當存美意、推己之心度人之心可也。在世人本分所爲即二、一曰、敬畏愛慕天父、二曰、行仁、存愛、待人如己、是這兩端道理、包盡所有君子善人所當行之事也。在地球內國名繁多、甚難備述言名、但余略識外國幾樣話音字義、可以看其經史詩書、及各處新聞篇雜錄、故此身雖住中華、而能略知天下萬國之事、且士農工商各事、皆可廣人之見識、兼有益于身心焉、爲君子者、當虛心納言、公審是合天理與否、非因人因地而棄絕言也、茲著之雜聞篇、是余意欲助世界之善德衆人、資其眞福而已。〇天下諸國、大概數之百千萬口、可能以所居之地、東西南北而分别各種

图2-7　马礼逊编写印制中文小报《杂闻篇》第一期

[1] 苏精，《马礼逊与中文印刷出版》，台湾学生书局，2000年，第19页。

马礼逊的文化传教事业还包括收养中国孤儿并为之提供免费教育；出资开办医馆，聘请中国医生专为穷人治疗疾病、发放药品等慈善事业——其中有三百多名患者完全康复，无一例病人死亡。看到外国水手到达广州后，没有地方消遣，靠饮中国烈性酒娱乐，酗酒后导致一些恶性案件的发生，马礼逊雇用一位中国人开“咖啡馆”，邀请水手前来品尝便宜无害的饮料。他不仅身体力行，还撰文号召在华的外国人尝试此类善举。[1]虽然马礼逊在中国的慈善事功惠及人数与中国人口数量相比或许微不足道，不过作为基督徒的社会慈善践行的行为和动机值得赞赏；而更为深刻的影响体现在马礼逊身后，作为中国传教始祖的马礼逊的慈善传教思想，被后来来华新教传教士所继承和发扬光大，一百余年间，许多来华新教传教士在教育、医疗等方面为促进中国社会的发展做出了贡献。

马礼逊自1826年返回中国后，苦心经营的文化传教和社会慈善事业竟是在经济上相当困难的情况下进行的。[2]曾出巨资赞助马礼逊出版《汉英英汉词典》的英国东印度公司董事会，担心马礼逊在华的宗教出版影响到公司的商业利益而解聘马礼逊，虽然马礼逊仍是东印度公司广州商馆最为倚重的译员，但作为非正式雇员的马礼逊在收入方面受到了不公平的待遇。即使马礼逊在英国获得普遍赞誉，申请再次回到广州商馆供职时，仍遭到东印度公司董事会的刁难。马礼逊自1809年在东印度公司任职以来，就不再领受伦敦会的薪水，而教务方面的投入开支颇巨。英华书院和新加坡书院耗费了他近一万银圆的积蓄，1830年他仅余的一笔积蓄又因为所寄存的广州一家洋行的倒闭而尽数亏损。两次婚姻让他的家庭人数增加了许多，就连一家人的生计都成了问题。东印度公司广州

[1] SOAS/LMS/China/Personal Box 1/Letters of Robert Morrison; SOAS/LMS/Robert Morrison Correspondence/Letter Book 3.

[2] 苏精，《福音与钱财——马礼逊晚年的境遇》，《中国，开门！》，香港基督教中国宗教文化研究社，2005年，第65—107页。

商馆于1833年取消，在前途未卜、生计堪忧的情况下，马礼逊晚年凭其他英美教会、商馆同事、友人的资助，仍坚持开展各项慈善、社会、文化、宗教事业。

马礼逊人生的最后八年，经历了英国东印度公司对他的不公待遇以及作为公司聘用人员的不稳定前途、伦敦会对他的疏离以及传教事业的冷漠，而不断增长的家庭负担以及他对传教事业的慷慨投入，让他的生活日益落魄，他甚至卖掉了自己的住房以维持他的事业，种种艰苦困境未能阻挡他继续有所作为。身体的病痛，加上中英关系日益恶化，公务繁杂艰巨，马礼逊拖着疲惫之躯往返奔波，1834年8月1日他在广州病逝，葬于澳门东印度公司墓地。

第二节　马礼逊的汉语学习

当前马礼逊研究中，对马礼逊具体学习汉语的过程和方法的研究非常薄弱。造成这种研究现状的主要原因有二：第一，目前对马礼逊进行研究的以历史学和宗教学学者为主，而非语言学学者，因此，现有的研究成果受研究者的研究领域及研究取向影响，造成了厚此薄彼的现状。第二，对马礼逊进行历史研究时，尚有马礼逊的亲笔日记和信件为依托，而对马礼逊的语言学习过程和方法进行研究，面临文献少、挖掘梳理难度大的问题。马礼逊入华时期，雇用中国文人以及学习汉语都是触犯中国法律的重罪，所以马礼逊极为谨慎地对待汉语学习，在他的日记和信件中偶有提到中国教师和助手也都语焉不详；从只字片语中深挖材料并整理马礼逊的学习过程和方法，难度可以想见。

然而，对马礼逊汉语学习的方法展开研究具有重要价值。一个天资并不聪颖却在很短时间内就取得突破、留下语言巨著的成功人士学习汉语的方法，除了众所周知的勤奋与专注之外，或许还有一些对遍布世界各地、逾百万的汉语学习者可供借鉴的经验。作为一个开创时代的跨文化跨语言交流的人物，他如何学习汉语并取得成功的经验也是世界汉语教育史尤其值得探讨的一个重要课题。

英国汉学起步较晚，早期基本上是追随欧洲汉学传统。从16世纪末开始，天主教入华传教士们成为整个欧洲有关中国信息和知识的提供者，博学的耶稣会士成为中欧国际交流舞台的主角。借助16世纪后半叶耶稣会建立起的东方传教通信出版机制，入华耶稣会士写给欧洲总会长的年度报告和给欧洲教会亲友的书信频繁在欧洲出版，他们书信中对中国的语言、文化、历史的介绍刺激了欧洲汉学研究的诞生；而对于广泛汲取知识的欧洲知识分子和对“异国情调”感兴趣的民众、致力于海外扩张的君王而言，在华耶稣会士的报道则满足了他们对神秘东方的好奇心。在这一过程中，在华耶稣会士与欧洲本土汉学家之间有着密切的学术联系。

作为欧洲汉学研究之源的在华耶稣会士的著述，曾经被欧洲各阶层人士热烈追捧并广为拜读，随着“礼仪之争”的爆发，因耶稣会士在“礼仪之争”中所持的立场和观点，不仅耶稣会整个修会受到其他教派的攻击，耶稣会士的著述也因此在欧洲受到了一定的排斥，这为欧洲本土东方学家们的汉学研究和出版，提供了绝佳的时机。此外，在华耶稣会士有关中国的著述内容过于广泛，在爆发礼仪之争后，耶稣会在欧洲的出版一边倒地侧重于中国典籍外译，客观造成了汉语语言学著述的缺失，而此时欧洲东方学家们对汉语语言有着专一的兴趣和极大的热情，这也是促生欧洲的早期汉学家如基歇尔（Athanasius Kircher，1602—1680）、门采尔（Christian Mentzel，1622—1701）、巴耶尔（Gottlieb Siegfried Bayer，1694—1738）等进行汉学研究的另一个原因。

欧洲东方学家的汉学研究，是在入华耶稣会士之后而又与入华耶稣会士的研究大相径庭的一个独特的学术传统。这些作者从未到过中国，是著名的东方学家（主要指的是欧洲近东地区的语言，如希伯来语、阿拉伯语、埃塞俄比亚语、亚美尼亚语以及波斯语等，远东的语言如汉语、日语都已经进入欧洲东方学家的视域），仅凭入华耶稣会士提供的信息和文献就致力于汉语语言的研究，求知的勇气可嘉。与入华耶稣会士相比，他们没有机会亲临中国学习汉语，却有对汉语语言的专注和好奇心，因此，在极度缺乏有关中国语言著述、对汉语充满各种奇异猜想的欧洲，[1]凭借着欧洲本土东方学家的汉语研究和著述，欧洲人才得以一窥汉语语言的奥秘，基歇尔、门采尔、巴耶尔等的汉学著述仍然是欧洲人了解中国语言的钥匙。从这个意义上看，基歇尔、门采尔、巴耶尔是欧洲汉学史上当之无愧的启蒙人物，他们的汉学著作也是欧洲汉学史的里程碑之一。在考察这一支欧洲东方学家的汉学研究时，虽然这些研究曾受到欧洲君主的资助，直到18世纪初期，这些汉学研究尚不具有萨义德所说的具有殖民、统治色彩的东方学内涵。

在17世纪，欧洲本土还有另一支颇为独特的学术潮流，令许多当时的最著名学者如培根（Francis Bacon，1561—1626）、莱布尼茨（Gottfried Wilhelm Leibniz，1646—1716）等主流思想家纷纷置足其间，他们将汉语融入了对普遍语言（lingua universalis）的追求。“17世纪欧洲人对普遍语言的寻找是《圣经》传说、一种中世纪观念、16世纪航海发现以及17世纪科学发展共同作用下的产物”（孟德卫，2010:178），17世纪的英国，培根、胡克（Robert Hook，1635—1703）、威尔金斯（John Wilkins，1614—1672）、韦伯（John Webb，1611—1672）等都曾在著述中涉及汉学，尤其是中国语言。[2]“培根及其他杰出的学者认为，汉语的表意原则超越了宗教和方言的差异，因而汉语被理解成一种模范语言。这种

[1] 虽然在华耶稣会士早在1628年就在中国刻印出版了《西儒耳目资》，现在欧洲的一些图书档案馆也有收藏，然而，在17世纪到18世纪初期，《西儒耳目资》并不为欧洲学界所知所用。此外，在华耶稣会士学习汉语编写的汉语词典和语法等语言学工具书，传入欧洲的寥寥数部也被视为珍稀之物而收藏，未能在欧洲出版就意味着没有进入知识流通领域，因而，对欧洲汉学的实质性影响不大。

[2] 国内学界对此问题研究不多，详见孟德卫著，陈怡译，《奇异的国度：耶稣会适应政策及汉学的起源》中第六章“早期汉学以及17世纪欧洲人对普遍语言的寻求”；姚小平，《西方语言学史》中的“普遍语言的憧憬”一节；陈怡，《约翰·韦伯〈历史性论文：论中华帝国的语言是原始语言的可能性〉中对汉语的接受》，北京外国语大学2003年硕士论文。

理解使汉语成为寻求普遍语言的过程中被较多论及的对象”（孟德卫，2010:63）。17世纪英国主流哲学家以及大学者们对汉语的研究，虽然已成为英国思想史的一部分，然而，他们的汉语水平以及误入歧途的研究路向，使得他们的研究成果在18世纪时销声匿迹。

17世纪中叶，英国东印度公司将东方贸易扩展到中国，并于1773年设立英国东印度公司澳门商馆，自此，英国开始出现汉语人才。[1] 1793年当英国派出第一个访华使团时，因为寻找中文译员的困难，学界曾普遍认为英国东印度公司在华开展贸易之后，并未培育出合格的汉语人才。而美国学者斯蒂夫勒（Susan Reed Stifler）对英国东印度公司的档案材料进行过系统研究之后，却有新的发现。

自英国东印度公司开始与中国贸易以来，在长达一个多世纪的时间里，英国人对中国人的语言几乎一无所知，这是英中关系史上一个异常的现象。但更为奇怪的是，1793年当第一个英国使团出使北京时，使团中唯一能够使用汉语的欧洲人竟是一位12岁的少年。觐见乾隆皇帝之时，这位少年不仅能听懂皇帝的问题，他的对答更是让年迈的皇帝龙颜大悦。为此，乾隆帝赏赐给这位英国少年一个绣有五爪金龙的黄色丝绸荷包，作为认可他的成就的礼物，成为英国皇家亚洲学会博物馆的珍品。在伦敦皇家亚洲学会图书馆的墙上挂有一小幅画像，画中少年——五官精致、面部带有贵族气质，而且鼻子比一般人要长，他就是马戛尔尼（Macartney）访华使团的见习生（page）乔治·托马斯·斯当东（George Thomas Staunton）。[2]

---

[1] 谭树林，《英国东印度公司与澳门》第二章“外人居澳‘合法化’与英国东印度公司澳门公司的建立”，广东人民出版社，2010年。

[2] 乔治·托马斯·斯当东，印度事务部的乔治·莱纳多·斯当东（Sir George Leonard Staunton）之子，1798年被任命为东印度公司广州商馆的书记（writer），1816年升至商馆大班，同年随阿美士德勋爵出使京城。返回英国后出任国会议员多年，踊跃地参与关于中国和印度事务的争论。他是英国皇家学会会员，牛津大学法学博士，并于1823年协助创办英国皇家亚洲学会，*Dictionary of National Biography* (*D.N.B.*), LIV, 114；参见 G. T. Staunton, *Memoirs of the Chief Incidents of the Public Life of Sir George Staunton*, London, 1856。

但有些证据表明，通过在澳门对汉语的接触，在广州的早期英国商人中偶尔有对汉语感兴趣的。大英博物馆早期馆藏中有中文版《四福音书》（*Harmony of the Gospels*，又译作“福音合参”）和《新约圣经》不完全译本，这一抄本为罗马传教士1740年以前在广州所译。[1]广州同样也是把中国小说译成英语或葡萄牙语的创作地，据说译稿是由东印度公司职员在大约1719年完成的。[2]

这一译作在译者去世后发表（1761），发表后的十年，英国人对中国事物的普遍兴趣一如既往，既具18世纪的时代特征，也显露出对汉语的猎奇之心。[3]此前有一种假设，汉语的书写方式源于埃及，这是英国皇家学会讨论的问题，讨论的结果就是英国皇家学会写给东印度公司董事会一系列的征求信息的询问信件。英国皇家学会提出这些询问信可经由广州商馆转给北京的耶稣会士，与此同时，他们还想为伦敦的学会图书馆购置一批书籍：“一两部有汉语语音和汉字、汉字后有释义的好字典；其他一些重要的汉语书籍，无论是否有注解，能得到的都要。”1765年，广州商馆把挑选好的四卷本的《诗经》、六卷本的《说文解字》和

[1] 斯蒂夫勒注：“中文版的《四福音书》，接着是《新约圣经》中《使徒行传》第一章到《希伯来书》末尾，耶稣会士译。”扉页上有一条注：“《四史攸编耶稣基利斯督福音之会编》草稿（*Evangelia Quatuor Sinice Mss.*）。”此抄本奉霍治逊（John Hodgson，又称贺特臣）之命抄录于1737—1738年，霍治逊认为此手稿细致、准确，于1739年9月呈赠英国皇家历史学会会长汉斯斯隆（Hans Sloane，又称史路连）。

[2] 斯蒂夫勒注：*Han Kiou Choaan, or The Pleasing History. A Translation from the Chinese Language, to which are added, I. The Argument or Story of a Chinese Play. II. A Collection of Chinese Proverbs. and III. Fragments of Chinese Poetry.* In four volumes with notes（London, 1761）。斯当东认为这是由“一位名为James Wilkinson的先生”所翻译。由Dromore主教Thomas Percy博士编辑出版。另见德庇时，*Chinese Novels*, 4; 斯当东，*Memoir of George Leonard Staunton, Bart.*（London, 1823）, p. 383. Letter of Earl Macartney to George Thomas Staunton, Nov. 1800。

[3] 斯蒂夫勒注：参例如*Miscellaneous Pieces relating to the Chinese,* 2 vols.（London, 1762）. “A Dissertation on the Language and Characters of the Chinese,” I, No. 1; *Critical Review*, June, 1762, reviewing J. T. Needham, *De inscriptione quadam Aegyptiaca*（Rome, 1761）; *The Chinese Traveller*, 2 vols.（London, 1775）, I, pp. 240–255, pp. 256–267。

两部分别为二十六卷和十四卷的字典运往伦敦。[1]

显而易见，这一请求引起了广州商馆的重视并得到明智的处理。回顾此前三十年广州商馆的汉语学习，我们会对这一现象有更清晰的认识。在这一时期，东印度公司迈出了意义重大的一步（斯蒂夫勒，1838）[2]。

纵观英国东印度公司的历史，虽然有志学习汉语者众，而能够掌握汉语并达到交流水平的人屈指可数，其中，洪仁辉（James Flint）、贝文（Bevan）都曾是英国东印度公司所倚重的中文译员，然而，洪仁辉因违背中国法律告御状被驱逐出境，1780年贝文离开中国后，英国东印度公司在长达二十年的时间中竟然没有一位中文译员。

虽然清政府很快下令禁止马戛尔尼勋爵提出的将汉语学习合法化的请求，禁止外国人向除了官方通事或买办之外的人学习汉语，[3]但是广州有了一丝新转机，小斯当东与英国使团一起回到英国后，继续学习汉语。1798年，斯当东的天赋被东印度公司认可，他是到广州商馆做书记员的最佳人选。[4]通常这类职位都是由与东印度公司有关系的家族年轻成员来担任，所以当小斯当东1800年1月到任时遭到一些人的嫉妒，但是这些嫉妒很快就消除了。在接下来的两年里，由于小斯当东能够不受

---

[1] 斯蒂夫勒注：H. B. Morse, *The Chronicles of the East India Company Trading to China, 1635–1834*, 5 vols. (Oxford University Press, 1926–1929), V, 117–118; J. F. Davis, *The Chinese*, 2 vols. (London, 1836), I, 250; *Asiatic Researches*, II, 371–372; *Transactions of the Royal Society*, XII, 685–691. "Extract from the Journals of the Royal Society, June 23, 1768, respecting a Letter addressed to the Society by a Member of the house of Jesuits at Peking in China. By Charles Morton, M. D." In eighty years the Royal Society had forgotten the "Observations and Conjectures concerning the Chinese Characters. Made by R. H." *Transactions of the Royal Society*, III, 285-291。数学家胡克（Robert Hook）搜罗到一部中文字典、一本年鉴以及其他一些书籍，胡克在无人帮助的情况下，凭借他出类拔萃的才智对汉字本质有了更为准确的认识，远远超过过去一个多世纪许多学者们朦胧的认识。

[2] 斯蒂夫勒原文"The Language Students of the East India Company's Canton Factory"刊登在*Journal North China Royal Asiatic Society*, 1838, Vol.69, pp. 46–81。中译本由笔者译出，2016年1月在《国际汉学》刊登。

[3] 斯蒂夫勒注：J. R. Morrison, *Chinese Commercial Guild*, 48; Davis, *The Chinese*, III, p.199。

[4] 斯蒂夫勒注：G. T. Staunton, *Memoir of Sir George Leonard Staunton*, p. 365; E. I. C. MSS, *China*, Court's Letters, IV (1796–1799), 29 March 1799。

中国行商的干扰直接与两广总督交涉，因此以往让商馆困扰不已的许多事情，在他的协助下都以令人满意的方式得到解决。1800年“朴维顿事件”（Providence affair）中，由于小斯当东不懂中国法律，他怀疑两广总督故意误导英国商人，于是，他找到了一版完整的法律条文并把它部分地译成英语。1810年，英文版《大清律例》（*Ta-Tsing-Leu-lee*）正式出版，这是首次连同案例直接译成英语的法律书籍，虽然此前该书早已人人皆知。[1]次年，小斯当东因父亲去世返回英国，在他回英国的两年里，商馆终于完全意识到他的重要性。[2]

1804年底斯当东回到广州，他发现在他休假期间，广州商馆另聘了西班牙奥斯丁会的罗德里格（Rodriguez）神父做翻译。……在斯当东第一次离开广州商馆期间（1808—1810），罗德里格为公司做了最后一次翻译，他在斯当东来中国前一年被驱逐出境了。[3]

1807年马礼逊入华，彻底改变了英国东印度公司广州商馆缺乏人才的困境。马礼逊入华之后仅两年就熟练掌握了汉语，并能够用较为流利的官话与中国官员交谈，打破了英国人对汉语难学的偏见。此外，马礼逊编写出版了世界上第一部《汉英英汉词典》，翻译出版了中文《圣经》，成为英国汉学史上罕有匹敌的首位集大成者。

马礼逊所取得的巨大成就为欧美人士树立了楷模。他总结自己的学习经验，汇编或写作了语言学方面的著述，非常重视学习方法以及实用性，这些来自马礼逊个人实践以及成功经验的思想火花，对我们今天的

---

［1］斯蒂夫勒注：G. T. Staunton, *Memoirs*, 17, 27, 28, 44–51; G. T. Staunton, *Memoir of Sir George Leonard Staunton*, 56, 381, 383; Morse, *Chronicles*, II, 327, 368; Barrow, *Travels in China*, pp. 419–420。

［2］斯蒂夫勒注：Morse, *Chronicles*, II, 369。

［3］斯蒂夫勒注：Davis *The Chinese*, I, p. 60; Morse, Chronicles, II, p. 409, III, p. 72; R. Morrison's Journal, 5. Jan., 6 Oct. 1808; Morrison to the L. M. S., 13 May 1814. *L. M. S. MSS, China* (1805–1820); Select Committee to the Court of Directors, Secret Letter, 1 Mar. 1809。在伦敦会的手稿材料中，有一份马礼逊和他学生的通信的抄件，也抄给了东印度公司董事会和广州商馆。引自*L. M. S. MSS, E. I. C. Transcript*。

世界汉语教学同样具有启发意义。

2.1　识字、写字优先

据马礼逊日记记载，他于1805年8月在伦敦学习医学和天文学的时候，伦敦会为他和布朗找到了一个中文老师容三德，开始学习汉语。马礼逊的挚友米怜评价他在伦敦的汉语学习毫无用处。事实上，容三德教授马礼逊识记汉字，帮助马礼逊奠定了语言基础。[1]马礼逊在来中国之前，已经能够借助汉拉手抄本词典等工具书初步阅读中文。

马礼逊总结的经验："笔者强烈地建议，汉语学习者尤其要重视汉字；除非无须参照就能够写出每个汉字，否则不要自以为懂得了汉语。如果在刚开始学习时就特别注意这一点，将来会更容易取得进步，学习也更愉快。笔者认为比起只局限于模仿字音的人学习进展速度也将更快。"[2]

重视汉字的主要原因有二：第一，当时中国语言"语""文"分离，马礼逊在字典的序言中提到，汉字在全帝国甚至中国周边国家被广泛地使用，而口语则受地域方言的影响，即使是中国人之间有时也听不懂对方的谈话，不得不依靠汉字沟通交流。马礼逊提倡"重文轻语"的看法也符合当时中国的社会情况。从《中国丛报》登载的其他西方传教士到中国周边属国的情况来看，汉字不仅在中国本土，在周边国家也有很大的影响力，以至于那些第一次踏上日本、朝鲜、琉球等地的西方传教士可以借助汉字和当地人交流，建立贸易关系。第二，与欧洲语言不同，汉字本身并不能完全标示字的读音，然而却对意义的理解至关重要。当

[1] 马礼逊1807年7月28日的日记中写道："从早到晚我都在学习，还有更多的有待完成。我以学中文为乐趣，为此在上帝的指示下，我特意从伦敦抄来的中文《圣经》和词典派上了大用。这样说并不是否定可怜的容三德（Sam）的帮助，是他让我对中文有了初步的理解。虽然他很鄙夷我，非常孤傲，可是我在心里很亲近他。"参见艾莉莎·马礼逊编，《马礼逊回忆录》（中文版）一，大象出版社，2008年，80—81页。

[2] 马礼逊，《通用汉言之法》前言，1815年，1页。

时尚未产生统一的汉字注音方案，对欧洲人来说，当时使用的各种西文字母记音方案也只是标注出最接近的读音，虽然汉字字音只有三百五十个左右，然而加上声调的变化和方言的差异，除非有中国教师言传亲授，否则，无论怎样努力，汉语的听力和口语表述仍然会存在问题。马礼逊入华初期，当中英发生摩擦，中国教师被迫逃逸或隐匿时，缺乏中国教师指导让马礼逊切身体验到汉语学习的事倍功半。综合上述原因，马礼逊得出了外国人学习汉语的捷径之一就是多认、多记汉字。

马礼逊掌握汉字并向学习者推荐的方法如下：214个汉字部件，如同欧洲语言的词根，汉字从214个部件衍生汉字的方法如同字根构成英文复合词。在马礼逊来华前的早期天主教入华传教士也都非常重视汉语214个部首，并认为这是打开汉字迷宫的钥匙。马礼逊强调，记忆汉字除了首先分析汉字构成部件之外，还要靠反复抄写练习，例如用毛笔蘸水书写汉字，水迹干后反复书写，直到掌握为止。马礼逊自己在英国学习汉语时，用毛笔在锡盘上写字，写完后擦掉可以继续练习。以这样的方法抄写并掌握了一定数量的汉字之后，马礼逊接着抄英国藏中文版《圣经》手稿和一部汉拉词典。马礼逊也把这个方法推荐给米怜和英华书院，唯一不同的是，对于后来的学习者，已经可以依靠马礼逊编写的语法书、词典、双语对话集、翻译作品来辅助学习，更有幸的人则能够在马礼逊开办的学校和机构内专门学习汉语。

2.2 沉浸式学习

马礼逊把汉语学习和将《圣经》译成中文当作首要人生目标，这激发了他的全部潜能。

马礼逊先生被指派去中国传教。他在中国的具体驻地是在中国大陆，还是在相邻的岛屿上，一时还不能确定。怀着将来把《圣经》翻译成汉语的愿望，马礼逊先生立即将精力转到学习汉语上来。他认为自己被派往中国是上帝回应了他的祷告，因为他曾祈祷上帝让他到最困难、最艰苦的地方去传教，哪怕这些困难看似无法克服。他真诚地接受了这项指派，自此直到他生命的最后一刻，他只有一个坚定的目标——那就是让中国人信仰耶稣。从此以后，他所想、所说、所做都直接或间接地指向这个目标，为了实现这个目标，他个人所有的天赋都被调动起来了。（艾莉莎·马礼逊，2008a:35）

虔诚宗教人士的精神追求，是让他们舍生忘死的重要驱动力。“一位传教士的伟大工作应该完全占据他的心灵、头脑、双手和时间——他的力气和精力应该留下来完成自己的使命——其他细枝末节的事情，可以留给用人更好地完成。”（米怜，2008:32—33）此时马礼逊的一切供给都靠教会捐赠，而成立不久的伦敦会并不富裕，因此，马礼逊需要仔细计算作为一个外国人在中国高昂的生活居住成本，向伦敦会详细汇报费用支出情况。他对汉语学习方面的支出如购书、雇用中国教师从不吝惜，对于饮食着装则极为节俭。

马礼逊来到中国之后极为珍惜学习汉语的机会，无论遇到何种阻力和磨难，都不懈地学习语言，甚至割舍了他作为传教士的传教工作：“在我住处有人教我汉语，我前面说过，每天早上、中午、晚上都在刻苦学习汉语。在没有掌握汉语之前，属灵的事工暂时放在一旁，这是我的遗憾。您知道我的主要目标是翻译《圣经》，这需要我持续不懈地学习汉语。”（艾莉莎·马礼逊，2008a:117）马礼逊通过与家里用人接触，学习地方方言并用方言和用人交谈，路过中国店铺时也会借机与中国人聊天，甚至连向上帝祷告时都使用中文。马礼逊曾正式跟随中国天主教徒云官明学习官话，另有一名曾在耶稣会大学受过教育的李先生和他的儿子教授他汉语的阅读、写作和广东方言。马礼逊在伦敦学汉语的老师容三德回到广州后，在生活和学习上帮助马礼逊采购所需物品，物色了一位葛先生晚上教马礼逊官话。只要条件允许，马礼逊都在投入地、没日没夜地学习汉语。

马礼逊的同伴米怜接受过马礼逊的指导，汉语水平突飞猛进，成为马礼逊翻译《圣经》的得力助手。米怜称："我并不认为自己有能力判断什么方法是掌握中文这种独特艰涩语言的有效途径，因此我完全依赖马礼逊先生的指导；对此我一直很满意。他建议说要把其他学习任务暂时放在一边，全身心地投入汉语学习中，这一点极为重要。因此，我把从早到晚一整天时间都用来学习汉语。其他的工作暂时都被搁置在一边；甚至是对神学和我一直喜好钻研的《圣经》，一周之内分配的时间都不超过一小时。"（米怜，2008:51）

2.3　理解与表述的钥匙——翻译法

翻译法是外国人学习汉语时提高理解力和准确表述的必要手段。马礼逊学习初期的中国教师多数具备双语能力，容三德懂得中英两种语言，云官明和马礼逊用拉丁语和官话沟通，李先生在欧洲耶稣会大学学习过，肯定也懂得欧洲语言。因此，他们能够用马礼逊听得懂的语言解释汉字的意思和语言结构，增加马礼逊可理解的语言输入，对于提高听说水平大有裨益。

马礼逊在学习中，逐渐收集到了一些双语资料，如早期天主教传教士编写的四福音书、汉拉词典、汉语语法书等，同样他借助这些书面双语资料，巩固并延伸了可理解性输入。

马礼逊意识到缺乏学习汉语的教材和基本工具书，因此，在他学习汉语时，会在学习中有意识地收集一些中英文句子、段落和文学作品的翻译练习，将多年来收集的中英对译材料整理出版，供他人学习参考。[1]

---

[1] 马礼逊的语言著作目录见附录，对于马礼逊语言著作的使用情况，主持英华书院的米怜提到马六甲的传教士和书院都在使用马礼逊编的《字典》《通用汉言之法》《汉英对话集》[*Dialogues and Detached Sentences in the Chinese Language*（1816）]等资料学习汉语，而且很有帮助。（米怜，《新教在华传教前十年回顾》中译本，第98—99页）

通过抄写、翻译和整理双语资料和编写双语工具书，马礼逊将自己对汉语的理解进一步深化和系统化了。在东印度公司广州商馆任职，被迫独立翻译汉语和用汉语写作公文，“由于他的汉语知识仍不完备，这一工作的职责起初非常沉重”（米怜，2008:38），经过大量的汉语翻译实践与练习，马礼逊对自己的汉语水平有了自信。当中英贸易摩擦引发政治、经济冲突，中国教师和助手从马礼逊身边撤离时，马礼逊能独自承担口译和笔译等大量协商或谈判的沟通事务。

这是一个从理解性输入到可理解性输出的完美链条，过程中的每一个环节都是靠翻译来润滑。因此，翻译既是语言学习的手段之一，也是语言学习的目的。

马礼逊学习汉语时自己摸索出来的翻译法，在英华书院的英语教育中也有体现。英华书院在学生人数增多后，特别引入了英国流行的语法翻译教学法。这种教学方法先讲解语法规则，然后让学生通过翻译练习巩固语法规则，同时在阅读中利用翻译进一步理解原文。19世纪许多入华传教士都有过通过翻译学习汉语的经历，翻译法在世界汉语教育史上占据着极为重要的位置。

2.4 马礼逊的汉语语法体系

国内外学界对马礼逊的语法体系研究多从《通用汉言之法》入手，所见的文章对于《通用汉言之法》的主要内容以及与瓦罗《华语官话语法》的关系较为关注。[1]在词形丰富的希腊语和拉丁语中，通过词形变

---

[1] ［日］内田庆市，《关于马礼逊的语法论及其翻译观》，《东亚文化交涉研究》2009年第2号；［日］何群雄著，阮星、郑梦娟译，《19世纪基督新教传教士的汉语语法学研究——以马礼逊、马士曼为例》，《国际汉语教学动态与研究》（第三辑），外语教学与研究出版社，2008年，66页；黄爱美，《马礼逊〈通用汉言之法〉研究——英国早期来华传教士的汉语研究》，清华大学2003年硕士论文；岳岚，《汉语教学视角下的〈通用汉言之法〉》，载吴应辉、牟岭主编，《汉语国际传播与国际汉语教学研究》，中央民族大学出版社，2011年。

化就能甄别词类，词类与句子成分及句法之间有着相对明晰的对应关系，因而通过判断词法就能推知句法，因此，以词类为核心的希腊语和拉丁语语法观念曾盛极一时。早期入华的欧美传教士也深受这一观念的影响，因而，他们的汉语语法书中绝对的主体内容就是汉语词类。马礼逊的《通用汉言之法》也是如此，除了对汉语语言的汉字、注音、标点等进行介绍之外，核心内容是9大词类，外加一节句法和韵律的描述，与英国19世纪早期英语语法书的正字法、词源、句法及韵律、标点符号等如出一辙。以此种模式描述汉语语法的著作多是以汉语迁就西方语法学观念的产物，其中最核心的问题是汉语词类划分。仅有一百余页的《通用汉言之法》虽然是首部以英语描述汉语语言的语法书，它对汉语词汇的覆盖面以及描述分析的深度远不及数千页涵盖上万汉语字词的《汉英英汉词典》。马礼逊在学习汉语之初编写的《通用汉言之法》与日臻成熟之后编写的《汉英英汉词典》，体现了马礼逊对汉语的认识以及语法观念都不断深化。马礼逊是先有汉语语法著作，继又编写了汉英双语词典的作者，笔者调查过他在《通用汉言之法》中建立的汉语语法体系与《汉英英汉词典》的汉语语法体系是否一致，结果发现“马礼逊的汉语语法书中的词类和词典编纂中的词类直接关联不大，词典中对该词的语法解释绝大多数都不同于语法书……马礼逊语法书中的词类体系与汉英双语词典的词类体系无直接关系，语法书中的汉语词类体系并不用于双语词典编纂或者双语词典的译义”（杨慧玲，2012）。这一事实充分说明马礼逊的汉语语法体系的真正载体并非《通用汉言之法》，而是《汉英英汉词典》。然而，马礼逊在《汉英英汉词典》中总结的汉语语法事实以及对语法规律的描述，分散在词条中，增加了研究的难度。目前，对于马礼逊汉语语法体系的研究尚待展开。

2.5　百科全书般广博的知识

马礼逊编写《汉英英汉词典》时，中国禁止外国人购买中文书籍，马礼逊仍设法通过中国助手、教师、友人购买了相当数量的中文书籍，内容无所不包。在马礼逊返回英国前夕，他得知斯当东将个人的东方藏书捐赠给了新成立的英国皇家亚洲学会，因此有意将十余年苦心收藏的这批中文书籍带回英国，促进英国的汉语学习和研究。在返回英国的漫长旅途中，马礼逊亲自整理了这批中文藏书目录，统计出7803种合计1万余册的中文书籍。马礼逊的中文藏书不仅有《康熙字典》《字汇》《说文解字》等字书或者如《广韵》《分韵》等韵书，《艺文备览》《篆文字汇》等有关古今汉字的书籍，《三才图会》《佩文韵府》《骈字类编》等类书，数量更多的是涉及医药、宗教、中国历史、文学、小说以及根本不入中国收藏家法眼的民间流传的各类印刷品。

从数量上看，在19世纪初的欧洲国家图书馆里，汉学书籍非常珍稀。据历史记载，欧洲的第一批汉学书籍是同大象一起到达的。在华耶稣会士以及入华传教士们对欧藏汉籍做出了相当大的贡献。在马礼逊之前，英国最大的一批中文书籍是由英国皇家学会通过东印度公司广州商馆购买的，约在1765年运送到英国，后来，又陆续通过东印度公司广州商馆获得了一些中文书。这些藏书的数量没有准确的数字，大约有两三百本。法国、德国的中文书籍藏书数量即使经过数代人的努力，也只有两三百部。即使有地利之便的东印度公司广州商馆1806年建立的图书馆，总收藏量也只有约1600本英文、法文和中文书。相比而言，马礼逊的中文藏书数量之多，令其他欧洲国家望尘莫及。

从马礼逊的藏书书目来看，内容更是涵盖中国文化的方方面面：经书、历史、人物传记、儒、释、道、农、医、天文、历算、小说等包罗万象。在标明出版时间的411本中文书中，清朝乾隆和嘉庆年间的书籍达359本。这从另一个侧面反映了马礼逊中文收藏的时代性特点，这也是他的词典中文例证的特点之一。马礼逊关于清代资料的收藏可谓世界第一，中国的收藏家根本不屑的清中期民间流传的各种印刷品，都是马礼逊收藏的重点。马礼逊的词典也从中汲取例证，这使得马礼逊的《汉英英汉词典》除具有语文辞书特点之外，兼具百科全书的性质。

第三节　词典编纂实践

马礼逊在编写《汉英英汉词典》时，完全是从实用性的角度考虑词典的设计和实施。他作为一名汉语学习者，面临着很多困难，即使有中国助手的帮助以及来到中国后在语言环境中的浸润，然而学习过程中缺乏有效的工具书却让他倍感无奈。马礼逊自述编写词典的目标是“让欧洲人能够用汉语沟通”，而他自己深知这样的目标仅凭词典对汉字的解释以及例句无法实现。然而，在他的《汉英英汉词典》的帮助下，借助欧洲所藏汉籍文献，凭借学习者的努力，欧洲人在欧洲学习汉语也会成为一种可能。

当时马礼逊编纂《汉英英汉词典》的想法很简单，就是弥补现有中外文汉语辞书之不足，编一部能造福学习汉语的外国人的工具书。《康熙字典》作为马礼逊研习汉语必用的单语工具书，存在释义晦涩杂乱，历史读音太多，对学习者而言，仍有很多改进的空间。马礼逊学习汉语时使用的手稿汉外词典以及1813年巴黎出版的《汉字西译》，例证中没有一个汉字，学习者常常要猜测例证中汉字究竟为何。

综合中外文蓝本词典的优劣得失，马礼逊决定采用《康熙字典》的释义作为《汉英英汉词典》英文译义的底本，《词典》的词目数量以及编排顺序采用《康熙字典》的编排方式，书中收入了大量生僻字，这也是对此前汉外学习词典收字量的一大突破。非常用字的例证也依赖《康熙字典》，而常用字的例证则从外国人学习汉语的角度，尽可能多地提供常用常见的一些词语和表达。马礼逊《汉英英汉词典》增补例证的来源非常复杂，既有马礼逊广泛查阅中文典籍后增加的内容，也有中国文人助手帮他增补的内容，例证部分最后都由马礼逊自行选择确定。对于外国人最为陌生的中国文化，《汉英英汉词典》在释义时也都重点说明和增补。在这样的基础上，马礼逊的《汉英英汉词典》与蓝本中外汉语词典显示出差异性特征，汇集前人所长而不拘泥于此，开创了外向型汉英学习词典的先河。

马礼逊的《汉英英汉词典》第一部分第一册《字典》于1815年出版，最后一部分在1822年4月9日完成。[1] 马礼逊的《汉英英汉词典》的出版，却引起了一些欧洲汉学家的非议。[2] 关于词典真实作者的争论并非始于马礼逊，德金（Chretien Louis Joseph De Guignes，1759—1845）1813年在法国巴黎出版的《汉字西译》（*Dictionnaire Chinois, Francais et Latin*，1813）引发了一场大规模的争论：争论的焦点在于谁是这部欧洲学者引以为荣的汉外词典的真正作者。辩论的结果是，法国依然享有出版《汉字西译》汉外词典的技术方面的突破，而这部词典的编纂归功于叶尊孝，德金在这场辩论中成了臭名昭著的剽窃者。辞书的编写有其特殊性，一般都是在继承前代的基础上编写集合而成的。但是辞书必须还要有自己的改进、鉴别、发展才能算作继承，否则就是抄袭。笔者近年来对此疑问的综合研究肯定了德金对《汉字西译》出版的编辑之功。[3]

马礼逊《汉英英汉词典》的出版恰逢席卷欧洲的词典之争硝烟烽起之际，他不可避免地也成为欧洲学者们怀疑与论争的对象。马礼逊原本希望欧洲汉学家和传教士之间停止无益的争吵和攻击，携手共同推进欧洲的汉语学习和研究，然而，他的良苦用心和隐忍的态度并未终结这场争论，围绕《汉英英汉词典》的这场论争前后持续了十余年，余波更是长达百年。由于质疑马礼逊为《汉英英汉词典》作者的人是欧洲著名汉

[1] 参见《字典》第三册最后的“Advertisement to the sixth and last volume”的署名和时间。

[2] 有关马礼逊《汉英英汉词典》的争议文章可参见：杨慧玲，《19世纪的汉英词典传统——马礼逊、卫三畏、翟理斯汉英词典的谱系研究》第四章第三节的有关内容。

[3] 参见张西平、杨慧玲，《世界汉外词典史上的一桩学案》，《自西徂东——基督教来华二百年论集》，香港基督教文艺出版社，2009年。

学家，这场争论在当事人离世后并未完结。后代学者们在提及马礼逊《汉英英汉词典》时看似轻描淡写地注明欧洲学者关于马礼逊词典作者之争的疑问，实则是对一桩没有了结的学案仍存心结。

笔者曾在马礼逊入华二百周年香港国际学术研讨会上，从马礼逊《汉英英汉词典》的蓝本入手，重新考察了这桩历史学案。2012年，在《19世纪的汉英词典传统》一书第四章第二节中，对马礼逊使用的中外文词典蓝本进行了深入考证，希望通过反观马礼逊编纂汉英、英汉词典的过程和方法，以及马礼逊身边的中国教师在词典编纂中所起的作用，换一个角度审视马礼逊的词典编纂。

马礼逊1812年年底之前确立了《汉英英汉词典》的三大组成部分：第一部分是按汉语部首排序的汉英词典；第二部分是按注音排序的汉英词典；第三部分是英汉词典。此时，马礼逊编写词典的资料已经相当丰富，为了缩短时间，他提议可以在编写词典的同时排印出版。[1]出版一部帮助英语使用者学习汉语的工具书——也是世界上第一部汉英英汉词典的近景，让饱受汉语翻译人才匮乏问题困扰的英国东印度公司毫不犹豫地承担了出版费用。马礼逊备受鼓舞，全身心投入词典编写。

3.1　词典编纂流程

我不知道还有比我所使用的方法更好的编纂汉语词典的方法，具体地说，就是充分利用我所能收集到的所有汉语本族人的字典，同时核证所引例证的出处；雇用中国文人协助我查阅中文词典，核实字、词、句子的确切意思。克拉普洛特说“中国文人每天都能得到一些钱”，的确如此，我认为这样很公平。但他声称我用广东方

[1] 马士著，区宗华译，《东印度公司对华贸易编年史》第三卷，中山大学出版社，1991年，第175页。

言或“澳门的葡萄牙人通用语”与中国文人交谈，这完全是一派胡言。我总是用官话和我的中国助手交谈，我用这种语言和中国各个地方不同阶层的人谈话。协助我的中国助手（三个已经过世了），他们没有一个懂英语或葡萄牙语，甚至连一个词都不懂。因此除了上述方式，我还借鉴了天主教传教士的几本抄本词典，有英文和法文的，还有最近巴黎出版的叶尊孝（Brollo B. Glemona）神父的词典。此外，中国文人负责收集汉语口语的词、句子及表达，我自己也坚持从每天读到的中文书中挑选汉字和词语。词典的第三部分英汉词典全部由我们收集的材料汇集而成。这就是被克拉普洛特称为“英国式的词典炮制法”。一个德国的怀疑者还能有什么更好的办法来炮制一本词典呢？这个问题恐怕只能由克拉普洛特指出了。在词典的编纂过程中，从来都不是简单地从一本书抄到另一本书上，也不仅仅是把一种语言译为另一种语言，而是从头到尾都需要我做出判断和选择。所以，如果有人能被称为词典的作者，我马礼逊理当是这部词典的作者。（艾莉莎·马礼逊，2008b:228—229）

通过马礼逊的自述，可以梳理出马礼逊编写词典的流程：收集中外文蓝本词典——核实字、词、句子的确切意义，核查例证出处——选择和判断收入词典的材料，编译材料——成稿。

具体做法在马礼逊的书信和日记中有所体现，“我正在翻译从英国带来的拉汉词典，把《康熙字典》上的汉字补充进去。我的手抄本，同全欧洲的手抄本一样，所收的汉字都可以在一部满人编的字典中查到，那部字典有十四卷，现在已经不用了。我上面提到的新字典——《康熙字典》有三十二卷，包含了所有的汉字”（艾莉莎·马礼逊，2008a:89）。马礼逊在容三德的帮助下抄写完伦敦藏汉拉手稿词典后，直接以汉拉词典抄本为底稿，参照《康熙字典》并结合自己学习和阅读汉语的体验，向抄本里增补有关汉语字、词的意义。

马礼逊《汉英英汉词典》的第一部分《字典》的词目数量同于《康熙字典》，但是，释义并不能按照《康熙字典》逐字翻译，这是因为《康熙字典》收录了历代的韵书和字书的注音和释义，详注了书证的来源，它最重要的功用是解释经书、为中国文人读经服务的。马礼逊作为一名学习汉语的英国人，对他而言，《康熙字典》存在一些弊病："① 书证往往断章取义，而没有参照原文；② 各种发音罗列太多，从古到今都有；③ 虽然康熙要他们无义不释，但是这本字典几乎完全忽略了口语。"[1]有鉴于此，马礼逊《字典》的编排体系和词目数量依赖于《康熙字典》，对疑难汉字词目的释义多借鉴《康熙字典》，而对汉语常用字词的释义则结合了马礼逊自己的理解和中国教师的解释。为了更好地辅助词典释义，马礼逊和中国教师分别挑选词语、短语、句子等例证，最后由马礼逊选定词典中所收例证，并为所有例证全部配上注音和英译。

笔者在伦敦亚非学院图书馆马礼逊特藏室中发现了马礼逊使用过的《康熙字典》以及中国助手为他抄写的例证（见图2-8）。通过研究分析马礼逊和中国助手在《康熙字典》上的标注，发现：除了用小圈点直接从《康熙字典》中取词之外，多数写在《康熙字典》页面周围空白处的都是中国助手补充的例词、例句。令人意外的是，《康熙字典》上手写补充的例证与最终出版的《字典》和《五车韵府》中的例证相差极大，这说明马礼逊在选择例证时并不迷信《康熙字典》或中国助手的增补，确如他所称广泛采集而来。

[1] 此为作者翻译，原文为：The quotations are so garbled as to be often unintelligible, without a reference to the original. The definations are not in an easy style. It is crowded with different Pronunciations, from their making a point of collecting the Ancient as well as the Modern Pronunciation. Though the Compilers were instructed by His Majesty, that "no meaning should be left unexplained, as well as no sound omitted", they have almost entirely overlooked the Colloquial Dialect（Robert Morrison, *Dictionary of the Chinese Language*, vol. 1, part I, "introduction", ix）。

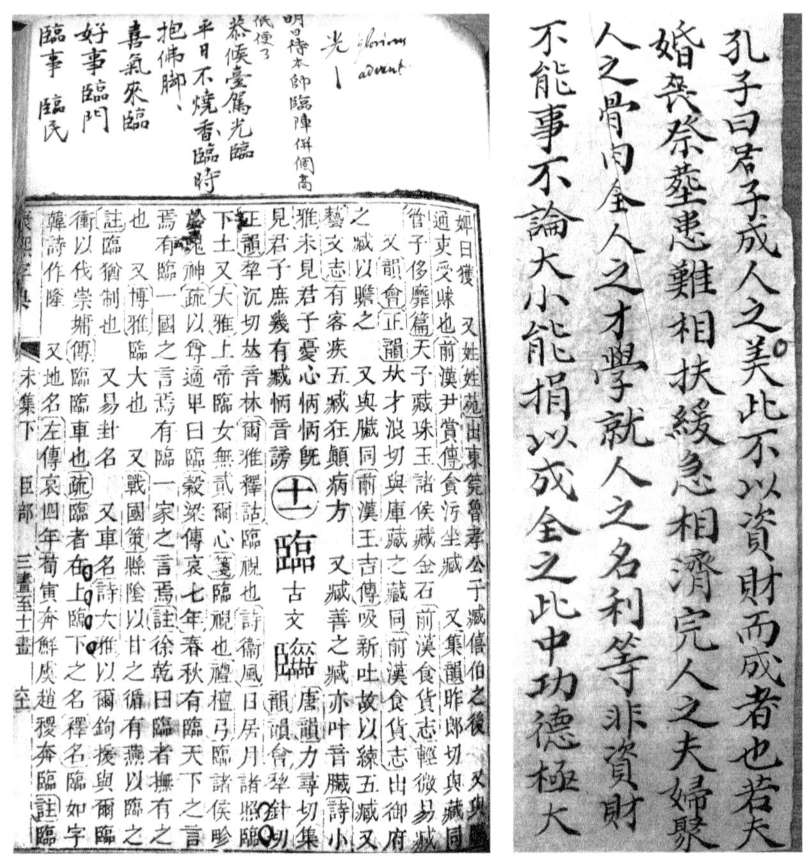

图2-8 中国助手为马礼逊编写词典收集的例证

常年的汉语学习和研究让马礼逊体会到，汉语中实际使用的汉字数量没有《康熙字典》那么庞大，而且《康熙字典》按字形笔画编排词目的方式对欧洲汉语学习者不实用。在出版了《字典》的第一册后，马礼逊转移了注意力，专注于编写基于汉字注音排序检索的《五车韵府》。《五车韵府》的汉字词目数量控制在12674个，是马礼逊根据汉拉手稿词典和自己的经验挑选出的汉字。编写《五车韵府》时最费心思的地方在于解决汉字的检索编排方式，必须先确定所有汉字词目的注音，再将同音的汉字按照笔画数排序。搭建好这个宏观框架后，对于释义部分，词目数量少的《五车韵府》与词目数量浩繁的《字典》的释义共享；例证部分，除了个别重复出现在《字典》和《五车韵府》中之外，多数例证在两部分中各有千秋。

马礼逊在完成《字典》第一册的出版后，另起炉灶编写《五车韵府》。相比而言，《字典》的第一册以庞大详尽、无所不收的例证出名，而延迟至《五车韵府》完成后才出版的《字典》的第二册、第三册，多数汉字词目下仅有简略的释义，甚至大量汉字词目后都没有例证。这其实是词典作者战略重点转移所致，马礼逊对《五车韵府》的实用性和功用寄予了更高的期望，而他不可能按照《字典》第一册的编写方式完成其余两册。那样不仅耗费时间过多，以他的健康状况来看，在繁重公务之余从事词典编纂也是难以承受的。他在家信中倾诉：

> 我在这里很孤独，投入了太多精力写作，我常常对此感到厌倦。编写词典是一件非常乏味枯燥的事情，翻译不比编词典更有趣——它们让一个人的思想仅停留在字词的层面上。然而，这些付出都是为了福音事业。（艾莉莎·马礼逊，2008a:267）

于是，他先于1817年11月完成了《五车韵府》的编写。

> 我完成了汉英词典的第二部分（《五车韵府》），即使我现在死了，我也为后继传教士和欧洲的学者们留下了一部完整的，而且非常实用的汉语词典。我盼望欧洲的基督徒学者们停止崇拜希腊人和罗马人的充满骄傲、复仇、淫荡气息的作品，学者们应该研究东方的语言，便于向他们传输科学和宗教。（艾莉莎·马礼逊，2008a:268）

在完成《五车韵府》后，马礼逊编写了第三部分英汉词典。英汉词典本质上是扩大了的英汉索引表，给学习汉语的人提供一些相应汉语表达的思路，然后使用者可以在《字典》和《五车韵府》中查询相应汉字的意义，从而明晰相应汉语的表述。第三部分英汉词典因为已有《字典》和《五车韵府》而简略。词典编写后期的马礼逊，更希望在他有生之年能够完成《汉英英汉词典》的出版而不是留下遗憾，因此，他匆忙结束了《字典》的第二册和第三册。至此，《汉英英汉词典》全部完成，并于1815—1823年陆续出版。

3.2 中国教师和中国助手

马礼逊编写汉英双语词典历时十余年，除了自己的努力，也离不开中国教师和中国助手的协助。中国教师和助手在马礼逊的汉语学习以及词典编纂中所起的作用，是颇为关键的一个问题，也是欧洲汉学家最为关注的一点。如果马礼逊过多地依赖中国教师和助手，那么马礼逊还被称为《汉英英汉词典》的作者就是大问题了。

在《汉英英汉词典》出版后近两百年间，没有历史学家或者鲜有历史学家能够揭开这个历史谜团。直到21世纪，台湾学者苏精先后出版了《马礼逊与中文印刷出版》（2000）和《中国，开门！——马礼逊及相关人物研究》（2005），才揭开了马礼逊身边的中国教师和助手的谜团。苏精花费近十年的时间爬梳英国伦敦藏伦敦会档案文献、马礼逊书信、英国东印度公司档案以及英国《圣经》公会和美部会的档案文献，从中获得了关于马礼逊身边隐姓埋名的中国教师和助手的宝贵信息。从现有的文献和研究来看，中国教师所起的作用除了教授马礼逊学习汉语，阅读中国典籍和汉语写作之外，他们也协助马礼逊润色《圣经》的汉译译文以及马礼逊写作的中文基督教书籍。在编写《汉英英汉词典》过程中，中国教师主要协助马礼逊收集汉语语言材料。

马礼逊入华后做出了同时学习粤语方言和官话的选择，但却面临着不容易找到敢于冒着生命危险教他并具有一定资质的中国教师。“关于汉语，自从我住下后每天都有长进，我跟男仆学了一点当地方言，现在能够和他进行简单的会话了……现在我遇到了一个大难题。大多数中国人既不懂官话，也不懂高雅的文体。”对马礼逊帮助最大的是在英国伦敦第一位教授马礼逊汉语的容三德，“马礼逊来华初期，在居留、生活、语言各方面都遭遇极大困难，他手中虽有容三德的地址，很可能由于两人在伦敦的不愉快经历，而不愿放下身段主动联系。”（苏精，2000:59—61）1808年起，容三德成为马礼逊日记中经常提及的人：

这次我告诉了容三德，他对我极好，尽全力帮我（我这辈子都可以这样说）。他替我物色仆人并负责管教他们，并把以前的仆人全都遣散……三德每天都来看我，希望像亲兄弟一样关照我所有的事。可怜的人啊，我希望他和我成为真正的主内弟兄，让主成为我们友谊最恒久的纽带。三德还为我找到了对我学习很有帮助的人，事实上，这个人现在就像是我的同伴，替我采购物品、买书等等。几天前，三德给我找来了一位教官话的学塾先生。我的前一位教师和三德担保的人经常吵架，为此三德把他们都解雇了。上面提到的三个人中的任何一位，无论是从教学的能力还是从性格上说都比容三德好——他脾气暴躁，同时还自视颇高，只想当发号施令者而不是为人服务者。他把上面提到的两个人打发后，我家里的人少了，虽然学习进展缓慢，可是更舒心。蔡兴是我的同伴和教师，还有他的弟弟蔡运（A-yun），我希望将来能教导他，此外有一个满族人阿东（A-tung）做饭和负担粗活。现在又增加了一位葛先生（Kŏ-sëen-săng），他晚上来教我官话。我想让葛先生陪我一起去澳门，但是有些担心费用问题。今年夏季我在澳门住了三个月，如果上帝许可，我计划住在澳门而非广州。澳门的房租不是太贵，可以更自由地外出锻炼身体，同时还可以自由地接待中国人和学习汉语。我去的时候租了一套年租金350元的房子，

打算近期搬到澳门去住。（艾莉莎·马礼逊，2008a:126）

马礼逊搬到澳门后，容三德冒着生命危险帮马礼逊把中外文书送到澳门；容三德因帮马礼逊代购马六甲印刷所需要物资和招募偷渡印刷工，被人告密，身陷囹圄，两人的情谊一直持续到1820年。估计后来容三德病逝，马礼逊的日记不再提及容三德。容三德作为马礼逊汉语学习的启蒙教师，在伦敦时帮马礼逊积累一定的汉字基础，在马礼逊入华后成为马礼逊最可靠的私人中国朋友和代办人，在汉语学习和词典编纂方面的作用不大。

云官明只教授马礼逊官话口语，李先生和李先生的儿子协助马礼逊学习汉语、编写词典和翻译《圣经》。然而，这三位中国教师陪伴马礼逊的时间不长。

乔治·斯当东爵士提出把云官明[1]介绍给我做中文教师，他是从北京来的天主教徒。云官明现在替传教士做事，对广州城和邻近地区的天主教徒有些了解，而据李先生（Le Sëen Sǎng）[2]讲，有大约3000名天主教徒。北京的耶稣会士让云官明苦学拉丁文，他甚至没有时间学写自己母语的文字，因此他只能教我讲官话，也是他出生地的通用语。

[1] 云官明，山西人，孤儿，自幼由天主教传教士带到北京抚养长大，官话口语和拉丁文都非常流利，但中文写作则不熟练。有一次教难发生后，天主教士将他送到广州，住在十三行珠江对岸的河南岛上，他和外国人来往密切，除了替北京天主教士采办物品，又担任一些英国人的官话教师，同时抄写中文与拉丁文字典出售给外国人。马礼逊和他初见时，两人都说拉丁语，后来也常以此交谈。（苏精，2000:66）

[2] “李老先生年已七十岁，是一位天主教徒，九岁时被带到葡萄牙的耶稣会神学院，十二年后学校解散才回到中国并且还俗成家，一度成为行商，却因官府威逼而告失败，以致潦倒。李老先生不仅对马礼逊说到天主教在华（特别是广东一带）的许多情形，也谈论不少儒家思想与基督教的异同，他还懂得英文，马礼逊因而尊称他为‘Doctor Lee’。”（苏精，2000:64）

李先生的儿子[1]，我相信他会帮我学广州话和写汉字。他也是一名公开的基督徒。李先生在葡萄牙的耶稣会大学学习了12年，他原本想当神父，但回到中国之后，他结婚并很快做了一名保商。中国官员欺压他，他的生意败落了，现在是个七十岁穷困潦倒的老人。（艾莉莎·马礼逊，2008a:88—89）

在马礼逊身边时间最久的是容三德为他物色的中国教师葛茂和："从1808年9月到1817年3月，长达八年半，这段时期也是马礼逊研读中文、翻译《圣经》、编辑词典、出版教义小册最重要的时候，他对葛先生的依赖最深切，相处也最融洽。葛先生因为清朝地方官府搜查澳门东印度公司印刷所，逮捕为外国人工作的华人，葛茂和不得不走避他乡。"（苏精，2000:69）

葛茂和与蔡兴是马礼逊编纂词典和翻译《圣经》时最倚重的中国教师，对于这两位教师和助手，马礼逊日记中有如下记载：

葛先生现年45岁，他的祖父担任过一定的官职。他性情温和，平易近人，心地善良，一生都以教书为业。蔡兴大约30岁，脾气和顺，但是有些虚伪。他写得一手漂亮的汉字，对出版中文书帮助很大。葛先生帮我润色修改译文。他们都心安理得地做着这些事情。（艾莉莎·马礼逊，2008a:182）

从语言能力判断，容三德、李先生都懂英文，然而，从他们为马礼逊服务的职责判断，容三德和李先生不是参与词典编纂和《圣经》翻译

[1] "担任马礼逊教师的却是李老先生的长子李察庭（Lee Tsak-Ting），主要负责教导文字、写作和广东方言。……虽然马礼逊对李察庭很满意，但两人的教学关系应当维持不长，因为从1808年年初以后，李家父子不知何故从马礼逊的日记和信件中消失不见。"（苏精，2000:65）

的重要人物，参与最多的中国教师和助手是葛茂和与蔡兴。马礼逊日记中记载了葛茂和作为中国教师，他承担着教授马礼逊儒家典籍，修改润色马礼逊的中译文和中文著述，检查并核对即将刻印的样章等重要任务。而蔡兴作为助手，主要工作是按照中国图书版式抄写和整理书稿，在抄写书稿时把手稿中省略的部分都补充完整，这是从手稿到印刷出版环节中非常重要的一个步骤。然而，从时间上判断，1816年当中国官府追捕并迫害为在华外侨提供“非法”服务的中国人士时，葛茂和及容三德被迫流亡海外。而1816年时，马礼逊的汉英词典仅出版了第一册，第二部分《五车韵府》的编写费时一年余，在1817年11月完成。据此分析，马礼逊的中国助手和教师对他的《汉英英汉词典》编写初期有所助益，对于中后期的大量编写工作，并无参与。

在特殊的时代背景下，钱纳利（George Chinnery，1774—1852）所

图2-9　马礼逊与中国助手翻译《圣经》（香港艺术馆藏品）

作的马礼逊和中国助手翻译《圣经》的名画（1830），其中的两名中国人的原型应该是葛先生和蔡兴。

第四节　词典的出版印刷

马礼逊《圣经》中译本是以中国传统的雕版印刷方式出版的，而《汉英英汉词典》采用的是西方印刷机和现代金属活字印刷技术，《汉英英汉词典》的出版开启了中国现代印刷出版的先河。

金属活字印刷马礼逊的《汉英英汉词典》的难度在于制作并刻制中文金属活字。英文中字母仅有26个，算上大小写字母、正体和斜体，加上数字和标点符号在内，最少需要150个左右一副活字就可以排版印刷了。而中文汉字数以万计，马礼逊《字典》第一部分仅汉字词目就计约47035个汉字，例证中又全部使用了小型汉字。金属中文活字不仅制作费时费力，最重要的是费用不菲。以福州林春祺为例，他曾在1825—1846年刻制40余万个铜活字，结果耗资达20多万两之巨。英国伦敦的一家铸字厂估算制作3600个中文金属活字需要1500—1800英镑的成本（苏精，2000:3—4、16）。金属活字的制作成本也是导致中国盛行木活字和雕版印刷的重要因素。马礼逊面临的另一个问题是，中英文金属活字的大小不一，精确匹配用于同一页面印刷即中英文夹杂同页排版印刷的技术性问题。

马礼逊在编写《汉英英汉词典》的同时，积极探索在中国出版双语词典的方式。由于《圣经》中译本先行在中国出版，他得以精确测算中文印刷出版的成本以及观测各种出版方式的优劣。马礼逊发现木活字印刷效果不及雕版印刷精良，金属活字的印刷效果优于木活字，仍不及雕版印刷美观，而无论采用何种方式出版，中国人没有西方现代的印刷机，仍靠人工及简易设备印刷的效率不高（米怜，2008:103—121）。马礼逊充分考虑到各种印刷方式的优缺点后，认为中文部分采用雕版而英文部分用活字印刷，每一页需要印刷两次，印版套印的难度增加，功效低而且雕版难以重复使用，增加印刷成本。中英文都是金属活字的情形下，印刷效果和效率最佳（苏精，2000:90）。然而，浇铸汉字字模是一项艰巨的任务，对于常用汉字浇铸字模值得投资，因为“如果一个铸模花费20先令，这等于目前请工人在木板上刻1500多个汉字的代价”（米怜，2008:112）。

1814年，马礼逊词典的出版得到东印度公司赞助。

> 自从马礼逊先生来到中国，他就投身编写一部汉语词典。如果词典仅以手稿的形式存在，就不能被广泛使用，而且抄写词典的费用之高，迫使他放弃了这个想法。以前天主教传教士编写的汉拉词典不及马礼逊的词典规模的六分之一，而抄写一部汉拉词典就花了他200西班牙元。马礼逊先生为了探索印刷汉英词典的方法投入了相当的费用，印刷他的词典的费用远非个人或者资金不充裕的差会所能承受。尊敬的东印度公司经过考虑最终承担了汉英词典的印刷，并且决定慷慨地资助它的出版，这一著名的公司为此更加卓越出色。（艾莉莎·马礼逊，2008a:203）

1814年9月2日，汤姆斯带着印刷机、英文字模和印刷工具抵达中国澳门。浇铸字模和刻制汉字活字的难题使得第一年的印刷工作进展缓慢。

马礼逊刻印汉字的数量存在不同说法，马礼逊写给东印度公司的报告中提到所需铸模中文活字数量在8000—10000个（苏精，2000:91），叶再生认为“在适当考虑重复使用的条件下，估计要刻汉字活字十万枚左右。在1815年出版第一部分第一册时，先要刻制出多种字体、多种字号的四五万枚汉字铅活字是需要的”（叶再生，1996:26）。王树槐（2011:9）称“不仅有草楷两种字体，还分大小两型，大型字多达46000

字，小型有22000字”。汪家熔（1997:146—147）考察了马礼逊的《汉英英汉词典》，发现马礼逊使用了6种大小、3种字体（楷体、宋体、象形字）、2种材料（木活字和金属铅活字）的汉字。最大的楷体木活字规格是15mm×15mm，第二大的象形字木活字高10mm，其余4种均为宋体铅活字（见图2-10），其大小分别为8mm × 8mm、5.8mm × 5.8mm、5.3mm × 5.3mm、4.6mm × 4.6mm。汪家熔（1996:47）推测印刷《汉英英汉词典》所需宋体字约14万字。

编号		毫米
b_1	氣之清神之靈精之潔靜	
b_2	裏分陰陽而精氣神同化於虛無	8.0
c	聲韻反切之學古未之有也	5.8
d	君子先慎乎德有德此有人有人此有	5.3
e	精清從心邪照穿牀審禪	4.6

图2-10　汪家熔研究《字典》所用中文字体和种类

汪家熔还发现了一个极为独特的现象，马礼逊词典中凡是用过的活字，不论是大的木活字还是小的铅字，都不再重复使用。也就是说《字典》与《五车韵府》中的木活字和铅活字，即使是大小相同的同一个字，马礼逊出版时也并未重复使用。汪家熔推测如果重复利用中文铅活字，就要增加拣字以及印刷使用后归还汉字的工序，据清代《钦定武英殿聚珍版程式》记载，中国传统的活字排印多由科举考试获得举人以上程度的中国文人合作完成：一个口报所需活字，另一个人拣字，仅此一项就费时且效率低下。根据马礼逊词典中汉语错字很少的现象推测，马礼逊采用的是“用什么字刻什么字”的方法，即“一小批一小批地交工人刻，刻成后一小批一小批交拼版工人”，避免了铅活字排版初期拣字出错而导致满纸排版错误的问题，马礼逊词典中仅见的个别错字都是马礼逊原稿的错误或遗漏。（汪家熔，1996:48—49、51）[1]

马礼逊在《字典》序言中提道：“手稿的准备工作受到个人身体状况和生活的影响。同样，除了这两个因素以外也没有任何条件可以确保印刷的正常进展，这还没有考虑日常生活中的各种挫折和意外。这部著作是在异国他乡印刷出版的，那里不能提供任何完成这部著作所必需的各种设施。从英国运来的斜体活字在到达港口之前遭到盗窃，第一部著作的印刷就是在如此恶劣的条件下开始的……这部著作印刷中有一半时间作者远在印刷所90千米以外。作者想代表印刷工提醒大家注意，编辑、印刷和校对的责任也都由他个人承担，帮助他的只是一些不懂英语的中国人。”（沈国威，2011:18）马礼逊的序言证实了上面关于词典具体排印出版方式的推测。

有欧洲学者预计，马礼逊完成计划中的《汉英英汉词典》出版需要30年的时间（Klaproth，1818:5575）。词典的印刷的确面临着许多困难，印刷所在第一年即1815年共印刷了200页。马礼逊随即缩减了《字典》第二、三册的规模，和印刷工汤姆斯一起探讨并改进了铸造字体和刻制汉字的方式，1818年时达到了年印刷600余页的速度（Morrison，1819b:8 274）。其间遇到了中国官府逮捕中国刻字工人等意外事件，他们改为聘用澳门的葡萄牙人刻制汉字以躲避中国官府对中国工匠的迫

[1] 笔者就马礼逊词典的印刷问题向年已86岁高龄的汪家熔先生讨教，汪先生年轻时曾做过排版工作，对于金属活字印刷的程序和问题了解极详，这也是许多研究马礼逊词典出版印刷的历史学者和语言学者无法获得的细节知识。承蒙汪先生不吝赐教，解答了笔者的许多疑问。

害。最终，《汉英英汉词典》历时八年完成出版，耗资10440英镑印制了750份。（苏精，2000:90—93）

中国出版史专家叶再生认为，“铅活字排版和机械化印刷是近代出版史的特征，也是与中国古代出版史时期施行的雕版印刷术，有着本质区别的”，东印度公司为了出版马礼逊的《汉英英汉词典》在澳门设立的东印度公司印刷所是中国境内的第一所现代化印刷所，而《汉英英汉词典》的出版标志着中国近代出版史的开端。（叶再生，1993:5—15）

第五节　词典的影响及贡献

1815—1823年，澳门东印度公司印刷所陆续出版了罗伯特·马礼逊的*A Dictionary of the Chinese Language*，该词典共六册分三部分：前三册为第一部分，中文名为《字典》，与《康熙字典》的排序完全相同；第二部分有两册，中文名为《五车韵府》，与陈荩谟的中文韵书《五车韵府》同名；第三部分*English and Chi-nese Dictionary*一册无中文名。历史上对这部词典称名不一，有过“华英字典”“华英英华词典”“字典”[1]等不同译名，最合乎现代双语词典学的译名应为“汉英英汉词典”。

在马礼逊的《汉英英汉词典》于1815—1823年澳门东印度公司印刷所首次出版后，1996年日本ゆまに书房影印再版了中型本的马礼逊《汉英英汉词典》。2008年1月北京外国语大学中国海外汉学研究中心、香港大学图书馆、澳门基金会共同合作出版的《马礼逊文集》[2]，影印再版了马礼逊的主要语言学著作和有关他个人生平的《马礼逊回忆录》，其中

---

[1] “字典”的名称不妥，因为马礼逊的词典以《康熙字典》为蓝本的第一部分中文名为“字典”，此名不能以偏概全地指称三部六册的马礼逊汉英英汉词典。当代中国辞书学界对“字典”“词典”有着清晰的界定，特别是涉及汉外两种语言时，“汉英英汉词典”的名称最为恰当。

[2] 该文集共有14册，已由河南大象出版社出版，除上述影印本外，还有《马礼逊回忆录》影印本及中译本各2册，《新教入华前十年回顾》影印本及中译本各1册，《马礼逊研究文献索引》1册。

包括国内极少见到的《汉英英汉词典》。马礼逊词典的第二部分《五车韵府》曾被多次单独再版。1865年伦敦会在上海的印刷所出版了两册中型本的《五车韵府》；伦敦会在上海的墨海书馆可能还不止一次出版过扉页标明1865年石墨版的《五车韵府》小型本（London Mission Press, Shanghae; Trübner & Co., London）[1], 1879年上海点石斋申报馆申昌书画室出版了简编中型本《五车韵府》（*A Dictionary of the Chinese Language*）一册；1907年伦敦会在1865年小型本的基础上再版了《五车韵府》。直至1913年，中华图书馆最后一次刊行两册小型本的《五车韵府》。除了在中国多次再版，据陈力卫教授研究，日本名为《五车韵府》的有三种版本，实际上都是在马礼逊词典的第三部分英汉词典的基础上编译而成的。[2]

作为世界上出版的第一部汉英英汉词典，这部词典成为汉英词典史和汉学史上的重要著作。美国汉学奠基人卫三畏（Samuel Wells Williams，1812—1884）、翟理斯（Herbert Allen Giles，1845—1935）都是借助马礼逊的汉英词典开始学习汉语以及编写他们的汉英词典的。不仅外国人利用该词典学习汉语，中国人也利用它学习英语。1868年邝其照出版的供中国人学习英语的词典就是将马礼逊以及其他外国人的词典改编集合而成的，而邝其照的词典又与19世纪末商务印书馆的英汉词典有着千丝万缕的联系。马礼逊的《汉英英汉词典》在汉英双语词典史上和中西文化交流史上有着极为深远的影响。

汉外双语词典本身承载着广泛深刻的社会文化意义，展示了不同文化间交流的深度和广度。马礼逊出版的汉英英汉词典收词广泛，例证来源多样化，而且该词典首次对词典中所有的汉字及汉字例词、例句标注

[1] 感谢上海复旦大学司佳副教授提供了有关墨海书馆石墨印本的一些情况。
[2] 陈力卫，《马礼逊〈华英・英华辞典〉在日本的传播和利用》，《马礼逊研究文献索引》，大象出版社，2008年。

英文字母注音，第一次做到了无字不标音。该词典包含的上万个汉字，几十万条汉语词语、短语和句子，以及《字典》第一、二册个别词目下的广征博引，是历史上中英语言文化之间的第一次全面接触。

5.1 对清中期官话研究的价值

明清时期的官话及官话音的问题引起了国内外很多学者的关注，然而很多基本的问题至今仍没有定论。例如，明清官话是在“南京话”还是在“北京话”的基础上形成的？这一问题在中国音韵文献中很难找到答案。但是，在明清的西方传教士的日记和语言著作中，可以找到一些有用的线索和宝贵资料，鲁国尧就是从《利玛窦中国札记》中梳理出了关于明代官话的基本情况。笔者从马礼逊的汉英英汉词典中发掘出了有关清中期官话的宝贵史料，希望对明清官话研究有所助益。

马礼逊在中国生活的时代（1807—1834，即嘉庆十二年到道光十四年），据马礼逊的描述，中国的官话是“中国宫廷的发音，被欧洲人称为‘Mandarine Tongue’，汉语叫‘官话’。帝国各处的官员和受过教育的人都采用这种发音，它与各省的方言都不同，更确切地说是各省方言之间各不相同”。[1]由此可以得知清中期的“官话”是超越了地方方言的一种通用语言。由于清朝“中国宫廷”的驻地为北京，国内学术界对于清前、中期“官话”是否以北京方言为基础一直颇为关注。马礼逊的文献对此也有一定的叙述：

官话在江南、河南两省曾广为使用，因为上述两地都曾是宫

[1] 见《通用汉言之法》序言中的原文“The pronunciation of the court, called in Europe the Mandarin Tongue (in Chinese官话 *Kwan hwa* Public officer's dialect) and which is spoken by public officers and persons of education in every part of the Empire, is different from the dialect of each Province: the Provinces moreover differ amongst themselves”。见《马礼逊文集》，大象出版社，2008年。

廷的驻地，因此这两个地区的方言获得了超过其他地区方言的优势，并且在这两种方言的基础上形成了官话——受过教育的人之间的标准语。目前，一种鞑靼语音正在为越来越多的人所接受，如果清帝国的统治持续得长，这一鞑靼语音会最终获胜。猜测官话是“贵族的方言，为了与俗人区分开来而有意创造的”是毫无道理的。方言之间的区别是逐渐产生的，不是人有意谋划或人为制造出来的。[1]

马礼逊在《字典》前言中特别指出：

说明在一个像中国这样幅员广阔、鞑靼人和汉人混杂的国家，不可能期待那些受过良好教育的人的发音都一样。鞑靼人是统治者，因此很多人模仿他们的口音。而社会阶层中的文士是汉人，书籍上的语音系统通常都是文人的。应该采用某种统一的系统，否则会产生无休止的争论。这部字典的语音，是中国人所称的南京话，而不是北京话。[2]

从马礼逊的介绍中，可以看到明清官话不等同于任何地方的方言，

---

[1] 笔者译自《字典》序言，原文“ What is called the Mandarin Dialect, or 官话, is spoken generally in 江南and 河南provinces, in both of which, the Court once resided; hence the Dialect of those places gained the ascendancy over the other provincial Dialects, on the common principle of the Court Dialect becoming, amongst People of education, the standard Dialect. A Latin-Chinese Dialect is now gradually gaining ground, and if the Dynasty continues long, will finally prevail. There is no occasion to suppose it a ‘Royal Dialect, fabricated on purpose to distinguish it from the vulgar.’ Difference of Dialects arise gradually without art or contrivance”。

[2] 原文：“Note. In a Country so extensive as China, and in which Tartars and Chinese are blended, it is in vain to expect a uniformity of Pronouncation even amongst well educated People. The Tartars are the Rules, and hence their Pronunciation is imitated by many. The Chinese are the literary part of the Community, and the systems of Pronunciation found in Books is often theirs. Some uniform system must be adopted, otherwise endless confusion will ensue. The pronunciation in this Work, rather what the Chinese call the Nanking Dialect, than the Peking. The Peking Dialect differs from it.”。

是在中州音（河南）和南京音（江南）的基础上形成的通用语。到清中叶，出现了两种官话并存的情况，北京音（流行在北京满人朝廷的官话）已经开始出现了后来者居上的势头。但是，由于汉族文人在文化界中的独特地位，马礼逊在字典中采用了南京音，即流行在汉族文人官员之间和书籍中记录的读音。

其他同期资料显示，马礼逊的叙述颇为可信。卫三畏的官话汉英词典《英华韵府历阶》（*An English and Chinese Vocabulary, in the Court Dialect*）于1843年开始编写，1844年1月出版时，卫三畏仍然采用了马礼逊的南京官话音。他在词典的序言中写道："这部著作是以这个国家的通用语言（它常被人不恰当地叫作官话）写的，正如马礼逊博士的汉英词典的第二部分（《五车韵府》）所显示的那样。"[1]《中国丛报》（*The Chinese Repository*）是一份专门报道中国事务及相关评论的英文报纸，自从1832年创刊到1852年，涉及中国语言问题的文章有124篇之多。[2]除了中国文字系统这个热点话题外，另一个焦点问题就是能否提出一个统一的汉字注音方案。从《丛报》读者参与讨论的情况来看，虽然很多人可能在马礼逊南京官话注音方案的基础上提出一些改进的方案，例如将几个近似的注音归并为一个，改进元音的拼音方案等，但是直到1849年威妥玛注音方案问世之前，没有人能够对马礼逊的语音体系进行全面的改写。

马礼逊《汉英英汉词典》中的汉字注音方案在长达二十多年的时间内独占鳌头，是研究清中期官话音的最重要的资料之一。马礼逊的注音方案及他对官话的介绍文字记录了清中期官话的有关情况，是研究明清

[1]《中国丛报》1846年3月号原文："The body of the work is in the general language of the country, (usually, but improperly called the mandarin dialect,) as it is exhibited in the syllabic part of Dr. Morrison's Dictionary."。

[2] 见张西平主编，顾钧、杨慧玲整理，《〈中国丛报〉篇名目录及分类索引》，广西师范大学出版社，2008年。

官话的重要资料之一。

5.2 对近代新词研究的价值

周振鹤（1999）从中英语言接触的角度赞扬马礼逊词典的价值："老词典保存晚清西方事物和概念的史料和语料，西方所无的风俗和文化如何在英语中体现及西洋事物如何用汉语表现，都是值得研究的……'面包'是西洋引进的新食品。许多人从历史文献找材料，发现在1846年梁廷枏的《海国四说》中就有了这个词。但如果查马礼逊的《字典》的第三部分，就知道这个词最迟在1822年就已经出现了……汉英两种语言初期接触的实况对今天的研究极其有用。"[1]日本的内田庆市教授和国内的沈国威教授均从近代语言文化接触角度对马礼逊的字典进行过研究。

近代中英文化交流发端于19世纪初马礼逊入华，作为第一个入华新教传教士、编写并出版第一部大型汉英英汉词典的作者，他的词典中必然包含了很多汉英语言接触的例证。在翻阅了由汉语大词典出版社出版的《近现代汉语新词词源词典》，和意大利马西尼的《现代汉语词汇的形成——十九世纪汉语外来词研究》两部关于这方面最新的研究成果后，笔者发现《近现代汉语新词词源词典》由于忽略了马礼逊的英汉词典，提供的新词的首见时间远远晚于实际出现时间。[2]下面的词汇表是随手就可以找出的早于词源词典的一些新词。

［1］周振鹤，《善读书者一大助》，载1999年6月23日《中华读书报》。

［2］为了确认本文所列举的"《英汉字典（3）》新词表"确是马礼逊的功绩，笔者同时还参照了由香港中国语文学会编撰的《近现代汉语新词词源词典》和马西尼的《现代汉语词汇的形成——十九世纪汉语外来词研究》一书的附录二"十九世纪文献中的新词词表"。如果马礼逊《英汉字典（3）》中的英译汉的词早于词源词典和马西尼词表的书证时间的话，那就不能否认这可能是马礼逊的首创之功，除非有确凿的比马礼逊更早的书证存在。

表2-1　首见于1823年马礼逊《英汉字典（3）》的新词表[1]

BREAD　面头、面包（3、51页）	马西尼1866；词源1846
IMPORT CARGO　进口货（223页）	马西尼1844
EXPORT GOODS　出口货（223页）	词源1838
CLOCK　闹钟，报课钟（72页）	词源1852
NEWS　新闻、信息（293页）	马西尼1828
MICROSCOPE　显微镜（276页）	马西尼1866
MIMOSA　肥皂（277页）	词源1858
LEMON　柠檬，柠檬水，柠檬汁（252页）	词源1844
HOSPITAL　医馆（215页）	词源1838
INK　墨水（230页）	词源1876

以上的几个例子说明，近代新词的研究不能忽视马礼逊的汉英词典，它可以为近代语言接触提供丰富的历史语言资料。

沈国威的新作《近代中日词汇交流研究》（2010）对19世纪西方文化传入亚洲后，中国和日本等汉字文化圈各国由此创造出的新词称为“新名词”或“近代新词”。[2]这是迄今为止对近代中日语言交流中中国近代新词的形成以及日语对汉语词汇体系的影响研究最为深入的一部专著。这部著作对笔者的启发是，中英词汇交流史也可以参照沈国威提倡的研究路径深入下去：“近代新词的产生，绝大部分并不是本族语言自然发展的结果，而是以外来新概念的导入为动因的，因此可以称之为‘外来影响词’。对于这些词的研究，既有概念史，即导入外来新概念的历史的一面，也有词汇史，即新词形成的历史的一面。前者

[1] 词典的编撰时间从1815—1823年，所以马礼逊的词典新词反映的时间是不迟于1823年。
[2] 沈国威，《近代中日词汇交流研究——汉字新词的创制、受容与共享》，中华书局，2010年。

需要回答外来新概念，在这里可以理解为来自西方的概念是怎样传入并被接受的：何人？何时？通过何种途径、手段（媒介）加以引介？引介的动机如何？外来的新概念汇入已有的知识体系时发生了何种事变？接受者是怎样理解和受容的？在受容的过程中是否发生了概念上的异变？等等。”[1]

中英语言交流史以及对中国近代新词的影响史仍是一个有待开发的新领域。马礼逊的词典标志着一个时代的开端。

5.3 近代西人对中国语言的研究[2]

近代中西文化交流过程中产生的汉外双语词典，凝聚着近代入华西人对汉语语言研究的成果。中国学界以往对马礼逊汉语语法体系的研究，往往限于马礼逊的《通用汉言之法》。马礼逊的《通用汉言之法》在1811年完成，1815年印刷出版，他用英语语法的框架和观念描述汉语语法，[3]被当时欧美学习者誉为非常实用的语法书。

马礼逊是少数既有汉语语法书，也有汉英词典的作者之一。他的汉语语法书《通用汉言之法》(1815)先于汉英词典完成。在他的词典中，是否全面应用或体现了他的汉语语法观念和框架？带着疑问，笔者做了一个调查。

马礼逊在《通用汉言之法》里，将汉语分成九大类："Noun[4], Adjective, Numbers, Pronoun, Verb, Adverb, Preposition, Conjunction, Inter-

[1] 沈国威：《近代中日词汇交流研究——汉字新词的创制、受容与共享》，第6页。
[2] 本节内容已收入《19世纪汉英词典传统》一书283—285页。
[3] 台湾伊伏启子对马礼逊《通用汉言之法》与1795年英国出版的“教学语法之父”L. Murray的英语语法曾做了比较研究，发现“《通用汉言之法》的语法体系，和18世纪的英文文法所建立出来的标准学校语法体系大概是一致的……我们认为马礼逊的《通用汉言之法》也反映了之前的基督教传教士的研究成果”，见2008年3月17—19日澳门“马礼逊与中西文化交流国际学术研讨会”会议论文。
[4] 其余部分如名词后缀“者”、性、数、格等部分均属和“名词”相关的内容。

jection”。在此，笔者没有使用当代的词类概念如“副词”与“Adverb”对应，因为马礼逊的词类内涵与当代词类虽貌似而实非。最典型的是马礼逊的“Adverb”一章，他首先列举了“一次、两次、三次”，他判断这些词组为副词的依据是：英语中“He came twice”的“twice”是“adverb”，由此推理，汉语句子“他二次来”中“二次”即是“adverb”，修饰限定动词“来”。马礼逊的另一个例句“He first discoursed respecting Astronomy; secondly, respecting Geography, and finally (or lastly) he discoursed respecting good writing. 始者他论及天文，次者及地理，终者他论及文墨”用来说明“始者”“次者”“终者”作为“Adverb”在汉语句子中的应用。从这两个例子可以看出，马礼逊在《通用汉言之法》中，处理汉语词类的方式是从英语语法的观念出发，将典型的英语例句汉译后，以英语词类的标准，将汉语中相应部分划为与英语相同的词类。

笔者以马礼逊在《通用汉言之法》里每一词类中的核心词为样本，查看他在词典中如何处理，结果发现：马礼逊的汉语语法书中的词类和词典编纂中的词类直接关联不大，词典中对该词的语法解释绝大多数都不同于语法书。首先，《通用汉言之法》中的词类标注词一般不出现在词典释文中，例如马礼逊在“Noun”下谈论的是“Numerals”，而笔者抽查马礼逊语法书中的“Numerals”如“隻”“餐”“層”“座”在《五车韵府》释文中出现时是否有词类标记，发现只有“隻”有“Numerals”的标注。语法书中“Adjective”“白”“黑”“長”“短”在词典中，第一个英文译义词是形容词性，接着是动词和其他词性译义。“Pronoun”的“他”“的”“之”“誰”“這”，词典中只有“之”有词类标注。“Numbers”的“一”“第”，词典的释文比语法书更加详细。作为“Verb”的“有”“是”，语法书中侧重用这个词为例，列举汉语句子中如何表现英语动词的时态，而词典则是综合讲解这个词的各种具体意义。从马礼逊语法书中“Prepositions”“Conjunctions”“Interjections”选的“的”“之”“因”“同”“而”“如”“哉”等词来看，词典中的释文很少出现语法书所用的词类标注，即使有语法信息，也常常是对用法或语法功能的说明，如“而”在语法书中被认为是“Conjunctions”，在词典中被称为“connective particle”。以上考察说明：马礼逊语法书里的词类体系[1]与汉英双语词典的词类体系无直接关系，语法书中的汉语词类体系并不用于双语词典编纂或者双语词典的译义。

马礼逊的汉英词典如何标注或者判断词类？马礼逊的汉英词典，除汉字词目和汉语例证，全部以英文解释汉语。在英语译义过程中，马礼逊也不可回避地要对每一个汉字词目做出词类的判断。

与《通用汉言之法》通过对译句子判断汉语词类的简单机械对应法相比，马礼逊编纂词典时，如何判断全部汉字词目的词类呢？首先，马礼逊受到了天主教手稿汉语词典词类的影响。马礼逊有叶尊孝的汉拉词典抄本，他在学习汉语之初通过这部词典抄本，已经对约八千个汉字词目的词类有了一个基本的认识。笔者做出这个判断有史料和理性考察的双重依据，笔者曾对马礼逊使用过的蓝本手稿汉拉词典做过史料追踪，虽然根据档案材料还不能鉴别出现藏于大英图书馆的哪一部手稿是马礼逊汉拉词典抄本的母本，但是，通过马礼逊词典提供的天主教手稿词典的注音系统，笔者已经可以确认马礼逊使用的是叶尊孝汉拉词典的一个抄本。此外，马礼逊汉英词典中的某些汉语例证和释义，也可以直接追溯至叶尊孝的汉拉词典。

从汉外词典的编纂和翻译角度来说，一部双语词典即使不提供其他语法信息，至少也得标注词类，标注词类是实现准确译义的前提。据笔者研究，早期欧美入华传教士对汉语词类的研究，一是体现在他们编写

[1] 日本内田庆市教授发现：“《通用汉言之法》基本上按照英语语法的框架写成的，如词类也与当时英语的词类一样分为九种……同时，这本书到处可以看到马礼逊受以前的语法书的影响，如下面‘形容词’的说明跟万济国的《华语官话语法》很相近……Pronoun和Adverb的词汇和句子跟马若瑟的相似的地方很多。”内田庆市：《关于马礼逊的语法论及其翻译观》，《东亚文化交流研究》2009年第2号。

的汉语语法书，汉语词类向来是语法的核心问题，二是他们编纂的汉外词典，在实践中他们是否应用了自己的词类标注系统。而第二类文献往往比第一类文献具有更高的学术价值。《汉英英汉词典》中饱含近代西方人的汉语研究成果，是西人汉语研究的里程碑式作品。

5.4　汉外词典史研究的价值

雍和明首次将明清时期的双语词典纳入中国词典史的大视野中（2006），[1]以中国各个时期具有开创性的辞书著作为纲，评介这些具有划时代意义的辞书编纂的背景、体例、价值与影响。雍和明认识到“双语词典、专科辞典和百科辞典在近现代和当代中国辞书发展中的地位不容忽视，其编纂数量数倍于汉语语文词典。任何一部中国词典史，没有汉语双语词典、专科辞典、百科辞典的论述，注定是残缺不全和缺乏分量的”（雍和明，2006:3）。该书有两章专门叙及中国双语词典，然而，书中存在的一些不足显示当前国内词典学界对入华基督教传教士的历史背景、人物及著作的研究尚待深入。[2]

明清时期的汉欧双语词典史发生在一个特殊的中西文化交流史背景下，双语词典的编者群体主要是入华基督教传教士，国内尚未有人对这一阶段的双语词典史进行研究，国内词典学界也鲜有人熟悉中国基督教史和明清中西文化交流史，因此，词典学界的论著中提及明清传教士著

[1] 雍和明，《中国辞典史论》，中华书局，2006年。

[2] 如书中把《西儒耳目资》当作“旨在帮助中国人学习拉丁语”的定位有误。此外，该书把第一部汉英英汉词典作者名字“Robert Morrison”误写为“莫里逊”，事实上，《清史》记录的马礼逊名字都加“口”字旁，而Robert Morrison自己亲笔书写的中文名为“马礼逊”。“Michele Ruggieri”的中文名字为罗明坚，他来华的时间早于利玛窦，并非像作者所称“最早来华的传教士是利玛窦”。张西平对罗明坚的汉语学习及汉学成就进行过研究。

作时常常出现错误。[1]

笔者以为，从词典编者群体、词典服务的目标群体以及当时的中西文化交流背景来看，明清以来的双语词典史的研究有其独特性，足以自成为一个课题进行系统深入的研究。此外，词典史的研究不能局限于对一部部双语词典孤立的介绍和研究，而是需要全局观照，需要考辨历史辞书之间的关系，追溯辞书的源流以及继承与创新的轨迹。

从19世纪的历史文献和汉英词典文本来看，卫三畏、翟理斯借鉴了马礼逊的汉英英汉词典，马礼逊借鉴了前人的手稿汉外词典，叶尊孝也借鉴了前人的手稿汉外词典，这样的借鉴关系可以一直推到汉外手稿词典的源头之作。从词典的编纂性质和历史来看，词典的继承和发展是词典史的本质特征，因此，研究词典史必须从源头性著作开始，必须以继承发展链中的关键性著作为核心进行研究。

19世纪初，凝聚了既往汉欧手稿双语词典精华、不断创新的汉英双语词典借助出版印刷技术，变成了真正可触可感的语言和文化交流媒介的存在，被更多的人阅读和使用。也正是在这个世纪，萌芽于早期手稿汉欧双语词典传统中的新秀——汉英双语词典，无论在数量、质量还是流传使用的广度方面，都远超其他的欧洲语言的词典。词典史往往与优秀词典的影响史同旋律，当优秀的词典问世并获得极高声誉后，它的成功之处会被其他词典继承和模仿，并对词典史的发展方向产生重大的影响。

面对尚不能够对19世纪汉英双语词典史进行全景式的研究、全面构建19世纪汉英双语词典史的现实，对19世纪初期汉英词典史的诞

[1] 曾东京主编《双语词典研究》（2003）的第一部分"双语词典史"第33页提到第一部英汉词典，列举的是1865年的Morris的词典。其实，在该书的第3页作者就提到了马礼逊，但是，误把马礼逊的《汉英英汉词典》仅当作汉英词典了。在不了解这批汉英英汉双语词典和其时代背景的情况下，得出错误的结论："这些'词典学家'不懂词典的基本原理，不知何故收词立目条，不理解释义的严肃性与重要性，因而望文生义，以讹传讹；他们对汉语一知半解，失误颇多；他们的词典没有提供例证，因而这些词典实际上只是一种扩大了的词汇手册，缺乏科学性、系统性与计划性"，文中对汉英语文辞书的历史分期仍有待商榷。

生——以马礼逊的《汉英英汉词典》为个案进行研究，是了解19世纪汉英词典史诞生的关键，为今后更为全面的汉英词典史研究奠定了基础。

汉英双语词典本身承载着广泛及深刻的社会文化意义，展示了不同文化间交流的深度和广度。然而，从当时的情况来看，清政府在18世纪中叶东印度公司职员和通事洪仁辉（James Flint）上书事件后，就禁止中国人代为外国人书写中文或者教授外人汉语。

《马礼逊回忆录》的字里行间透露了马礼逊为了实现他的传教目的，也为了让后来的传教士掌握汉语以便有更多人继他传播《圣经》，而积极地学习汉语和推动西方了解中国语言和文化的实践。马礼逊促进中西文化交流最大的贡献之一就是他在马六甲创办了英华书院，那里才是培养双语人才的摇篮，林则徐身边的梁进德、袁德辉都曾在英华书院受教，而汉英英汉词典作为那个时代的重要工具书发挥了很大作用。1868年一部由中国人邝其照编写的汉英词典以马礼逊词典为蓝本，以便利中国人学习英语通商贸易为目的，也从另一个侧面体现了双语词典的广泛而深刻的社会影响。

19世纪的中英文化交流并不平等，东印度公司在华垄断权的终结让港脚鸦片散商乘虚而入，他们用巨资影响了英国对华政策与军事外交。而马礼逊的儿子马儒翰以其流利的汉语为英国政府效力，还有许多后来的英国外交官、传教士及商人都利用他出色的汉语能力大谋其利。马礼逊编写的汉英英汉词典是器，他的初衷本想借助器让更多中国人皈依耶稣和他的福音。然而，事与愿违，在他身后中英交往走上了另一条崎岖的道路。这些不应归罪于器以及制器者，而是应该反省为什么我们没能很好地利用这个可以对我们同样有利的器。这亦是历史留给我们的深刻教训。

在21世纪的今天，马礼逊的《汉英英汉词典》仍然是一个诱人的主题，还需要我们从静默不语的历史中继续发掘时代价值。

第三章
马礼逊词典的功能与类型

第一节　词典编纂前奏

词典编者在动手编写词典之前，有很多预备工作以及需要做出的重要决策：如对词典预期用户的考量、词典类型、对词典宏观微观结构的设计、储备编写词条所需的材料及数据等，这些都是编纂前奏（Pre-lexicography）。不同于当代词典编纂者的是，马礼逊时代不必受出版商或者市场需求的制约，也没有庞大的编辑团队和最先进的技术设备支持，只要他的健康和生命允许，就可以付诸行动。还有一点不同的是，作为一名虔诚的、不惜生命远赴海外的传教士，词典编者内在的精神动力以及为此不计酬劳和时间的无悔付出，是现代人鲜有能及的。

马礼逊在开始编写词条之前的准备工作和编写汉英英汉词典的各种决策，从词典的序言以及作者的日记、书信等历史材料中可以找到相关资料。

1.1　编纂词典的动机

编写一部汉英双语词典的想法并非源自马礼逊本人，而是源自伦敦会对他的期望和指示。莫斯理[1]意外地在大英博物馆发现了一份1737年从广东抄回来的中文手稿《四史攸编耶稣基利斯督福音之会编》（*Quatuor Evangelia Sinice*），他借此广为宣传鼓动英国新教教会向亚洲派遣传教士。由于当时英国对中国知之甚少，又鲜有人掌握汉语，因此，即使是致力于将《圣经》翻译成各种语言的英国圣经公会（The British and Foreign Bible Society）都怀疑能否将《圣经》译成中文。唯有伦敦会积极响应，派遣马礼逊到中国传教，并且明确指示马礼逊到中国的目标是学习汉语——他们对马礼逊入华后是否能实现目标非常不确定。

> 鉴于无法确定你未来的居留地点，我们若以任何具体的指示约束你的行动，将是极其不明智的。我们必须允准你依照自己的审慎充分自由行事……我们盼望在你完成掌握汉语的大目标之前，不会出现反对你住在广州的任何举动；达成目标之后，你要尽快将这项成就转变成对于全世界有益的事——也许你有此荣幸编纂一部较以前更为全面、正确的汉语字典——或更为荣幸地将《圣经》翻译成世界上三分之一民众所讲的中文。（艾莉莎·马礼逊，2008a:65—96）

马礼逊谨守伦敦会的指示，入华后始终将学习汉语、编写学习汉语的词典和语法书、把《圣经》翻译成中文当作自己的目标。值得注意的是，编写汉语词典是马礼逊实现把《圣经》翻译成中文终极目标的一个

[1] 威廉·莫斯理（William Moseley）是英国北安普顿郡著名的公理派牧师。莫斯理1798年撰写一本小册《译印中文圣经之重要性与可行性研究》（*A Memoir on the Importance and Practicability of Translating and Printing the Holy Scriptures in the Chinese Languages*, 1800），大部分篇幅是关于耶稣会士在华传教的历史以及他们的印刷经验，小册内容中最引人瞩目的是大英博物院藏有一部新约的中文抄本，他讨论印刷这部抄本的各种可行方法。（苏精，2005:8）

必要的阶段，只有汉语水平达到很高的程度——如能成功编写一部汉语词典，他才具备把《圣经》翻译成中文的基础。[1]马礼逊在日记和与伦敦会的通信中不断提及汉语学习、词典编纂、中文语法书出版的进展情况。马礼逊的汉语学习和字典的编纂、筹划出版字典是同步进行的。他在学习汉语之初，借助了汉拉的手稿字典学习汉语，而且在此基础上把拉丁文部分翻译成英文，并且根据《康熙字典》在他的汉英词汇对照表中增加一些新字。1808年5月，他编纂并出版一部汉英字典的想法得到了东印度公司澳门公司大班剌佛（Mr. Roberts）的赞同，而且东印度公司也明确表态将会在经济上资助字典的编纂和出版。马礼逊除了夜以继日地学习汉语，还尽自己所能广泛收集有关儒家典籍、天文、地理、法律、历史、宗教、解剖、医药、语言等中文书籍和一些小册子，为字典的编纂积极做准备。

1.2　词典内容和规模

马礼逊编纂汉英词典时，汉英词典还处于稀缺状态，因此，马礼逊对用户需求以及词典类型的决策，并不像当代词典编者那样有着明晰的意识。作为一个成功习得汉语的英国人，马礼逊在词典的前言中提及他认为对汉语学习非常重要的因素，对这些因素的考量是他选择词典所收内容的依据，也是决定词典类型的理据。在此基础上，马礼逊对于词典的内容以及词典类型设计了如下蓝图。

> 汉英词典分为两部分：第一部分《字典》供看到汉字字形、不知字音字义的汉语学习者查询使用；第二部分《五车韵府》针对的

[1] 马礼逊自述：“我计划编写一部汉语词典，有望得到东印度公司的帮助。只有精通汉语之后，我才能尝试翻译《圣经》。为了《圣经》的翻译，也为了给我生前或者死后的后继者清除障碍，我担负了编纂汉语词典的工作。”参见马礼逊1808年的信（艾莉莎·马礼逊，2008a:117）。

是听到汉字发音、不知字形字义的汉语学习者。

由于欧洲难以获取中文文献及汉语工具书，对于在欧洲学习汉语的人来说，如果不了解中国的文化以及中国人的思想，同样无法理解汉语语言。马礼逊希望词典收入大量丰富的资料，他认为不值得仅仅考虑词典的便携性就压缩词典内容和规模。马礼逊并非完全不考虑出版费用，[1]他在词典的广告中向词典购买者声明他这样做的目的并非为了让词典显得更厚、价格更贵，而是为了确保词典的内容和质量。[2]

在1815年《字典》第一册出版后，马礼逊调整了自己的出版理念和计划。按欧洲批评者的计算："截至1818年，欧洲只看到了按汉字部首排序的汉英词典的第一部分第一册，估计词典作者陪同阿美士德使团进京耽搁了词典的进程。《字典》第一册除了序言，包含前11个部首和第12个部首的开始，约占第一部分词典的四分之一，[3]如果按注音编排的第二部分也有5册，英汉词典有10册，马礼逊先生承诺的汉英英汉词典就会达到40册之巨。《字典》第一册刻制所需汉字就需要近一年时间，按照这样的出版速度，全部出齐可能需要三十年时间。我们只能寄望词典作者能够有毅力、

[1] 欧洲著名汉学家Klaproth评价《字典》第一册时说："这部非常卓越的词典展现在我们面前，证明了马礼逊先生不乏知识与天赋，表明他具有实现词典计划的毅力。对此，必须要补充的是：马礼逊在英国居住，有英国东印度公司承担费用。"（译自Julius Von Klaproth的评论文章"Critique on Dr. Morrison's Chinese Dictionary, and Dr. Montucci's Parallel between his intended Dictionary and Dr. Morrison's"，载于*The Asiatic Journal and Monthly Register for British India and Its Dependencies* Vol.V, 1818, pp.572–573。）

[2]《字典》广告页写道："如果同样的资料可以被收入更小和更方便的版本，大部头的著作也是一大害；但是如果这些资料值得印刷出版，只是为了寻求更便携而压缩资料倒是大可不必。在此敬告读者，即使《字典》看似冗长巨大，绝非为了让《字典》变得厚重昂贵"。（"A great book is a great evil, if the same materials can be put into a smaller and more convenient compass; but if the materials are worth Printing, it is not certainly, very judicious to suppress them merely for the sake of making a smaller Book. The Reader may be assured, that if the Work appears diffuse and large, it is for some other reason than from a wish to render it bulky and expensive." From *Zi Dian: Advertisement.*）

[3] 克拉普洛特此处计算有误，马礼逊《字典》第一册排至第40个部首"宀"，约占214部首总量的五分之一。因此，如按《字典》第一册的编纂理念继续编写，第一部分按部首检字法编写的汉英词典《字典》共计约5册。

健康和长寿，能够通过安全的海路把分散的各卷逐年送到欧洲，才能确保如此卓越的词典不至于永远处于未完成的状态。”（Klaproth，1818:574）

马礼逊对词典出版的速度以及自己的健康也有顾虑，为此，他大幅提升了词典印刷的产能，将其从最初的每年印刷200页词典提升为每年600页，并乐观地预计词典全部出版无须十年时间。[1]

此外，马礼逊也清楚地认识到词典用户需要一部完整的汉英词典，因此，他从1818年4月决定着手编写汉英词典第二部分《五车韵府》，并暂停了《字典》其余两册的出版。马礼逊对第二部分《五车韵府》重新进行了规划，《五车韵府》比《字典》第一册更加精练。他计划用一年的时间完成第二部分按注音编排的汉英词典底稿，收入至少12000个最常用的汉字，并配以大量例证和引文。至1819年，马礼逊完成了第二部分词典《五车韵府》的手稿，然而，与马礼逊的计划相比，《五车韵府》的出版仍相对滞后，马礼逊在1819年预计到当年年底，只能出版《五车韵府》第一册。[2]

这样的调整直接影响到《字典》其余两册的编写与出版。出版的《字典》后两册内容明显少于第一册的内容，引文和例证数量相比而言也急剧减少，常常只有简略的英文对译词，与不惜笔墨、多例证、长引文的第一册截然不同。马礼逊完成《五车韵府》的编写只花了一年的时间，而且《五车韵府》对汉字的释义以及部分例证同于《字典》，我们从中可以推断：马礼逊出版的三卷本《字典》与他的手稿《字典》不同，为了尽快出版《汉英英汉词典》，马礼逊在《字典》后两册中大量

[1] 马礼逊发表文章回应词典出版时间：“The first year’s work for the hon. Company’s English and Chinese press was under 200 pages; during the last 12 months it has worked off 600 and odd pages, which evinces a much greater facility in carrying on the undertaking than what existed at the beginning of it. In this view of the case, the thirty years which Julius Von Klaproth has assigned for the completion of the Dictionary, will be reduced to one-third of that period; and if our facilities increased in the same ratio as they have done since its commencement, the time of its completion will be considerably under ten years.”（Morrison, 1819:274）

[2] 同上。

删减了原底稿中的例证以及引文。这不仅背离了马礼逊编写《字典》时的初衷，《字典》后两册也因此遭到欧洲学者的诟病——删减底稿还成为让当代人深感遗憾的决策。

马礼逊《汉英英汉词典》最终出版后的规模为6册：《字典》3册（第一册，1815；第二册，1822；第三册，1823）；《五车韵府》2册（第一册，1819；第二册，1820）；第三部分英汉词典1册（1822）。从出版的顺序来看，《字典》第一册最先出版，尝试此编纂法使得词典的出版遥遥无期；马礼逊最看重的是随后出版的《五车韵府》，从语言学习角度《五车韵府》的篇幅较为恰当；其次是英汉词典，《字典》的其余两册最末。

词典出版后，斯当东评价说："虽然在英国的人们对汉语没太大兴趣，很多人仍然能感到编写一部好的词典具有很大的价值和意义，它的用途不止纯学术的意义。"（艾莉莎·马礼逊，2008b:47）马礼逊对词典的期望颇高，认为《汉英英汉词典》的出版将会把英国汉学从欧洲本土汉学研究附庸的地位提升至领先地位。

> 当伦敦传教会开始在华传教事业时，英国对中国的了解落后于其他所有的欧洲国家，而且没有学习汉语的辅助条件。但是，经过伦敦会传教士的努力和东印度公司的资金支持，英国在这方面已经领先于其他欧洲国家，拥有比其他各国更好地学习汉语的便利条件。著名的汉学家蒙图斯博士可以见证这一巨变。1821年12月22日他在德国德雷斯顿（Dresden）感慨："我可以毫不犹豫地宣布：马礼逊博士在过去十年间出版的书籍，比过去一个世纪中传教士留下的手抄本和出版物对欧洲的学习者更有帮助。"巴黎的雷慕沙先生评论说"马礼逊博士编写的汉英英汉词典无人能及"。（艾莉莎·马礼逊，2008b:92—93）

马礼逊的《汉英英汉词典》作为世界上出版的第一部汉英英汉词典

图3-1 《马礼逊文集》(2008)

引起了欧洲汉学界的广泛关注，出版后在世界其他国家如日本、俄国等地也有影响，并且在出版后的一个多世纪词典不断再版，成为19世纪汉英双语词典中最大的谱系。

1.3 词典用户及需求

马礼逊对《汉英英汉词典》的预期用户是想要学习汉语的欧洲人(European Student of Chinese)，而且绝大多数欧洲汉语学习者并不能来到中国学习语言，仅有少数人能够在中国学汉语。这是他在《字典》和《五车韵府》序言部分常常提到的目标群体。然而，在《五车韵府》序言中，谈到为何他采用英语字母为汉字注音时，他在小括号里声明“英语读者(词典特意为他们而编)”。[1]

马礼逊之前入华的天主教传教士已经编写了一些欧洲语言与汉语的

[1]《五车韵府》序言ix。

双语词典和语法书，马礼逊个人就获赠过一些词典和语法书，[1]英国东印度公司广州商馆职员中也流传着其他欧洲语言写的手稿汉语词典和语法书。对于在华英国人而言，他们在华贸易额居首位，除了斯当东爵士之外，却无人精通汉语，而且贸易政治等重要事务长期依赖澳门天主教传教士和中国通事。[2]当时，在华外人以及欧洲存在一些用欧洲语言编写的汉语学习工具书，如果使用者不精通葡萄牙语、西班牙语、拉丁语等欧洲语言，用这些语言编写的汉语学习工具书对以英语为母语的使用者而言，能够利用的信息也非常有限。

从欧洲语言史来看："语言一直是一个帝国的亲密伴侣，它们一同出生、成长、繁荣，然后一同衰亡。"[3]当今全球语言使用人口排名前十的语言中，英语、西班牙语、葡萄牙语都是随着近代以来欧洲的殖民扩张而传播世界的语言。16—17世纪是葡萄牙语、[4]西班牙语[5]（史称卡斯蒂利亚语，Castellano）的世纪，由于这两个国家最早扮演了征服者和殖

---

[1] 如马礼逊在日记中记载，1808年他刚到中国，"鲍尔先生（Mr. Ball）在东印度公司另一个部门任职，他也注意到了马礼逊，还特意从澳门寄给他一部西班牙文的中文语法。马礼逊非常感激尊敬的益花臣先生（J. Elphinstone）赠送的一部拉汉词典，其价值高达50镑"。（艾莉莎·马礼逊，2008b:103—104）

[2] 王宏志教授在谈到英国东印度公司第一次来华贸易时的情况，提到"具备海外经商经验的英国商人，也为这次来华贸易做好准备，随团带来自己的译员。但他们面对的情况颇为特殊。第一，当时根本没有人具备中英双语能力，能够为英国人提供直接跟中国沟通的翻译服务。第二，那时候，葡语是东方贸易的通用语言（Coates，1966，p.1）；直到18世纪中叶，所有到中国来贸易的欧洲商人都一定带懂葡语的译员同行（Van Dyke，2009，p.9）"。引自王宏志，《斯当东与广州体制中英贸易的翻译：兼论1814年东印度公司与广州官员一次涉及翻译问题的会议》，《翻译学研究集刊》2014年第17辑，61页。

[3] 安东尼奥·内布里贾，《卡斯蒂利亚语语法》（*Gramatica de la lengua castellana*，1492）序言，转引自尼古拉斯·奥斯特勒著，章璐等译，《语言帝国：世界语言史》，上海人民出版社，2009年，307页。

[4] "当时葡萄牙殖民地遍布非洲和亚洲沿岸，很快他们的贸易伙伴发现葡萄牙语不仅方便与葡萄牙人的交流，而且与其他国家的贸易伙伴，在语言不通的情况下，也能使用葡萄牙语交流。事实上，葡萄牙在失去贸易霸主地位之后的一百多年间，直至18世纪葡萄牙语仍被使用着。"（尼古拉斯·奥斯特勒，2009:360）

[5] "主要为服务于宗教活动而进行的语言学研究在美洲取得了丰硕成果。1892年，维那扎伯爵列举出了西班牙语言学家在三个半世纪内确认的493种不同的语言，以及论述其中369种语言的某些特征的重要文献标题。在那段时间，667名作者总共贡献了1188部著作。"（尼古拉斯·奥斯特勒，2009:321）

民者的角色，在全球建立起了殖民帝国，葡萄牙语更曾经一度成为极为通用的世界性贸易交流语言。而拉丁语曾作为欧洲的法律、政治、学术通用语言，从16世纪起地位开始衰退，逐渐被完成了标准化进程的欧洲各国民族语言取代。至19世纪初，英国成为新的“日不落”殖民帝国，英国东印度公司深谙语言与殖民帝国的关系，以及语言为贸易带来的诸多便利和潜在的经济效益。虽然英国东印度公司并不信任传教士，甚至提防传教士到东印度公司的海外领地给他们“带来威胁”（尼古拉斯·奥斯特勒，2009:161），传教士却为英语在18世纪期间在殖民地的广泛传播以及英语语言地位的迅速提升，立下了汗马功劳。[1]从19世纪起，英语逐渐成为世界最通用的语言，因此，以英语编写的汉语学习词典的用户群体几乎可以涵盖欧洲、北美洲和非洲部分地区。

马礼逊作为中西交流史上第一个英国籍汉英双语词典作者，不仅仅是为以英语为母语的人编写词典，他的目标群体更为庞大。他在《字典》序言中也明确地将自己的汉英词典与法国1813年出版的汉拉法词典《汉字西译》的收词数量、例证相比，指出了1813年法国版《汉字西译》的若干不足之处，例如只有汉字词目，例证中没有汉字例证，词典使用者往往只看汉字注音不明其意；编者德金（De Guignes）对叶尊孝原稿本进行的改编错误众多。马礼逊还指出，此前博学的天主教传教士手稿汉语词典、汉语语法书和中国通信是欧洲出版物的来源，但是往往获得和拥有这些珍贵手稿的人因为对中国语言的无知，并未很好地利用这些手稿。欧洲出版的《汉字西译》不尽如人意，欧洲出版的汉语语法书错误更多。马礼逊的评论为他的汉英词典确立了基调，马礼逊编写《汉英

[1] 1828年或1829年，东印度公司特选委员会的大班马治平参观马礼逊等传教士创建的双语教育机构英华书院后，感慨道：“其中有很多人可以用中英文写出风格高雅的文章，熟练地掌握了几何学、地理学、历史学等知识，还学会了使用地球仪。一个马六甲农夫的儿子接受的启迪智慧的教育，一个中国皇帝的儿子都未尝有机会接触得到。”《马礼逊回忆录》（中文版）二，大象出版社，2008年，32页。

英汉词典》时，志在超越前人，让他的汉英词典成为当时最实用、最广泛、最全面的一部辅助欧美人士学习汉语的词典。马礼逊的目标群体可以扩展到欧美国家学习汉语的人，而对华贸易是当时英语使用者学习汉语的主要动机，同时也是推动语言双向传播最长效的因素。

马礼逊在日记中曾写到“在我短暂的一生中有多数时间所做的事情与我的首要目标没有直接关系，但我在翻译官方的文书的同时，可以编纂词典。我希望这部词典能成为以后到来的传教士们必不可少的工具”（艾莉莎·马礼逊，2008a:143）。虽然传教士群体也可以隶属于欧美汉语学习者大的群体，但由于宗教人士对宗教词汇的特殊需求以及对宗教事务的关注，马礼逊词典是否满足了传教士这一群体的特殊需求，亦是词典研究中值得关注的一点。

马礼逊的词典的目标群体还不只如此，他甚至考虑到了中国人学习英语的需求。马礼逊《汉英英汉词典》的第三部分英汉词典的中文序言“英吉利国字语小引”非常特别，如果作者仅是为学习汉语的欧洲人编写这部分词典，完全没有必要向熟悉英语或欧洲字母文字的人写一篇中文的介绍英语语言文字的入门性文章作序言。虽然马礼逊在第三部分英汉词典的英文序言中提到这仍是为学习汉语的人整理编写的词典，但是从中文序言可以判断，马礼逊朦胧地有兼为中国人学习英语服务的意识。[1]

马礼逊没有意料到的是由于汉语作为亚洲通用语在“汉字文化圈”中的独特地位，使得《汉英英汉词典》的影响传达至日本：“从某种意义上说是促进日本走向近代化进程的一个重要媒介，也是中日之间通过英语词典相互借用译词的一个先例。”（陈力卫，2008:32）

[1] 历史事实证明，1860年之后中国人开始学习英语，马礼逊的《五车韵府》成为当时在中国最流行的学习英语工具书，多次重印直至1913年最后一次再版。

1.4 中文文献储备及使用

审视马礼逊为编写《汉英英汉词典》而收集的中文藏书，可以更直观地了解到马礼逊为编写《汉英英汉词典》的中文文献储备，由此也可直观得知马礼逊的中国知识的部分来源。斯当东为了1823年在英国创办皇家亚洲学会而捐出自己的中文藏书，马礼逊受其影响在1824年返回英国时带去了他在中国费尽心血十年来收集的中文藏书，他想利用这批汉籍推动英国本土的汉学研究。1823年12月7日在乘船返回英国的漫长旅途中，马礼逊为这批中文藏书编写了中文藏书目录。1824年2月20日抵达英国伦敦时，马礼逊统计自己带到英国的中文书籍共有7803种，总计约一万册。马礼逊亲笔书写的中文藏书目录完整版已经遗失，现藏于英国伦敦SOAS图书馆马礼逊特藏室的是马礼逊的一个简单书单[1]，1998年，伦敦大学亚非学院将马礼逊的藏书单与马礼逊特藏室现有汉籍目录整理后出版，其中也包括了马礼逊去世后增加的汉籍，但也有一部分原马礼逊藏书遗失了。[2]因此，1854年英国人基于马礼逊藏书目录统计的数字最接近马礼逊中文藏书的实际情况，笔者按著作种类和卷册数重新排序后如下[3]：

表3-1 马礼逊中文藏书类别册数

汉籍类别	著作种类	卷册数
杂类	39	1326
宗教、民间信仰等	266	779
医药、植物	128	934
小说、文学作品	81	672
语言文字、古文字	58	963

[1] SOAS/ROBERT MORRISON COLLECTION/MS/80823.

[2] *Catalogue of the Morrison Collection of Chinese Books*, by Andrew West, SOAS 1998.

[3] Introduction X, *Catalogue of the Morrison Collection of Chinese Books*, 1998.

续表

汉籍类别	著作种类	卷册数
地图、地理	52	976
诗歌、戏剧	36	364
教育、数学	31	260
经学古籍	30	497
仪礼、典礼	23	294
天文、音乐	23	202
历史、年鉴	20	701
自然历史和杂类	16	138
人物传记	11	262
法律	11	204
书目	2	157
不确定	8	18
副本	168	624
总计	1003	9374

上述的分类是19世纪汉学家采用的分类法，按照当代图书分类法，马礼逊的汉籍藏书几乎涵盖了所有的类别，数量较多的是宗教类（佛教、道教书籍为主）、医药植物类、文学文字类、舆图地理类、历史等类别，杂类中实则包括了农业、军事、书法、音乐、轶事等。

从注明了出版年代的411种汉籍中可以看出马礼逊藏书的另一个特点，马礼逊有时代标志的汉籍中，数量最多的是嘉庆年间（1796—1820）汉籍，总量达244种；其次是乾隆年间（1736—1795）的汉籍，高达115种。虽然马礼逊也有少量的较为珍贵的明版书，也都是明万历以后的刻本。马礼逊汉籍藏书的时代性特征也使得马礼逊的《汉英英汉词典》虽然借鉴了汉语蓝本《康熙字典》，但在借鉴《康熙字典》的同时尽量避免《康熙字典》重古轻今的取向，而更趋向于清中期使用的汉语语言。当代中国从事汉语史研究的学者之所以重视马礼逊的《汉英英汉词典》

中的注音和词汇，就是因为马礼逊词典中使用的语言具有时代特征，而且词典中包含了极为丰富的例证，是研究汉语语言史从近代到现代演变的珍贵语言史宝库。

马礼逊中文藏书是为编纂汉英双语词典而储备的中文文献，并非他收藏的中文文献都用于了词典编纂。马礼逊在《汉英英汉词典》的前言中提到了一些中国语言文字书籍，例如许慎的《说文解字》，梅膺祚的《字汇》，《正字通》《玉篇》《康熙字典》《六书故》《佩文韵府》，韵学书如陈荩谟的《五车韵府》，《分韵》《音学五书》《类篇》《唐韵》《广韵》《韵会》《正韵》《五韵集韵》。马礼逊在词典中有些引文标注出处，然而，很多词典内例证的来源即使是参考《汉语大词典》也无法考证。

笔者在伦敦SOAS马礼逊特藏室按上述书单核查过这批字书和韵书，其中有一些汉籍已经遗失，仍在馆藏的这批汉籍中仅有少量中文文献仍有马礼逊的亲笔批注，尤其是他编纂《汉英英汉词典》时使用的汉语蓝本辞书《康熙字典》和《艺文备览》，通过核对这些批注和马礼逊出版的《汉英英汉词典》中的相关条目，就可以更清楚马礼逊编纂词典选取例证的方法，也可以对马礼逊如何使用中文文献获得更深入的认识。

马礼逊使用的《康熙字典》是非常普通的民间印本，没有梓印行号。马礼逊标注可分为两种：一种是用小圈点从《康熙字典》文本中直接选取例词，另一种是在《康熙字典》空白处补充的例词和例句（也有中国文人增添的例词、例句）。笔者对马礼逊在《康熙字典》中标注最多的17个字进行过详细比较（杨慧玲，2012）发现，《康熙字典》的释义对马礼逊的《汉英英汉词典》影响最大：对于马礼逊熟悉的常用字，马礼逊可以结合自己在中国的生活体验以及西方语言学观念进行创新译义，但是仍然会借鉴《康熙字典》中的一些义项。生僻字的释义完全依赖《康熙字典》。其次，对于《康熙字典》中马礼逊亲自增补或者是由中国文人增补在页面空白处的例词例证，在出版的《汉英英汉词典》中很多并未出现。由此可见，马礼逊《汉英英汉词典》的例证来源并不以《康熙字典》为主，也不以他自己或者中国文人增补为标准，而是广泛从各类中文文献中采集而来。

马礼逊的中文藏书目录是一窥其中国语言文化知识来源的重要文献，这批珍贵的藏书为编纂《汉英英汉词典》而收集，在这批藏书中如《康熙字典》《艺文备览》等字书上仍留有马礼逊和中国助手的标注。通过研究这批藏书以及藏书使用状况，我们得以了解马礼逊编写词典使用的部分中文文献情况以及利用中文文献的方法，这一部分内容是研究《汉英英汉词典》编纂前奏的重要组成部分。

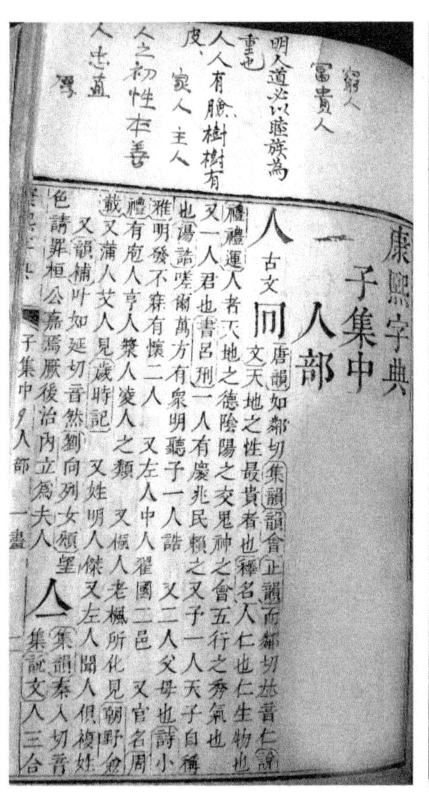

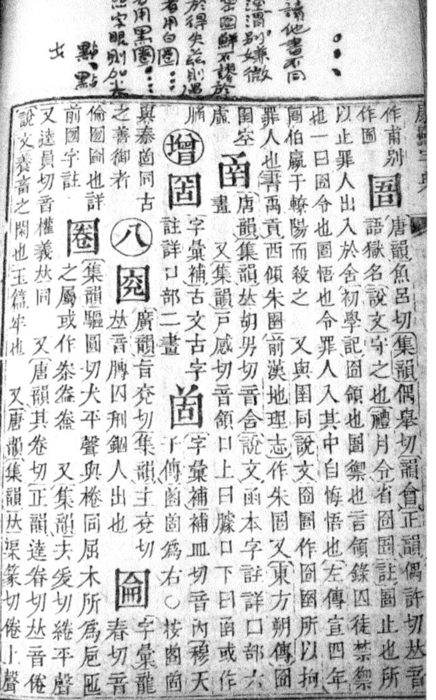

图3-2　马礼逊在《康熙字典》上的标注

第二节　词典的功能

“词典功能是编者设计和编纂词典的意图的直接反映”（雍和明，2003:61），通过调查词典对目标群体的针对性，分析词典宏观结构（词目的编排体系、词典的版式、前后页材料）[1]和微观结构中所包含的词典功能，可以较为准确地判定词典类型。词典功能堪称判定词典性质最可靠的理据，而通过分析词典如何满足用户的需求，可以为当代词典编纂提供借鉴。

由于马礼逊的《汉英英汉词典》有三个不同的组成部分，因此，对于词典功能的分析不能笼统地进行概述，而应该区别对待。马礼逊的《汉英英汉词典》由三个部分组成，每个部分又由若干卷次构成，大致的构成情况可概括为如表3–2所示。

表3–2　马礼逊《汉英英汉词典》基本框架

第一部分	汉英词典，根据部首排列［Chinese and English, arranged according to the radicals（keys）］；又称《字典》（三册）
第二部分	汉英词典，根据音序排列（Chinese and English, arranged alphabetically）；又称《五车韵府》（两册）
第三部分	英汉词典（English and Chinese）；译称《英汉词典》（仅一册）

我们可以注意到马礼逊在编写汉英词典时，一方面考虑到了汉字特有的部首检字法的便捷，另一方面又充分考虑到了西方读者利用字母音序查检词典的习惯，所以他将汉英词典分别编纂成两种检索方式的词

［1］黄建华和雍和明的定义侧重于词目的编排体系，李明的宏观结构的范围更为广义，还包括词典的版式和前后页材料。

典。第一部分《字典》，按汉字214个部首排列的汉英词典；第二部分《五车韵府》，按英文字母的音序排列的汉英词典。马礼逊之所以在汉英词典中采用部首排序，原因正如他在《字典》的前言中提出的，汉语的字形是第一位的，而读音是第二位的；因为汉字的字形对学习者造成强烈的视觉冲击，这对西方读者学习汉语有很大的帮助。

> 对于学习汉语的欧洲学习者而言，笔者建议学习者要特别重视学习汉字，把它作为学习汉语最快也是最令人满意的方式。要记住汉字部件，语调和送气音反倒是次要的……汉字必须能用眼识别或记在心里，方才能知晓其意义。[1]

编写于两百多年前的汉英词典的许多设计和功能不像当代词典那样显而易见，接着，我们将对马礼逊《汉英英汉词典》三个组成部分进行具体细致的考察，在此基础上分析概括各部词典所具有的功能。

2.1 《字典》的功能

2.1.1 宏观结构及其功能分析

马礼逊的《字典》有三册，包含以下内容。[2]

表3-3 《字典》的结构

标题	页码
Advertisement（致读者）[3]	文首，无页码
Introduction（导论）	i–xvi

[1] 译自马礼逊《字典》序言，参Robert Morrison, *A Dictionary of the Chinese Languages in Three Parts* (Volume I-Part I), Macau: Honorable East India Company's Press, 1815, x。

[2] 英文系词典原文，笔者给出的对应汉译或内容简介均放在小括号内，以示区别。

[3] “致读者”和“导论”部分的中译，参见沈国威编，《近代英华华英辞典解题》，关西大学出版部，2011年，17—31页。

续表

标题	页码
Marks and abbreviations（符号与简写） Sound of the letters（字母读音） The first of the four tones, viz（声调） Note（读音注解）	 xvii xviii
Dialogues（对话）[1]	1—8
Radicals（汉字部首及意义） Examples（举例） A table of radicals（部首表）	1—10
（词典正文）	1—867（第一册） 1—884（第二册） 1—908（第三册）
读书五戒惺斋铭记	868（第一册后）
Index of English words（英语索引）	869—930（第一册后）
Advertisement to the sixth and last volume （第六册也是最后一册的广告）	909—910（第三册后）

"Introduction"（导论）部分是写给对中国语言文化陌生的欧美人士的。开篇先详尽地介绍了中国文字的起源神话以及文字和印刷的巨大影响力，接着，追溯了汉字字形、字体、注音、字典编排方式的历史渊源和演变过程，继而分析了《康熙字典》和流传的叶尊孝手稿词典、德金出版的《汉字西译》的弊端，最后以《书经》记载的大禹治水的相关文献批评和驳斥德金在《汉字西译》前言中的误解。除了最后一部分基督教传教士倾向性的评论之外，[2]"导论"主要是围绕中国语言和语言传统展开介绍。当时通晓汉语的欧美人士极少，这样的导言让汉语学习者和

[1] 据笔者所见，并非所有马礼逊《字典》的装订本都有"对话"部分，而且这一部分的纸张开本不同于词典正文。

[2] 吴莉苇，《当诺亚方舟遭遇伏羲神农：启蒙时代欧洲的上古史论争》，中国人民大学出版社，2005年。

有兴趣者可以对汉语有一个宏观、整体性的认识。[1]

"Marks and abbreviations"（符号与简写）、"Sound of the letters"（字母读音）、"The first of the four tones, viz"（声调）等部分等同于当代词典中的"凡例"。"符号与简写"首先介绍了词典中使用的标注汉字六种构字方式的简化符号，这体现了马礼逊重视汉字的理念，他明确提出："我建议欧洲学习者在学汉语时特别注意汉字，这是掌握语言最快和最有效的方法。记住汉字的笔画，语音语调是其次的。"（沈国威，2011:26）在词典中用符号标注构字方式，马礼逊的意图是希望借此帮助汉语学习者通过汉字字形联想和记忆汉字的字义，在他深入比较了汉字与字母文字的区别之后，得出了如下结论："用视觉来传达思维，汉语与西方的拉丁文字一样发挥了书写媒体的所有功能，在有些方面甚至做得更好。视觉快于听觉，所以视觉传递到大脑与较慢的声音传播相比，既快又直接生动。汉字因此形成了一个美丽难忘的印象。隽秀的汉字书法带着栩栩如生的感觉击中大脑，这种力量和美感是拉丁文字无法得到的……也许汉字在某种程度上对中国的统一是有贡献的。如果中华帝国的所有方言都用拉丁字母来表示的话，书写语言之间就会像欧洲的一些国家一样出现差异。表现思维的书写语言区别于口语，这不正是语言不受时代变化影响的一大优点吗？……至今，欧洲的汉语崇拜者和轻视者都忽略了汉字，结果他们没能给予汉字一个正确的评价。"（沈国威，2011:26）

"字母读音"部分，马礼逊一方面通过提供英语、法语的单词例证，帮助欧美学习者掌握《字典》中汉字的正确读音，同时，在"读音注解"部分，亦有更长的篇幅揭示汉字拉丁字母注音方案的局限性。这种局限性是现实导致的，中国国土极为辽阔，各地方言殊异，清朝

[1]"导论"中关于中国语言的部分内容已刊登于马礼逊，《通用汉言之法》，1811年。

统治下又带来了新的方言。因此，当《字典》被迫采用某种相对统一的注音方案时，他选择了南京官话（Nanking Dialect），通过比较南京官话与北京官话读音的系统性差异，希望学习者可以在这两种官话之间转换。

用于检索汉字的“Radicals”（汉字部首及意义）、“举例”（Examples）和“A table of radicals”（部首表），相当于《字典》检索系统部分。马礼逊在《字典》中完全照搬《康熙字典》的部首检索法，是因为在他仔细研究了《康熙字典》的利弊之后，虽然清楚《康熙字典》并非为欧美人士而是给母语为汉语的人编写的单语辞书，但“这部字典是中国有史以来最完整、最优秀的字典，而且广为使用……《康熙字典》减少了部首，并将汉字按笔画数排列，这是最先进、最方便的排列方法。这种方法由《字汇》首先引入”（沈国威，2011:25），因此，他在编纂《字典》时，借鉴了成熟完善的中国传统辞书中的词目编排方法。对于欧美学习者而言，部首检字法仍是一种全新陌生的检索模式。马礼逊在《字典》正文前，除了列出按笔画数从1画到17画排序的214个部首表及其意义外[1]，还在注解中讲解了部首检字法的使用方法。例如，第18个部首“刀”部，右侧的字母“C”表示其为复合部首，“刂”则为在汉字中的不同写法。

马礼逊在部首表的最后，有单独栏目解释每个部首下汉字词目的排序方法，而正确辨别汉字的部首以及计算剩余笔画数是检索按部首排序的汉英词典的关键。马礼逊感觉214个部首常常出现在汉字左侧，但是部首也会在汉字各处出现，令他难以一言概括。凭借部首法查阅中国辞书以及《字典》，首先要辨别出汉字的部首，接着就是计算其余部分的

[1] 入华天主教传教士编写的汉外词典，尤其是叶尊孝的《汉拉拉汉词典》，同样重视汉字的214个部首，并有意忽略了中国传统辞书中的天干地支的分类。

13. 冂 Keung. A remote limit, a wilderness; C.

14. 冖 Mëĕ. To cover; C.

15. 冫 Ping. An isicle; C.

16. 几 Ke. A table, a bench; C.

17. 凵 Kang. Gaping; C.

18. 刀 Taou. A knife; C 刂

19. 力 Lëĭh. Strength.

20. 勹 Paou. To fold; C.

21. 匕 Pe. A spoon.

22. 匚 He. A receptacle; C.

23. 匸 Fang. A receptacle; C.

24. 十 Shĭh. Ten.

25. 卜 Pŭh. To divine.

26. 卩 Tsëĕ. Ancient seal on stone or ivory; C 㔾

27. 厂 Han. A shelter; C.

28. 厶 Mow. Crook ed.

29. 又 Yew. The hand, more, again

Characters formed by Three Strokes

30. 口 K'how. The mouth

31. 囗 Hwŭy. An inclosure.

32. 土 Too. The ground.

33. 士 Sze. A scholar.

34. 夂 Che. To follow.

35. 夊 Shŭy. To walk slowly; C

36. 夕 Sëĭh. The evening.

37. 大 Ta. Large, great.

38. 女 Neu. A woman.

39. 子 Tsze. A son, a child.

40. 宀 Mëen. To collect; C.

41. 寸 Tsun. Tenth of the Chinese cubit.

图3-3a

A TABLE OF RADICALS.

IN THE SUNG-PAN FORM.

1. 一 Yih.	32. 土 Too.	64. 手 Show.[h]	96. 玉 Yŭh.[r]	128. 耳 Urh.	160 辛 Sin.	190. 髟 Peaou.
2. 丨 Kwăn.	33. 士 Sze.	65. 支 Che.	97. 瓜 Kwa.	129. 聿 Yu.	161. 辰 Shin.	191. 鬥 Tow.
3. 丶 Choo.	34. 夂 Che.	66. 攴 Pŭh.[i]	98. 瓦 Wa.	130. 肉 Jow.[y]	162. 辵 Ch'hŏ.[3]	192. 鬯 Chang.
4. 丿 Pëih.	35. 夊 Shüy.	67. 文 Wăn.[j]	99. 甘 Kan.	131. 臣 Chin.	163. 邑 Yih.[4]	193. 鬲 Leih.
5. 乙 Yih.	36. 夕 Sëih.	68. 斗 Tow.	100. 生 Săng.	132. 自 Tsze.	164. 酉 Yew.	194. 鬼 Kwei.
6. 亅 Keuĕ.	37. 大 Ta.	69. 斤 Kin.	101. 用 Yung.	133. 至 Che.	165. 釆 Pëen.	ELEVEN STROKES.
TWO STROKES.	38. 女 Neu.	70. 方 Fang.	102. 田 Tëen.	134. 臼 Kew.	166. 里 Le.	195. 魚 Yu.
7. 二 Urh.	39. 子 Tsze.	71. 无 Woo.[k]	103. 疋 Shoo.[s]	135. 舌 Shĕ.	EIGHT STROKES.	196. 鳥 Neaou.
8. 亠 Tow.	40. 宀 Mëen.	72. 日 Jih.	104. 疒 Neih.	136. 舛 Chuen.	167. 金 Kin.	197. 鹵 Loo.
9. 人 Jin.[a]	41. 寸 Tsun.	73 曰 Yuĕ.	105. 癶 Pŭh.	137. 舟 Chow.	168. 長 Ch'hang.	198. 鹿 Lŭh.
10. 儿 Jin.	42. 小 Seaou.	74. 月 Yuĕ.	106. 白 Pih.	138. 艮 Kăn.	169. 門 Mun.	199. 麥 Mih.
11. 入 Jŭh.	43. 尢 Wang.[d]	75. 木 Mŭh.	107. 皮 Pe.	139. 色 Sih.	170. 阜 Fow.[6]	200. 麻 Ma.
12. 八 Pă.	44. 尸 She.	76. 欠 Këen.	108. 皿 Ming.	140. 艸 Tsaou.[z]	171. 隶 Tae.	TWELVE STROKES.
13. 冂 Keung.	45. 屮 Che.	77. 止 Che.	109. 目 Mŭh.[t]	141. 虍 Hoo.	172. 隹 Chuy.	201. 黃 Hwang.
14. 冖 Mëĕ.	46. 山 Shan.	78. 歹 Tae.[l]	110. 矛 Mow	142. 虫 Chung.	173. 雨 Yu.	202. 黍 Shoo.
15. 冫 Ping.	47. 巛 Chuen.[e]	79. 殳 Shoo.	111. 矢 She	143. 血 Heuĕ.	174. 青 Tsing.	203. 黑 Hih.
16. 几 Ke.	48. 工 Kung.	80. 毋 Woo.	112. 石 Shih.	144. 行 Hing.	175. 非 Fei.	204. 黹 Che.
17. 凵 Kang.	49. 己 Ke.	81. 比 Pe.	113. 示 She.	145. 衣 E.	NINE STROKES.	THIRTEEN STR.
18. 刀 Taou.[b]	50. 巾 Kin.	82. 毛 Maou.	114. 禸 Jow[u]	146. 襾 Ya.[1]	176. 面 Mëen.	205. 黽 Ming.
19. 力 Lëih.	51. 干 Kan.	83. 氏 She.	115. 禾 Ho.	SEVEN STROKES.	177. 革 Kih.	206. 鼎 Ting.
20. 勹 Paou.	52. 幺 Yaou.	84. 气 Ke.	116. 穴 Heuĕ.	147. 見 Këen.	178. 韋 Wei.	207. 鼓 Koo.
21. 匕 Pe.	53. 广 Yen.	85. 水 Shwüy.[m]	117. 立 Lëih.	148. 角 Keŏ.	179. 韭 Kew.	208. 鼠 Shoo.
22. 匚 He.	54. 廴 Ying.	86. 火 Ho.[n]	SIX STROKES.	149. 言 Yen.	180. 音 Yin.	FOURTEEN STR.
23. 匸 Fang.	55. 廾 Kung.	87. 爪 Chaou.[o]	118. 竹 Chŭh.[v]	150. 谷 Kŭh.	181. 頁 Hëĕ.	209. 鼻 Pe.
24. 十 Shih.	56. 弋 Yih.	88. 父 Foo.	119. 米 Me.	151. 豆 Tow.	182. 風 Fung.	210. 齊 Tse.
25. 卜 Pŭh.	57. 弓 Kung.	89. 爻 Heaou.	120. 糸 Mëih.[w]	152. 豕 She.	183. 飛 Fe.	FIFTEEN STROKES.
26. 卩 Tsëĕ.[c]	58. 彐 Ke.[f]	90. 爿 Chwang.	121. 缶 Fow.	153. 豸 Che.	184. 食 Shih.	211. 齒 Che.
27. 厂 Han.	59. 彡 Shang.	91. 片 Pëen.	122. 网 Wang.[x]	154. 貝 Pei.	185. 首 Show.	SIXTEEN STROKES.
28. 厶 Mow.	60. 彳 Chih.	92. 牙 Ya.	123. 羊 Yang.	155. 赤 Chih.	186. 香 Hëang.	212. 龍 Lung.
29. 又 Yew.	FOUR STROKES.	93. 牛 New.[p]	124. 羽 Yu.	156. 走 Tsow.	TEN STROKES.	213. 龜 Kwei.
THREE STROKES.	61. 心 Sin.[g]	94. 犬 Keuen.[q]	125. 老 Laou.	157. 足 Tsŭh.[2]	187. 馬 Ma.	SEVENTEEN STR.
30. 口 K'how.	62. 戈 Ko.	FIVE STROKES.	126. 而 Urh.	158. 身 Shin.	188. 骨 Kŭh.	214. 龠 Yŏ.
31. 囗 Hwüy.	63. 戶 Hoo.	95. 玄 Heuen.	127. 耒 Luy.	159. 車 Chay.	189. 高 Kaou.	

[a]亻 [b]刂 [c]㔾 [d]尣兀 [e]巜巛川 [f]彐彑 [g]忄⺗ [h]扌 [i]攵 [j]攵 [k]旡 [l]歺 [m]氵氺 [n]灬 [o]爫 [p]牜 [q]犭 [r]王

[s]𤴔 [t]罒 [u]内 [v]⺮ [w]糹 [x]罓罒罒网 [y]⺼ [z]艹 [1]西 [2]⻊ [3]辶 [4]阝 [5]镸 [6]阝

图3-3b 《字典》的汉字部首表以及部首总表

笔画数。马礼逊解释完部首检字法之后，以“便、助、全、兵、愛”五个汉字为例，解释它们的所属部首以及剩余笔画数。

中国辞书以汉字的部首和笔画为序的形检系统为主流，经过不断的探索和改进，最后部首分类法以《康熙字典》为其集大成者。《字典》的前附件最后作结的“部首表”就完全照搬《康熙字典》214个部首及顺序。在每个部首前，用阿拉伯数字注明序号；在每个部首后，标注读音；相同笔画数的部首前，则依次注明相应的笔画数。《康熙字典》“以字带词”、以形为纲，按汉字偏旁而后按部首笔画数排列的方式，使得《康熙字典》“除单字之外，收入大量语词，使字典兼有词典之用……如‘奴’字的注释中就列举了雍奴（地名，又泽名）、念奴（人名）、驮索迦（梵语‘奴’）、飞奴（鸽）、烛奴（烛檠）、酪奴（酪）、木奴（柑橘）、竹奴、青奴（竹夫人）、锡奴（温足瓶）、荔枝奴（龙眼）、狸奴（猫）等十二个词，这一类的例子很多”（张涤华，1981:17）。马礼逊也注意到了《康熙字典》在汉语字词编排方面的特点，《字典》沿袭了《康熙字典》的汉字编排法，页面设计体现了这一编排法的精髓。如下图所示，最上栏注明页码、本页所属部首编号以及部首注音及字形。页面中用剩余笔画数分别统领汉字词目（见图3–4）。

2.1.2　微观结构及其功能分析

马礼逊《字典》的词典正文分散在三册中，第一册的内容最为详尽（867页），于1815年出版。后两册内容（分别为884页和908页）是马礼逊为了完成《汉英英汉词典》勉力拼凑而成，许多第一册具有的特点和功能在第二、第三册中不再具备。因此，这三册的功能不能一概而论，第一册应单独评述，而第二、第三册可以一起评述，需要区别看待马礼逊在两个不同时期完成的同一部词典的不同组成部分。

《字典》第一册的微观结构有以下组成部分：

第一板块：① 黑粗体大字楷体汉字词目，（部分）汉字词目后面还附有其他字体。②（全部）汉字词目注音，（部分）标注了调号。对于一

473 31st Radical. X. Hwuy 口

TEN STROKES.

 POO.

An orchard or kitchen garden. A vulgar form of 圃 Poo.

 CHÏH.

A horse in an enclosure. It also implies to bridle; to restrain.

 YUEN.  

A place where trees, vegetables, or flowers are planted; a garden. A garden hedge. 圃園 Poo-yuen, An orchard. 菜丨 Tsae-yuen, A vegetable garden. 花丨 Hwa yuen, A flower garden. A Gardener is sometimes called 花工 Hwa-kung, A flower workman. 田丨廬墓 Tëen, yuen, loo, moo, Fields, gardens, mat-sheds and tombs. 梨丨子弟 Le yuen tsze te, The sons and brothers of the pear orchard, denotes Play actors. 戲丨 He-yuen, A play house, a garden appropriated to theatrical exhibitions. Such places exist in Peking. One was opened about ten years ago in Canton, but in consequence of disturbances occurring from the crowds of people collected, the government ordered it to be shut up. 到戲丨子聽戲 Taou he-yuen-tsze t'hing he, To go to the theatre to hear a play. 游花丨 Yew hwa-yuen, To saunter or ramble in a garden. 他日日在花丨中遊玩坐卧 T'ha jïh jïh tsae hwa yuen chung, yew wan tso go, He every day sauntered about, sat down or slept in the garden. 御丨 Yu yuen, An Imperial garden. 圓明丨 Yuen-ming-yuen,' The round and splendid garden;' some suppose in allusion to the encircling heavens, and the orb of day; a well known Summer's residence of the Tartar Emperors of China. 無踰我丨 Woo yu wo yuen, Do not climb over my garden hedge; said to her lover. (She-king.) 丨者圃之樊 Yuen chay poo che fan, Yuen, denotes the hedge of a garden or an orchard. 丨廛二十而稅一 Yuen le urh shïh urh shwüy yïh, Gardens and places occupied in selling things, pay a tax of one twentieth.

The word Yuen is applied to burial grounds, because they 葬于丨圃 Tsang yu yuen poo, Buried in gardens. 文帝陵爲文丨 Wăn te ling wei wăn yuen, The burial place of the Emperor Wăn, (B. C. 151), was called the garden of Wăn. 戾丨 Le yuen, The burial place of a prince about the same period. 桃丨 Taou-yuen, The name of a place mentioned in the history of Han. 祇丨 Che-yuen, or 祇樹丨 Che shoo yuen, A dwelling place of Fŭh; temples are now so denominated. Further, 大衆出家所居寺曰雞丨 Ta chung ch'hŭh kea so keu sze yuĕ ke-yuen, The religious houses, where large numbers of persons who have left home (and the world) reside, are called Ke-yuen. (Ching-tsze-t'hung.) 丘丨 K'hew yuen, A garden or an elevated hill near a city. In the Yïh-king, made to represent a virtuous person. 東丨公 Tung-yuen-kung, The name of one of four famous old gray-headed men. To rhyme, read Wăn.

 YUEN  

Round; a circle; a sphere, or globular figure; a dollar. To make round. 圓方之對 Yuen, fang che tuy, Round is the opposite of square. 方丨 Fang yuen, Square and round. 丨的扁的 Yuen teïh, pëen teïh, Globular; flat. 丨桌子 Yuen chŏ tsze, A round table. 把那張花梨丨炕桌子放在炕上 Pa na ch'hang hwa-le yuen kang chŏ tsze, fang tsae kang shang, Take that Hwa-le wood round couch-table, and put it on the couch. 銀子十丨 Yin tsze shïh yuen, Ten round pieces of silver; ten dollars. 中丨 Chung yuen, or 半丨 Pwan yuen, Half a dollar. A quarter of a dollar is expressed by 一錢八 Yïh tsëen pă, One mace eight (candareens), which are equal to a quarter of a dollar. 一百大丨 Yïh pïh ta yuen, 'One hundred dollars;' the word Ta, Great, does not add any thing to the meaning. 丨夢 Yuen mung, Round dream; the same as 占夢 Chen-mung, Dreams of divination. There was a 堂 T'hang or temple so

VOL. I. 4 F

图3-4 《字典》的页面结构

字多音的汉字，以“or”并列提供两种或多种注音。同音同义不同形的汉字用“Same as...”注明。

第二板块：①（部分）根据《说文解字》或者构字部件，对汉字的构形和字义进行分析。②（全部）英文译义。③（部分）中文例证，（全部）例证有注音和英文翻译。④（部分）有语用、语法、文化补充信息。⑤插图[1]。

功能一：因收字数量庞大而成为查考古今汉字形、音、义的必备工具书。

因为《字典》的取词和排序完全同于《康熙字典》，注音、释义也都参考了《康熙字典》，因而，部分《康熙字典》的优缺点在马礼逊《字典》中也有体现。

据统计，中国明代著名辞书《字汇》收字33179个汉字，《正字通》收字33000余，《康熙字典》收字一般认为47035个。实际上，《康熙字典》收字量“清人陆以湉统计，《康熙字典》正文加备考、补遗，共收字47035个（另有古文1995个）……20世纪70年代中期，《汉语大字典》编写组的湖北收字组统计出《康熙字典》全书收字47043个。近期，北京书同文数字化技术有限公司统计出《康熙字典》收列的全部字头，包括古字、补遗及备考中的字共计49188个。其中有2196个字重出，有40个字竟重复出现过3次”（韩敬体，2009:8）。

《康熙字典》在编纂时为了全面地收入古今汉语，保留了一般字书里查阅不到的古字和生僻字，收字数量创下当时中国辞书之最，成为查阅学习古典文献时重要的工具书。马礼逊的《字典》收字数量完全同于《康熙字典》，因而也是汉英词典史上收字数量最多的一部双语词典。

[1] 插图偶见于《字典》，如第一册481—482页对“圭”的释文插图，512页“明堂”、513页“琶洲砥柱”、553页“壎”。

1935年，新成立不久的哈佛燕京学社[1]在燕京大学的协助下，根据《康熙字典》等中国辞书制作卡片，哈佛大学再将其翻译成英文，旨在编纂一部《汉英大辞典》，然而，此项工程未能完成（赵丽明，2009:80）。马礼逊的《字典》虽然第一册详尽，后两册失于简陋，但毕竟是得《康熙字典》之精髓的第一部汉英双语词典。因此，《字典》从某种意义上说，仍是外国人研习汉学的双语参考书之一。

功能二：从字源、字形、文化角度解析汉字字形与字义。

马礼逊在《字典》的汉字词目之后，附了其他汉字字形，这同于《康熙字典》"正字头下附列古文以显示古今形体流变的形式"（左松超，2009:202—203）的做法。《康熙字典》"凡例"中自述"集内所载古文，除《说文》《玉篇》《广韵》《集韵》《韵会》诸书外，兼采经、史、音释。及凡子、集、字书于本字下既并载古文，复照古文之偏旁笔画，分载各部各画，详注所出何书，便于考证"，这样做的意图是更好地考证字形与字义的关系。马礼逊在《字典》的"凡例"中提到用英文简写S. C.标注篆书，用R. H.标注草体，用"Ol. Scrib."标注古文；"Al. Scrib."标注读音、意义相同的古文，类似汉语中的"或作""同"；"Syn."标注意义相近，但读音、字形不同的字。《字典》另有"Orig."等标注，马礼逊并未在"凡例"中提到。[2]马礼逊沿承了《康熙字典》收录古今文字、显示形体流变的优良传统。

《康熙字典》中非常重视《说文解字》剖析汉字形体，以见造字之义的传统，马礼逊的《字典》同样沿袭了《康熙字典》对汉字的构形和

[1] 1928年春，哈佛燕京学社正式成立。从1935年开始编纂《汉英大辞典》，首先在燕京大学的协助下，将《康熙字典》《佩文韵府》等中国韵书、字书上的字词抄在卡片上，做完运交哈佛大学；再由哈佛大学将其译成英文。哈佛大学在翻译过程中，发现中国辞书引文与原文多有出入，遂将部分卡片寄回中国，请人逐条核对。尽管《汉英大辞典》编纂进展缓慢，杀青之日遥遥无期，但哈佛燕京学社则声名鹊起，俨然成为美国研究东方学的重镇。（赵丽明，2009:80）

[2] 马礼逊《字典》第一册，第202—203页。

字义进行分析的传统。以“冠”字为例：

冠 KWAN. ‡ 㓂 S. C. 冠 R. H.

Something to bind up the hair, and cover the head; any kind of cap. From 冖 Meĭh, “To cover;” 元 Yuen, “ The head;” and 寸 Ts’hun, “An inch;” denoting, that a cap is made by rule. The Chinese say, in high antiquity, when people lived in the caves of wildernesses, their garments were of hair, and the covering for the head of skin. In after ages, the Sages observing that birds had crests and crops, and that animals had horns and beards, hence took the idea of forming caps and crowns, with ribbands to bind them, and hang down below the chin.

马礼逊在逐一讲解了各个组成部分的意义后，又从文化角度讲解远古时期中国人发型服饰的变化，在释文中，紧接着又以相当篇幅描述日常生活中如何戴帽子以及炎热夏季脱帽的习惯。

功能三：以“字”带词，建构汉语构字部件字—词—语—句—篇的层级结构。

中国历史辞书一般以“字”为立目原则，然而，在早期汉外词典史上，以汉字立目却是很大的进步。最早来华的罗明坚、利玛窦合编的《葡华词典》是以葡语词立目，含字、词、词组等混合的各种表述作为对应词编写的，早期入华的欧洲传教士难以分辨汉语字、词、词组之间的关系。因而，只有在使用和参照汉语单语辞书后才出现以汉字立目的汉外词典，这一类别的汉外双语词典因为参考中文辞书而有更高的释义准确性。

马礼逊的词典在这一传统继承上另辟蹊径，他在《字典》和《五车韵府》中都存在把构字部件纳入词目的现象，究其本源应是马礼逊为了体现汉字部首与其所构字之间的形、义关系而特设的。例如，部首“冫”下首个汉字词目是“冫”，接着是按部首笔画1—2画排列以及3—7

画排列的汉字。

在释文结构中，马礼逊也继承了自《康熙字典》开始出现的“以字立目、以字辖词”的现代词典形式。

释文中，马礼逊通过讲解分析汉字构字部件与意义的关系开始解释词目汉字的主要意义，接着，通过具体的词、短语、句子乃至长篇的例证，让汉字词目的意义、搭配以及语用在具体的语境中得以更为细腻丰富的展示。《字典》以字带词，以义作为统辖，收录含字头的词、语、句、篇等汉语条目，这种收词立条的方式在其他汉语字词典中较为罕见。如“冰”字：

> 冰 PING. 𣲍 S. C. 氷 R. H.
>
> Ice. 冰片 Ping p’heen, or | 凍 Ping tung, “Ice, or a piece of ice.” | 寒 Ping han, “Cold as ice.” | 清水冷 Ping ts’hing shwŭy lăng, “Clear as ice and cold as water;” expresses a person of pure and simple manners, superior to the influence of ambition, avarice, or other irregular passions. 一片 | 心在玉壺 Yĭh p’hëen ping sin tsae yŭh hoo, “A heart of ice in a vessel of transparent stone.” Like the preceding sentence, does not denote a person cold and hard-hearted; but a person pure, simple, and upright. | 雹 Ping pŏ, “Hail.”
>
> Read Ying, in the sense of 凝 Ying, “To congeal; to freeze.” The Radical 仌 Ping, originally denoted ice, and the character now under definition was Ying, To freeze; but the framers of the 隸書 Le-shoo character, having used | Ping for Ice, were obliged to form 凝 Ying for “To freeze.” The author of the Dictionary E-wan-pe-lan, insists on restoring them to their original use.

不仅有出现在词首的如“冰片、冰冻、冰寒、冰清水冷”等例证，还有出现在中间的“一片冰心在玉壶”的诗句，在其他例证中还有词目汉字出现在句尾的情况。

在当时，这样做非常有必要，欧洲的中文藏书一般人难以企及，欧美人士学习汉语的最大障碍不仅是没有像双语词典这样的基本工具书，而是连一部中文书都难以获得。因此，早期流传的天主教传教士抄写的词典，后来收入了一些汉语基督教宗教小册子或者收集的日常生活中的中文书信、账单或者贸易对话，这些前后页的材料相当于一个简易识字或者阅读汉语的课本，与双语词典一起成为虽然有限却自足实用的汉语学习系统。马礼逊在《字典》中尽可能多地收入各种例证，也是出于此种考量，其中不乏常见常用例证，而不论汉字词目是否出现在首字，而是作为核心字或者常用句中的某一个字，都可以成为收入的理由。

马礼逊《字典》的第一册虽然不是每个汉字词目下都有着上述完整的汉语层级系统，这样的尝试有着重要的意义。

功能四：释文详尽，语言与文化的双重再现。

《字典》虽然以《康熙字典》作为蓝本，但在释文中，马礼逊的汉英《字典》和单语《康熙字典》的区别性特征更为明显。以“可”的释文为例，《康熙字典》中首先有来自《广韵》，其次《集韵》《韵会》《正韵》的历时反切注音和直音注音，接着是来自《说文》《广韵》《韵会》《书·尧典》《文中子·事君篇》字的本义，以及在例证如《论语》《礼》《正字通》《字汇补》《魏书·吐谷浑传》《唐书》《元和圣德诗》（韩愈）、《寡妇诗》（魏文帝）中的训释义。最后，列出字的别音别义。

马礼逊的《字典》中，“可”字下有一个注音，两个古今字形，接着是从《康熙字典》以及个人语言学知识判断而来的译义，译义时均体现词性。如译义时“to have liberty to do; to be permitted; to have the power of doing”显示其动词用法；“may; can; might; could”表示“可”的情态语气；“fit; competent; proper; worthy”等表示其形容词用法。此外，马礼逊还增补语用说明“It forms the Adjectives which terminate with ‘able’, as Amiable. Sometimes used interrogatively”。马礼逊汉英双语例证中，仅有一例同于《康熙字典》。除了常用的短语如“可不可”及其回答“可也”“不可”之外，还有很多常用词语和表达如“可人”“无可奈何”“可否”“可以”“可能”“可爱”则来源于日常生活用语，这些汉语例证有些在语义上重复。马礼逊还补充了《礼记》《中庸》《论语》中的句子如“择于诸母与可者”(《礼记》),“鬼神体物而不可遗”(《中庸》),“子贡曰：‘贫而无谄、富而无骄，何如？’子曰：‘可也，未若贫而乐，富而好礼者也。’”(《论语》) 马礼逊的中文例证仅有小部分注明出处，不像《康熙字典》尽量每条都标注例证来源。

除了效仿《康熙字典》标注部分经、史、子、集的出处，马礼逊的《汉英英汉词典》中还有很多博览群书后收集的旁证，搜集之勤力和见闻之广博，值得嘉许。除了最普通的一行至数行释文，有些常用词的释文基本上在半页到一页余，如“一”“三”“下”“世”“丘”“中”“主”“之”“事”“仁”等，这些都属于中等长度的释文，这些释文重视通过例证弥补译义的不足。至于特殊的极长的释文长达数页到数十页[1]，最长的“学”字释文横跨39个页面，“官”字占了29个页面。从这些长释文内容来判断，马礼逊在编写词典时并未设定统一的标准，将大量文化信息补充在某个汉字词目的释文中，造成了个别汉字释文极长。

例如“回”字下除了有“回回教”“回子”“红帽回子”“白帽回子”“缠头回子”等词之外，还有对中国穆斯林来源及穆斯林礼俗的简单译介：“回回国名大食国、默啜那，其国人敬天礼拜之外一无所崇，其薄葬，把斋不食自毙，祈天不为像，陈隋间入中国，航海至广州，金

[1] 如“人”(pp.59–62)、“报”(pp.522–525)、“大”(pp.573–576)、“天”(pp.576–581)、“太”(pp.581–584)、“女”(pp.600–603)、“姓”(pp.626–628)、“姦”(pp.632–637)、“姻”(pp.639–643)、“子”(pp.702–709)、“孔”(pp.709–717)、“孝”(pp.722–728)、“孟”(pp.729–731)、“孙”(pp.740–744)、“学”(pp.746–785)、“安”(pp.791–796)、“宋”(pp.796–801)、“官”(pp.805–834)等字的释文篇幅明显偏长。

元以后蔓延中国，今在在有之。”[1]

《字典》第一册的“学”字里，仅有很少的例词例句来自《康熙字典》。“学”的例证部分极为丰富，除了字本义以及常用常见例词例句之外，还有一些并不常见的材料：与“学”有关的书目和价格、[2]摘自《家宝全集》中的“学堂条约”100条、[3]“读书心法”27条[4]和“读书十诫”，以及有关中国的科举制度和科场条例。[5]在《科场条例》之后，有马礼逊对科举考试的总结和解读，[6]马礼逊认为中文的“四书五经”的含义远远超过英文“Classics”（经典），更恰当的译名应为“Sacred scripture”（圣书），才能彰显中文“四书五经”所具有的权威和人们的崇敬之情。马礼逊接着又翻译了一部中文小册《初学明镜》，讲述如何写好科举考试的“文章”，援引《初集启蒙》中归纳写“文章”的四条规则，解释写文章的一些如“宾”“转”“反”“斡”等10个常用术语，继以摘自“郭青螺”“沈虹台”书中如何写文章的一些观点。[7]

“官”字条下，除了难以辨别来源的例证之外，有来自《三才图会》《幼学故事琼林》《孟子》《书经》《礼记》《大清律例》《渊鉴类函》等各种内容，鉴于欧洲人在阅读汉籍中常常遇到的官职名称的问题，马礼逊简译了一部讲解从古到明代中国职官的《设官部》[8]，接着又翻译了有关封爵的《封爵总载》一书[9]。马礼逊还从《渊鉴类函》中选取了“政术部”“君道”“臣术”等有关论官论政的术语。限于篇幅，马礼逊指出《幼学故事琼林》中的“文臣”“武职”中有一些古今对照的职官名表，

[1] 参见《字典》第一册，第460—461页。
[2] 同上书，第748页。
[3] 同上书，第749—753页。
[4] 同上书，第753—758页。
[5] 马礼逊在《字典》第一册第759页中提到，他是以1815年最新版本的《科场条例》翻译而来。
[6] 参见《字典》第一册，第779—780页。
[7] 同上书，第780—782页。
[8] 同上书，第808—828页。
[9] 同上书，第828—831页。

《缙绅览》一书中有关于各级官员之间的礼仪记载，而《大清会典》中有极为详尽的清朝各部职官情况。

这样广泛收录中国文化信息的做法，体现词典作者个人的主观性判断，并明显带有个人喜好风格。收录的文化信息多寡不一致，取舍没有明确标准，这些是当代辞书编纂所忌讳但却是历史上汉英学习词典最为显著的一个特征。

上述所说《字典》第一册的结构和功能在《字典》第二、三册中不一定存在，因为《字典》第二、三册的微观结构不像《字典》第一册有明确的两大板块，常常仅见注音和英文释义，篇幅也仅一行，汉字词目后的释文压缩了很多。在《字典》第一册常见的各种汉字字形、《说文》或其他来源的汉字字形分析、大量的中文例证以及有关语用、语法、文化等补充信息，在第二、三册中都较为罕见。由此带来的一个后果就是《字典》第二、三册查阅功能的极大萎缩。[1]

未收宋元以来的俗字是《康熙字典》收字的一大缺陷，国际学者如克拉普洛特对此有严厉的批评。克拉普洛特认为，从语言使用情况来看，汉语常用字只有八千到一万个，而且这些常用汉字存在大量的异体字，因此，马礼逊《字典》的收词立目完全同于《康熙字典》显然是一大缺陷。此外，《字典》第一册和第二、三册的差异太大，同一部著作前后册存在巨大的反差，致使克拉普洛特坚持认为第一册的作者不可能是其他部分的作者。[2]

---

[1] 如前第三节“词典的编纂及出版”中所述，马礼逊在编写完《字典》第一册后，转而将精力投入《五车韵府》两册和英汉词典一册的编写和出版，而马礼逊个人认为《五车韵府》对汉语学习作用更大。《字典》的第二、三册是马礼逊为了让《汉英英汉词典》完整而勉力进行的最后收尾工作。

[2] 笔者在研究中发现：马礼逊的《字典》的第一册的确与其余两册的详尽程度差别巨大，最后两册出版时间也推至最后。这是因为：第一，如按《字典》第一册的详尽程度编写全部词典，马礼逊将不可能完成词典，词典的出版也更加困难。第二，在他完成《字典》后，他认为按注音编排的《五车韵府》更为重要，所以他在《字典》稿本的基础上编写了《五车韵府》，出版时也将《五车韵府》优先出版了。克拉普洛特根本不考虑马礼逊的自述，过于相信自己作为一名语言学者的批判精神和批判能力。

对于这样的批评意见，马礼逊在《五车韵府》中有所补正。马礼逊《字典》的第二、三册只是简单地对译汉字的基本义项，而从译义的详略，可以初步判断汉语词目是否为常用字。对于非常用汉语字词，马礼逊通常只用一行文字译义。相对而言，数行译义且配有字体演变、字形解说和例证的都是常用字词。

《字典》第二、三册的主要功能仅为查阅汉字的字义，解决阅读汉字的障碍，而不具备汉语语言文化百科知识库的作用。虽然中国当代学者张涤华认为《康熙字典》“常用的字少，不常用的字多，两者夹杂在一起，检阅不便，实用性很差。张元济说：‘每检一字，必遇有不能识者参错其间，耗有限之光阴，糜可贵之纸墨。’这几句话道出了《康熙字典》读者的共同感觉。当然，旧有字书也大都有这种毛病，但《康熙字典》收字最多，这一缺点就显得更突出些。张元济的节本，删去原书‘奇诡生僻无裨实用’的字三万八千多，留下的只有十分之二弱，看上去要清爽得多”（张涤华，1981:18）。

时隔两百余年后来看，以《康熙字典》为底本编写汉英词典的利大于弊，收字的问题也要辩证地看待。“古人治学，从小学入手，必读《十三经》《二十四史》等书，借助其中的注释、疏解，再借助《经典释文》《一切经音义》之类专门注释经典字音字义的专著，大致能读通，但鲜有不借助字典的。字书是研究国学必备的工具书。汉《说文解字》、南北朝《玉篇》、辽《龙龛手鉴》，是著名的字书；宋《广韵》《集韵》、明《正韵》，是著名的音书。但无有如《康熙字典》之集大成者。”（李行健、余志鸿，2009）如果反观自1935年起，哈佛燕京学社在燕京大学的帮助下，编写翻译汉英双语词典未果的案例，马礼逊的《字典》由于基于《康熙字典》，仍是目前不多见的足本大部头，可用于查检中国典籍中存在的古、旧、生僻字的双语词典。

2.2 《五车韵府》的功能

马礼逊的《五车韵府》共2册，内容如下。

表3-4 《五车韵府》结构

	标题	页码
《五车韵府》第一册 PART.II.VOL.I	Preface（序言）	v-xii
	Anamalies in the orthography（可替换的注音） Marks（调号）	xiii
	Contents（总目录）	xiv
	Table to assist to find words in this dictionary by the Canton dialect（广东音与本词典注音对照检索表）	xv-xvii
	Orthography of the manuscript dictionary（手稿词典与本词典注音对照检索表）	xvii-xix
	Order and number of the syllables（注音总表和排序）	xx
	Dictionary of the Chinese Language, arranged alphabetically（词典正文，字母排序）	1—1062
	Chinese names of stars and constellations（中文星宿名）by John Reeves 1. Constellations of Bardin's globes arranged alphabetically（字母排序巴丁天象仪对应的星宿名） 2. Alphabetical arrangement of the constellations and stars（字母排序星宿名） 3. Names of the planets（五大行星） 4. List of ninety-two stars（92星座表）	1063—1081
	Addenda Corrigenda（补遗、勘误）	1082—1090
《五车韵府》第二册 PART.II.VOL.II	Contents（本分册目录）	iii-iv
	Table of the radicals（部首表）	v-vi
	Index of the characters（检字表）	1—72
	Table of Keen-Tsze characters（辨似）	72—129
	Index of English Words（英文索引）	130—177
	Synopsis of various forms of the Chinese characters（同文字表）	1—305

2.2.1 宏观结构及其功能分析

马礼逊在《五车韵府》第一册的“Preface”（序言）中明确指出，编纂这一部分汉英词典的动机和目的是：

> 当一个学汉语的人碰到一个生字时，他无法用按音排列的字典来查找该生字，原因在于从汉字本身无法确认它的发音，他必须通过部首查找该字，因此就需要使用《汉英英汉词典》的第一部分《字典》；然而，当汉语学习者听到一个新字的发音，或者写字构思时想起一个字的发音而不知道或者忘了该字时，部首排序法不能使他找到该字。这种情况下，字母排序（Alphabetic Arrangement）就非常必要了。我已决定《汉英英汉词典》的第二部分比第一部分更为简洁精练。一年内完成这部词典也是可行的。出于向词典用户提供一部完整的词典的愿望，促使作者决定暂停第一部《字典》后两册的印刷，先印刷这部，现在它得以呈现在公众面前。[1]

《五车韵府》的前后页材料非常丰富，可以分为以下几大板块：词典序言凡例、音检系统、形检系统、附表系统（同文、星宿名），这些前后页材料功能上互为补充，主要用于增强《五车韵府》的检索能力。

序言的中间部分和“Anamalies in the orthography”（可替换的注音）、“Marks”（调号）一起，作用相当于《五车韵府》的凡例，阐释了《五车韵府》中包含汉字字体、汉字词目排列原则以及马礼逊的新注音法。马礼逊在“序言”中进一步解释了不采用以前天主教传教士的手抄本词典注音的缘由。“如果世界上存在一种统一的汉字注音法，无须

[1] 部分引用了《近代英华华英辞典解题》32页中译，笔者对照英文修改了误译的地方。

建议我就会采用此法。葡萄牙人、法国人、德国人，都为了适合他们各自的母语而篡改了汉字注音方案，造成汉字注音方案各不相同。对于人名、地名、外来词的多种多样的拼写方案，事实上是字母文字的本质性缺点，而这一缺点给历史、地理和外语带来了混乱。由于尚不存在统一的汉字注音方案，我在向英国读者介绍汉语时，没有合理的理由因为早期的欧洲作者以这种方式书写汉字，我就将读音She写成Xi，Wei写成Goei，Ping写成Oim，Tsze写成çu，误导英语读者（而词典是专为他们编写的），因此，我认为采用一种全新的汉字拼写方案是合时宜的……我并非认为这里采用的汉字注音方案是最佳的方案，但可以肯定的是，人们将会做出判断，我只是强调，如果要让一个人判断这种注音方案是否正确，必须先拼出所有的汉字，因为只是判断单个的词将会误导他做出对不同的读音的汉字给出相同注音这种荒谬的事情。”[1]而按字母注音排序的汉英词典编纂的实现，建立在马礼逊改进天主教传教士的汉语注音方案，创建的较为完善的新汉语注音方案的基础之上。（周有光，1960:44—47）

《五车韵府》的检索系统不仅是第一册“Table to assist to find words in this dictionary by the Canton dialect”（广东音与本词典注音对照检索表）和“Orthography of the manuscript dictionary”（手稿词典与本词典注音对照检索表），还有第二册的“Table of the radicals”（部首表）、“Index of the characters”（检字表）、“Table of Keen-Tsze characters”（辨似）、“Index of English Words”（英文索引）等。马礼逊在这两册可独立使用的汉英学习词典中，提供了从汉字字音查检词典、从字形查找字音再到查检词典、从英语概念入手查找相应汉语表达的途径。

“Table to assist to find words in this dictionary by the Canton dialect”

[1] 笔者译自《五车韵府》序言viii-ix页。

（广东音与本词典注音对照检索表）和“Orthography of the manuscript dictionary”（手稿词典与本词典注音对照检索表）是辅助熟悉了手稿汉外词典检索方式的使用者，检索马礼逊的《五车韵府》的。在马礼逊的词典出版之前，汉语学习者更为熟悉此前手抄本汉拉词典，在广州或澳门寓居的外侨在日常生活中常常听到的是粤语，通过这两个注音对照检索表，这两个群体可以无师自通地使用马礼逊的新注音方案，查阅《五车韵府》。在《五车韵府》的上述注音检索系统中，马礼逊兼顾了在华外侨从已经熟悉的手稿词典注音方案到马礼逊新注音的转换，还考虑到了从粤方言到新注音方案的转换。此外，马礼逊还在第一册中完整地呈现了新注音总表，对于熟悉马礼逊注音方案的人，利用马礼逊注音总表就可以查阅《五车韵府》。

事实上，《五车韵府》第二册中的“Table of the radicals”（部首表）和“Index of the characters”（检字表）对汉英学习词典检索功能实现方面所起的作用更为重要。以汉字注音系统为基础，按照汉字注音系统字母A—Z排序的汉英词典，的确可以有效解决只知字音不知字形、字义的欧美学习者和词典使用者的一大难题。可是，对于那些在阅读汉语文献或者遇到陌生汉字，不知字音、字义的人来说，世界上第一部汉英英汉词典如果不能解决这个常见的问题，岂非憾事？马礼逊深谙学习汉语中遇到的困难和问题，并“怀着一种复杂的心情到处发表有关在欧洲学习汉语困难重重的观点，他并没有任何因自己学习成功而骄傲自满的感觉”（沈国威，2011:34）。作为一位渴望出版一部完整的供欧洲汉语学习者使用的汉英词典的作者，马礼逊对《五车韵府》检索方式的调整和尝试可谓用心良苦。《五车韵府》对《字典》最根本性的变革在于检索方式。《字典》遵循的是《康熙字典》的部首排序法，即使是中国辞书最发达的部首检字系统，对于以英语为母语的汉语学习者而言，使用部首检字法查阅《字典》仍有相当难度。欧美的汉语学习者最熟悉的词典检索系统仍是字母文字的A—Z排序法。

马礼逊在总结提炼出了较为完善的新汉语注音方案的基础上，《五车韵府》第二册中"Index of the characters"（检字表）中呈现的是按汉字部首检索法排序的一万余汉字总表和它们在《五车韵府》词典中的"注音总对照表"，这个表实质上是对《五车韵府》第一册前的注音检索表的补充和完善，使读者无论是从字形或字音入手，都能查询使用字母排序词典《五车韵府》，创造性地完善了汉英双语词典的形检和音检相结合的系统。[1]

《五车韵府》第二册的"检字"和"辨似"两个部分，是对部首检字表的有效补充。"检字"用于检索部首难以辨别的字，"它采用的是从笔画查部首的方法。凡疑难字即按其笔画先在'检字'篇查找，得其部后再检之。'检字'篇注重引导读者熟悉部首。'辨似'篇收集了二字相似、三字相似、四字相似的字分别排列，一并注音、正音、释义以示区别"（韩林华，1994:132）。这两个部分都源自《康熙字典》。按部首检字法排序的汉语单语辞书如《字汇》《康熙字典》等，能够有效拆解汉字的部首是准确查检汉字的前提条件之一。"检字"中，总结和归纳的疑难汉字字表，同时分列出它们对应的部首，对于难以确认汉字部首的人的确帮助很大。但是，这个"检字"字表的覆盖面不够全面，如果不知道一个汉字的部首，而这个汉字又未必是"检字"中的疑难字，依旧不能查阅字典或词典。

"Index of English words"（英文索引）是在A—Z排列的英文单词后给出了词典中相应的汉字词目编号。马礼逊在序言中反复声明：英文索

[1] 汉外双语词典的形检和音检两种系统的巧妙结合，并非始于马礼逊，早在17世纪末叶尊孝的汉拉双语词典中就已经使用了此种联合检索方式。然而，马礼逊在此基础上更加完善了形检和音检联合检索。参见杨慧玲《19世纪汉英双语词典传统——马礼逊、卫三畏、翟理斯汉英词典的谱系研究》，商务印书馆，2012年，第117—118页。亦见马礼逊自述双检索系统"Some Chinese and Latin Dictionaries write both arrangements...The utility of this double arrangement is, that you may find a character either from having heard its sound or seen its form"，马礼逊，1811:36。

引提供了查找汉字的线索，或者帮助汉语的学习者加强记忆，而不是让对汉语一无所知的人能够找到准确地表达思想的字或词。[1]同时他还对印刷工汤姆斯（P. P. Thomas）[2]为制作英文索引所花费的心血表示感谢。

《五车韵府》的功能分析：

功能一：《五车韵府》完善了汉字音检与形检相结合的新检索系统。

马礼逊之前，叶尊孝编纂的汉拉词典代表着手稿汉外词典的巅峰。在叶尊孝的手稿汉拉词典中，已经出现了按字形检索字音、查阅使用按注音编排的汉拉词典的功能。马礼逊的《汉英英汉词典》的检索方式和功能在叶尊孝的基础上有了进一步的发展，尤其是《五车韵府》的检索方式最具代表性。

马礼逊在《五车韵府》的序言中描述了使用情境，“如果一个人既不知道音，也没有本地老师可咨询读音，而他要在词典中查找一个汉字，他就可以参照编号为‘NO.XI’的检索表。通过汉字笔画的数目（不把部首计算在内），在检索表中找到这个汉字对应的英文字母注音，就可以使用词典查找释义了”（马礼逊《五车韵府》序）。具体做法是，马礼逊在《五车韵府》的第二册附录中列出了12674个汉字词目，它们按照214个部首和笔画排列，马礼逊在这个汉字词目总表中给出了

---

[1]《五车韵府》第一册，Rules，xiii，“7th. To a person composing in Chinese, No. Ⅷ, by referring from the numbers to the body of the work, will assist the memory, or suggest new terms. It must not expected from it that it will enable a Person wholly ignorant of the language to choose proper terms to express his ideas.”《五车韵府》第二册，Contents，V，“A Table of English Words, arranged Alphabetically, from which a reference is made by figures to the Chinese words in the first volume of the second part of the Dictionary. It is expected that this will be of use to Students who have made some progress in the Language, by suggesting words when they speak or compose in Chinese”。

[2]《五车韵府》第二册，“Mr. P. P. Thomas has been at considerable pains in comparing the numbers of the following Index with the Syllabic Dictionary, and also the Index of Radicals”。“汤姆斯在办事处的地位显然不高，而且他初到中国时（1814），是个不懂中文的印工，但是在华三年后（1817），已能取代华人写中文字样雕刻活字，接着又出版了自己的翻译作品，1820年他从《今古奇观》一书中翻译的《宋金郎团圆破毡笠》在伦敦出版。”（苏精，2000:101）

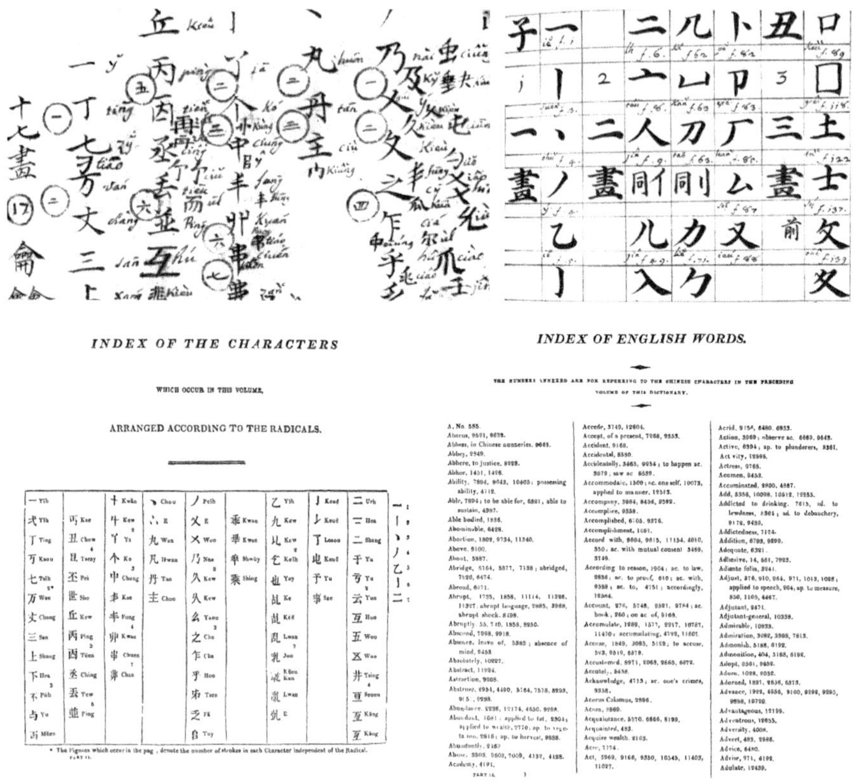

图3-5　从叶尊孝词典到马礼逊词典的检索方式

对应的英文字母注音。这个索引表就可以帮助那些看到汉字而不知道读音的欧洲学习者使用《五车韵府》查看释义了。这样的检索表与中国当代的汉语辞书检索表性质相同，只是用注音代替了页码而已。从时间的先后来判断，应该说马礼逊编纂的《五车韵府》的检索方式在某种程度上影响了中国双语辞书的宏观结构，也促进了中国辞书的现代化进程。

功能二：充分利用汉字特点的“同音据形义系连”的词目编排。

马礼逊确立了按注音检索《五车韵府》同一音节下的汉字词目排列原则：“1. 同一音节的基本字（或称根字）按照笔画数排列；2. 根字应

当与它们的复合字，根据笔画数放在一起；3. 每个音节下，在常规汉字后面放置非常规汉字。”[1]

马礼逊《五车韵府》的词目表不仅以汉字为词目，还包括汉字的部首即马礼逊所说的“基本字（或称根字）”，例如“巜、巛、巛、川、汌……”，其中“巜、巛、巛、川”是循序渐进地从汉字的基本部件到汉字词目。通常，在按照注音排序的现代汉语辞书中，同音字中都是严格按照笔画数排序，然而马礼逊的做法是：在同音字中，把同部首的字排列在一起，同音、同部首的词目又按照部首的笔画数排列。马礼逊可能受了许慎的启发，许慎用“据形系连”法把形体相近的部排列在一起，这样做的目的可以帮助人们更好地认识意符的作用，从而更确切地了解字义。[2]

如音节“CHUEN”下面所收的汉字排序是这样的：“川、汌、訓、釧、舛、舜、蕣、僢、專、傳、剸、嫥……”马礼逊的排列方法与纯粹按照笔画数目排列法相比，最大的特点就是把形态上和语音上相互关联的词聚合到了一起，把汉字的音、形、义三者巧妙地结合到了一起。他把某些汉字或汉字的偏旁当作欧洲字母文字的字根或词素，在这些字根或词素的基础上增加一些部分后便生成新词，就像植物的枝叶从根茎上生长并扩展开来一样。因此，这种排序法更便于学习者记忆汉字，并且可以比较相似汉字在形态上和意义上的异同。[3]这种排序方法在汉语词典中也是相当少见的，值得汉外词典和汉语词典借鉴。

但是在同音词目下，马礼逊没能完全贯彻另一原则：同一个音节

[1] 译自《五车韵府》序言，vii页。

[2] 欧洲词典编纂也采用过将词目聚合的方法，17世纪的著名词典《法兰西学院词典》根据词源将词聚合在一起。

[3] “As it is a principle in most Languages, that from a short word of a specific meaning, various other words, increased by the addition of letters, or syllables shall arise, as plants grow up and branch off from a root, something similar exists in the Chinese Language, and which, as the Student will find, has been attended to in the arrangement of this Part of the Dictionary.”（《五车韵府》序言）

 1479. Some part of the trappings of a carriage.

[illegible] 1480. A horse with a white forehead.

[illegible] 1481. To join or connect a bone; to set bones.

餟 [illegible] 1482. ㄴ A succession of sacrifices, or that part of the ceremony which connects the several parts, as the pouring out of libations; to eat or drink.

Chuĕ chuh, mëen shin hĭh 餟粥面深墨 to eat congee and let the face become exceedingly black with dirt,—as when mourning for parents.

歠 1483. ㄷ Chuĕ, or 流歠 Lew chuĕ, or 連 丨 Lëen chuĕ, To sip with rude noise by applying the vessel to the mouth and guggling down the liquid.

Chuĕ tang 丨 湯 to swill down soup; instead of taking a spoon to it.

拙 1484. Unskilful; unable to learn; wanting in talents and ingenuity; stupid.

Chuĕ ke 拙計 a stupid bad plan; a man who exposes his silly schemes.

Chuĕ king 丨 荆 an affected expression for *my wife*.

Chuĕ leaou 丨 了 dull; stupid; impenetrable to reason or common sense.

Chuĕ sing 丨 性 a stupid disposition.

Chuĕ peĭh 丨 筆 an unskilful writer, a bad scribe.

Chuĕ swan 丨 算 a bad speculation; an absurd calculation.

柮 1485. A tree without branches. Also read Na, and Tŭh, denoting The top of a post or pillar.

茁 1486. The appearance of plants at first budding forth. To bud or issue forth. Read Chŭh, The name of a plant.

Chuĕ chwang 茁壯 gradually increasing in size and strength, as plants and animals.

[illegible] 1487. The cheek bones; the appearance of the head.

CHUEN.—XXIst SYLLABLE.

Manuscript Dictionaries, *Chuen*; confounded with *Tseuen*. Canton Dialect, *Chune*.

巜 Keuen. 1488. *A rill; a brook.*
巛 Kwan, *A streamlet; a rivulet.*
巛 Chuen, *Many streams running into each other and forming a river; streams of water flowing into each other; flowing; to flow. Same as the following.*

川 1489. ㄴ Sze-chuen 四川 a province on the west of China.

Chuen-pe 丨 鼻 the anchorage for ships of war at the entrance of Canton river; commonly written Chumpee. Also written 穿 Chuen. 丨 鼻 灣 Chuen-pee-wan, The bay to the Southward, called Anson's bay.

Chuen lew puh seĭh 丨 流不息 interminable flow.

汌 1490. Water flowing in streams; name of a river.

[illegible] 1491. To direct the eyes to one point, as a stream flows in one direction; to gaze; to look intently.

釧 1492. A gold ring for the arm; an armlet; a bracelet of gold or of any valuable stone; a surname. Chae chuen 釵釧 gold pins for the hair, and bracelets for the arms.

图3-6 《五车韵府》汉字编排

下，同形的汉字词目按照汉字笔画数排列。例如音节“CHANG”下所收的汉字“章、傽、墇、嫜、嶂、彰、慞……”音同、字形偏旁相同、部首不同的汉字，马礼逊设计的规则是它们应该按照汉字笔画数的多少依次排列。但是接下来“CHANG”所收的汉字是“長、倀、帳、張……”词目“長”的笔画数比“章”的笔画数少，然而却排在后面。此外，当一些同音的汉字词目之间没有明显的偏旁相似性时，马礼逊的排序就显得有些混乱。绝大多数的词目排序符合他制定的规则，其中有一些不符合规范的词目，这是其中的一个不足之处。但瑕不掩瑜，他的这一词目排序方法体现了中西合璧的特色，既突出了汉字的独特性，也结合了西方读者的习惯。（杨慧玲，2005:29—30）

功能三：符合汉字实际使用情况的收词立目。

马礼逊的《五车韵府》共收录了12674个词目[1]，这个数字中并未包含相当数量的词目下的异体字。

19世纪的双语词典作者无论从学习者角度还是从出版印刷的角度，对于收词数量和词典的规模有过一些探索。马礼逊根据自己在中国生活的体验，确定了《五车韵府》收入12674个词目，当时清中期的常用汉字数量可以参考以下两部著作的统计数字：《红楼梦》全书不重复使用的汉字数量是4501个，二十五史不重复汉字数量8080个，马礼逊的选词范围基本上涵盖常用词汇并兼顾阅读中遇到的生僻字。

马礼逊的选词数量和词典出版印刷存在一定关联性。马礼逊曾在写给东印度公司的报告中提到出版费用时，计算出版词典所需铸模中文活字的数量在8000—10000个，[2]这个数量应该是他估算的不重复汉字的数

[1] 马礼逊给《五车韵府》的词目编写了号码，他的词目编号为12674个词目；汪家熔认为字头的数量大约在2.7万个汉字。从词目的概念来看，不应按照字头的数量来计算，应该是以马礼逊自己统计的12674个词目为准。

[2] 苏精，《马礼逊与中文印刷出版》，台湾学生书局，2000年，第91页。

量。[1] 19世纪另一位对中文活字现代出版印刷做出贡献的戴尔（Samuel Dyer，1804—1843），也是首先统计马礼逊翻译的中文《圣经》译本中使用的不重复汉字情况，初步估算中文出版需要3600个汉字。为了更加准确，他将统计范围从宗教书籍扩大至中国典籍四书和通俗读物如《三国演义》《烈女传》等，"日复一日地逐字计算，两年以后总算完成，结果是这十四种书包含3232个不同的字，其中的常用字约1200个，再按常用的频率决定个别字的铸造数目，整副活字的数目应该是13000—14000个"。[2] 19世纪推动中文活字出版的外国传教士，对于汉字字模数量的研究，从另一个侧面反映了19世纪汉字的实际使用情况以及常用字的数量。继戴尔之后，1847年起自美国专业印工柯理（Richard Cole）到香港承接中文字模铸造工作，1850年时中文活字字模达到4500字，1857年至5584字，1865年至6000字，常用汉字均已包含在内，在1865年之后再未增加新铸造字模。[3] 翟理斯在编写出版汉英词典时，他看到19世纪末中国报刊使用约6000字一套的字模就足以完成出版印刷，因此他的汉英词典收入10859个词目，他自认为对任何学者都算是足够丰富的数量。19世纪的双语词典作者凭借经验以及出版实践感知的常用汉字数量，并据此确定的汉英词典规模，基本上符合当时汉语语言的使用情况。21世纪的汉字字频统计同样与中文出版印刷紧密相关。[4]

---

[1] 汪家熔的研究显示，马礼逊由于不重复使用刻印木活字和金属活字，因此实际刻印汉字的数量远非此数。马礼逊作为词典作者和出版者，显然，他是按照不重复使用汉字的数量做的保守计算。这个数字基本上和翟理斯所说的出版中文报刊使用字模数类同。

[2] 苏精，《马礼逊与中文印刷出版》，第195页。

[3] 同上书，第201页。

[4] 当代中国对于汉语使用情况和常用汉字统计也做过相关数据。20世纪70年代，北京新华印刷厂等19家单位耗时两年对2100多万字的资料进行手工查频统计出6347个汉字的字频。1985年中国首次利用计算机对现代汉语进行大规模的统计研究，统计出社会科学、自然科学综合汉字频度表，其中常用汉字3500字，统计结果对于制定现代汉字通用字表、常用汉字表以及专业用字表提供了科学依据（冯志伟，《现代汉字和计算机》，北京大学出版社，1989年，第105—210页）。1988年，为了适应语文教学、辞书编纂以及汉字信息处理等方面的需要，国家语言文字工作委员会、国家教育委员会于1988年1月发表了总计3500字的《现代汉语常用字表》，经过检测，其中的2500个常用字覆盖率达97.97%，1000个常用字覆盖率达1.51%，合计覆盖率达99.48%。（转下页）

马礼逊在当时没有先进的电脑辅助他进行汉字词频统计的情况下，凭借自己的主观判断，将使用汉字的数量缩减到便于使用和学习的程度，更好地使该词典服务于汉语学习的功能。

功能四：识别正体和俗写、古今异体字的实用价值。

中国古代汉语没有特别严格的汉字写法规范，因此同一个字存在着大量基本形态相近而意义相同的异体字。马礼逊依据“御定”的《康熙字典》选择了规范的汉字当作词目，同时也将最常见的异体字附在词目下，这样可以帮助学习者学习规范的汉字写法，同时也便于学习者查找不规范的汉字意义。

用大括号标注楷体以及常用且正确的异体字，是《五车韵府》中相当独特的立目原则。马礼逊对于汉字字体斟酌良久，他在《五车韵府》序言中提到“一个想要学汉语的人首先必须使用印有正确汉字的书或资料。就像拼音语言需要有手写字体的知识一样，有关省略字体的知识也是必不可少的……一些经常使用的并且被公认的省略字，我将它们编成一组，并按省略程度大小的顺序排列”（沈国威，2011:32）。然而，马礼逊对于是否收入俗写体，兼顾语言使用中的现实情况，“中国词典编者非常反对他们所说的‘俗写’字，然而无论他们多么努力，俗写字仍然存在，因此如果一个人不用俗写体，会被认为是卖弄学问，而且别人往往看不懂”(《字典》序言ii)。马礼逊因此建议：“学汉语的人必须首先使用标准体（correctly formed characters）的书籍或文章，就像要学习字母文字的手写体（running hand）一样，也必须掌握简写体（abbreviated

（接上页注［4］）2013年，教育部、国家语言文字工作委员会发布了《通用规范汉字表》，其中常用字集3500字，二级字表3000字，三级字表1605字，共计8105个字，可以满足信息化时代与大众生活密切相关的专门领域的用字需要。自1978年第一版《现代汉语词典》(以下简称《现汉》)问世，《现汉》成为中国语言文字规范化和语文教学的标杆之作。2012年第6版收词情况颇有代表性，共收入各类单字13000多个，约69000条条目。江蓝生，《近代汉语研究新论》，商务印书馆，2013年，第1—19页。

forms）的知识。”[1]马礼逊认为词典中没必要收入一些尤其是无知或者粗心造成的错字及俗写体，只需要收入一些被认为是正确的、最常用的简写体即可，而且把这些异体字放在标准字之后，用大括号标记。[2]

《五车韵府》第二册的“同文”部分共计305页，占据了相当的篇幅。“同文”大部分内容摘自《艺文备览》一书，按汉字注音排序，每个注音下所有汉字数量不一，按字体排序：楷体、行书、草书（有时草书里会给出两三种不同的草书写法）、隶书、小篆、古文。笔者找到了马礼逊使用的《艺文备览》，[3]马礼逊曾在《字典》的部首表的脚注中提到过此书：“这个部首表，以及全书的大字，都是摘自一部优秀的字典，初版于乾隆年间……这部书名叫《艺文备览》，有42卷，八开本，作者的名字是沙木，他耗时三十年编写此书。”《艺文备览》按214部收字，首列楷字便于查阅；次列隶字，因为隶字最通楷字，由此可通达古今之变；列篆文，可究文字之义；如有籀文，附在篆文之后；钟鼎古文，凡合六书之义者采列。[4]《艺文备览》是讲解《说文解字》之后汉字字体、字音、字义如何在历史中演变的一部著作，即使对中国文人也是一部非常精深的著作。马礼逊在语言学习和阅读中对中国文字字体的变迁产生了兴趣，对于想要了解古今文字之变的马礼逊而言，《艺文备览》具有不被中国人所重视的特殊价值。

马礼逊在《五车韵府》中设置“同文”的功用是解决汉字在长期演变中留下的各种古今字形的问题，而汉字字形的重要性在于它与字义有直接关系。“同文”的编排方式同于《五车韵府》词典，按马礼逊注音排序，

[1]《五车韵府》序言，vi页。

[2] 同上。

[3] 国内最早对马礼逊与《艺文备览》关系考证的是汪家熔，他认为：“《艺文备览》实质是一部书法字典……沙木著书的主要目的在纠正许慎《说文解字》中篆字写法之不正确和徐氏兄弟解释六书字义不正确之处。”汪家熔，《商务印书馆史及其他》，中国书籍出版社，1998年。

[4] 马礼逊对《艺文备览》的使用情况，笔者找到了马礼逊编词典时标注使用过的《艺文备览》，比较了该书上的标注以及马礼逊的《汉英英汉词典》。参见杨慧玲，《19世纪汉英词典传统——马礼逊、卫三畏、翟理斯汉英词典的谱系研究》第三章第二节“马礼逊汉英英汉词典中外文词典蓝本考”，131—137页马礼逊的汉英词典与《艺文备览》部分。

不收字义，收入楷体等各种字体变形字。“同文”所收的汉字都是常用字，虽然使用者难以辨别字体，但是可以看出字形的变化“万变不离其宗”。

马礼逊的“同文”虽然借鉴了《艺文备览》，但还有许多其他来源。《艺文备览》中并未收入草书，而马礼逊的汉英英汉词典从实用性角度出发，特别重视日常生活中最常见的手写汉字字体——草书。手写体汉字的笔画牵连引带，龙飞凤舞的字形与印刷体或标准字形楷体有着天壤之别。马礼逊特别强调草书的实用性，是因为他与中国政府公文往来和与中国官员等的书信往来常用草书写就，所以从客观实际出发，他强调如果欧美人士想要读写中国人的手写体汉字，则必须学习草书，这是《艺文备览》趋古避俗的价值取向和马礼逊古今雅俗兼收、同时兼顾实用性的取向不同所致。遗憾的是，马礼逊重视汉字手写体的做法只是昙花一现，迄今世界汉语教育中手写体汉字的识别教育仍未受到足够的重视。（杨慧玲，2012:137）

功能五：作为附录的百科知识列表。

“CHINESE NAMES OF STARS AND CONSTELLATIONS”（中文星宿名）是由里夫斯（John Reeves）整理收集的中英文对照星宿名称以及具体方位列表。马礼逊认为中国人极为有限的天文学知识与他们对天文极高的重视程度很不相称，这也是中国人信任钦天监的回回和后来的入华耶稣会士，委托他们制作历法的原因所在。钦天监里的耶稣会士们的贡献和影响至今犹存，马礼逊从已经极为罕见珍稀且页面有毁损的《律历渊源》[1]中，摘选了下面星宿表的内容：“CONSTELLATIONS

[1] 据吴伯娅研究，康熙帝为了培养中国的科技人才，从全国召集了著名学者，组织传教士翻译西方科学著作，并亲定修订历书的标准，因为该书含律吕、历法、算学，因此康熙将其定名《律历渊源》。《律历渊源》于康熙六十一年（1722）完成，共计一百卷，由《历象考成》《数理精蕴》《律吕正义》三个部分组成。马礼逊的附录应该是摘自《历象考成》。“《历象考成》分上下两编，上编为揆天察纪，包括历理总论，对天象、地体、历元、黄赤道、经纬度、岁差等天文学的基本概念及常数做了解释。下编为明时正度，包括日、月离历法，月食、日食历法，以及五星、恒星历法等，主要介绍各种天文数据及表格的用法，并附有日、月离，五星、恒星、黄赤经纬互推表等。”吴伯娅，《康熙与〈律历渊源〉的编纂》，《故宫博物院院刊》2012年第4期，第62—76页。

HING HING HING 275

HING.—LXXVTH SYLLABLE.

Manuscript Dictionary, *Hing*. Peking Dialect, *Shing*. Canton Dialect, *Ying*.

幵开 } 3950. *Kan. Two shields denoting an equalizing.*

幷幷并 } 3951. *Ping. Two men and two lances. Equal; together. Some derive* 刑 *Hing, To punish crime, from these; others from the following.*

㓝 3952. A man defending a *Well* with a *Knife*. To punish transgressions.

刑刑刑 } 3953. [-] From *Këen*, Even, and a *Knife*. To punish; punishment. By some it is made to mean Constant; a constant law or rule; that which is perfect; a perfect rule. 加 | Kea hing, To inflict punishment. 五 | Woo hing, The five punishments. 動 | Tung hing, To set in motion the instruments of torture. 君子懷 | Keuen tsze hwae hing, A good man cherishes a dread of the laws. 濫 | Lan hing, To punish or torture at random, and to an excessive degree. 酷 | Kŭh hing, To punish cruelly.

Hing fă | 罰 to punish; punishment.

Hing fă le hae | 罰利害 a severe punishment

Hing hĭh | 嚇 to intimidate by tortures and threatenings in order to make a person confess—a practice in Chinese courts.

Hing poo | 部 the tribunal of punishments, or court of appeals at Peking, which takes cognizance of all criminal cases.

Hing sin | 訊 } to examine by
Hing wăn | 問 } torture.

Che hing 指 | a punishment which consists in compressing the fingers,—inflicted chiefly on women; men have their ankles compressed.

型型型 } 3954. [-] A mould; an earthen mould or pattern; made of wood, a mould is called 模 Moo, made of iron it is called 範 Fan 凡鑄式以土曰 | Fan choo shĭh e too yuĕ hing, Patterns or moulds made of earth for casting metals in, are called Hing. 典 | 宛在 Tëen hing wan tsae, The example which he left remains entire;—said and written in praise of those who have departed this life. 訓俗 | 方 Heun sŭh hing fang, To teach (good) usages and be an example to all around: 方 Fang, is used for 四方 Sze-fang, The four quarters; all around.

Hing-fă | 法 an example.

侀 3955. [-] Body, figure, figure completely formed. Perfect; fixed. Applied to punishments enacted by law, which should be embodied with the utmost care, and when completed, remain unalterably fixed. Used to illustrate the word 刑 Hing, Punishments. Same as 形 Hing. The middle part ought to be written 幵 Këen, Even; equal.

[illegible] 3956. A name of a wood; a wooden stand.

鉶鉶 } 3957. [-] A certain vessel used in sacrifice, designed to contain a kind of soup made of fragrant herbs and flesh.

Hing kăng | 羹 } two different
Hing ting | 鼎 } expressions for the same vessel under different circumstances.

形 3958. [-] Form; figure; shape; body; that which is visible. Yew hing 有 |

图3-7 标准字和异体字并收

图3-8　同文

OF BARDINS' GLOBES ARRANGED ALPHABETICALLY"（字母排序巴丁[1]天象仪对应的星宿名）、"ALPHABETICAL ARRANGEMENT OF THE CONSTELLATIONS AND STARS"（字母排序星宿名）、"NAMES OF THE PLANETS"（五大行星）和"LIST OF NINETY-TWO STARS"（92星座表）。

科技术语作为双语词典的附录内容在16—18世纪的手稿汉外词典中就已有传统，尤其是耶稣会士编写的双语词典中，会广泛收录有关地理、植物、天文、历算等科技术语表作为附录，马礼逊在词典编写中继承了这一传统。这也是近代以来西学东传的途径之一。

2.2.2　微观结构及其功能分析

经考察，马礼逊《五车韵府》的释文包含了下述信息：

[1] 巴丁家族是英国1782—1860年间最著名的地球仪、天象仪制造家族。迄今，巴丁家族制作的地球仪被世界各地的国家图书馆珍藏（Millburn & Rössoak，1992:21—57）。

第一板块：① 对411个音节每个注音的读写说明，这部分附加在每个音节引领的汉字词目之前。[1] ② 黑粗体大字楷体汉字词目，如有异体字则用大括号标注，（部分）调号，（全部）汉字词目顺序编号。

第二板块：①（部分）汉字的构字信息；②（全部）英文释义；③（绝大多数）词目都辅有例证，（全部）例证都标注读音和提供英文释义；④（部分）词的释文中提供了语用信息和文化背景信息。

功能一：系统地引入了构字信息，与“同音据形义系连”的词目编排方式配合，共同促进汉字的理解与记忆。

通过调查马礼逊在《五车韵府》中释文的汉字构字信息有无贯穿始末，从该词典的前、中、后部分任选一个起点按顺序各取50个汉字词目，分别统计它们的释文中是否包含构字信息这一项，并调查它们在词典中的分布情况。这三个起点汉字词目分别是CHA“扎”、MING“名”、YUE“曰”。CHA“扎”字后面的50个汉字词目中包含构字信息的有9个[2]；“MING”后的50个汉字中有8个；“YUE”后的有18个。由此可知，马礼逊在《五车韵府》中贯彻了分析汉字构字信息这一原则。

通过马礼逊的释文中提供的汉字的构字信息，把分析汉字的构字部件和释义结合起来，可以有效地帮助欧洲学生在理解意义的基础上同时掌握汉字的写法。例如：“之Issuing forth from，going to；meeting with. The lower stroke represents the ground；the middle one the stem of a plant；those on the side，leaves or shoots which go forth from the stem; ...”“信，

[1] 如《五车韵府》第一册第1页对音节“A”“An”“Aou”“Cha”的补充说明。

[2] 释文中有些字头下很明显，用“from A and B”分别解释不同偏旁的意思。还有的汉字旁甚至有象形文字的字形。此外，由于马礼逊按照同音且偏旁相同的字头聚合在一起排列的，因此用“from...and”句式也就可以说清汉字与汉字之间的形与义的区别。然而还有一些很难判断，因为他在释文中暗含了字形的信息，如“茁”，马礼逊的释文为“the first buds of plants in Spring; the budding froth of plants”。笔者在统计中未包括此类。

from man and word. A man of his word.（shwŏ-wăn）Man and word make truth，that which is not true，is not信sin，the word of a man。（E-wăn-pe-lan）。” 马礼逊主要参照了《说文解字》对汉字字形和字义的分析，但由于《说文解字》的释文比较复杂，所以马礼逊仅采用了其中对汉字的形体结构的解释和意义演变的部分，同时也参考了其他来源的字形分析。

《五车韵府》的汉字词目本身就是按照汉字的同音、同形的特点排列的，所以在释文上即使没有明确的字形结构分析，字的意思也很容易从上下释文中获得。如“名”解释为“from evening and mouth, because in the dusk, in order to be known, it is necessary to call out one’s name”。紧接着的词目“茗”解释为“The buds of the tea plant, tea plucked in the evening”。“名”包含有“晚上”的意思，“茗”的意思是晚上采摘的茶叶，词目的这种聚合方式和释文方式相结合，很容易让欧洲学生辨别异同，同时对字形字义产生联想，并掌握音近字形相关联的一批汉字的意义和写法。

遗憾的是，这一特点在当今的汉英双语辞书中没有被继承下来，汉字难写、难记仍然是对外汉语教学界的难题之一。相形之下，明末清初的很多欧洲传教士具有相当高的汉字读写水平，根据汉字的形体结构结合意义识记汉字正是他们的制胜法宝。如果在对外汉语的辞书中收入这部分内容，则可以帮助解决汉字识记的难题。[1]

功能二：时代性、实用性强的汉语例证。

《康熙字典》和中文《五车韵府》的例证来源基本上以古代的史书、经书等为主，尤其崇尚古代的文献。由于马礼逊《五车韵府》的例证多数没有注明出处，只有个别注明来自《说文》《佩文韵府》等，因此，需要参照一部相当全面收纳汉语词汇以及注明出处的词典，才可略知

---

[1] 杨慧玲，《马礼逊和他的〈五车韵府〉》，北京外国语大学2005年度硕士论文的相关内容。

一二。鉴于《汉语大词典》是“一部大型的、历史性的汉语语文辞典。全书十二卷，共收词目约三十七万条，五千余万字……编辑方针为‘古今兼收，源流并重’……着重从语词的历史演变过程加以全面阐述”[1]，参照《汉语大词典》可以一窥马礼逊《五车韵府》的例证情况。

以马礼逊《五车韵府》“MING 名”之后的十个汉字词目为例，根据《汉语大词典》提供的众多例证和来源出处来看，即使是马礼逊《五车韵府》和《汉语大词典》都收入的一些词，如“名臣、名号、名目、茗邈、酩酊、铭心、明朝、明晰、明白、明辨、萌兆、盟心、盟誓”，马礼逊只注重收入清中期那个时代的词语和意义，而忽略词语的古代义或其他古旧的用法和表达。此外，像“乳名”“好名声”“有功名”“不顾名”“不要名”“求名求利”“冒名”“匿名”“人一名”“铭刻心”“明投卖”“明验显报”“明其等”“盟后无疑”“幽冥”“清冥”等一些词语，马礼逊《五车韵府》词典有而《汉语大词典》无，这主要是因为马礼逊收的例证既有按首字收入的，也有按尾字收入的，还有以相关性为原则收入的如“求名求利”“人一名”，而不论汉字词目在例证中的位置。而《汉语大词典》在收词时仅以首字为汉字词目的词语为选择标准，这是造成两者收词区别的一个原因。还有一个不同就是《汉语大词典》收入的是词，而马礼逊的《汉英英汉词典》中收入的不仅有词，还有短语和成语。

现在国内主流的词典的排序都存在这样的缺陷：“以字带词”的词、短语等，是按照首字相同排列的方法，可是，据统计：“就最常用的汉字来说，按首字相同排列甚至不如尾字排列引出的词更多。据《现代汉语词频词典》统计，前100个构词能力最强的汉字共构词13570条，占统计量中全部词数31159的43.5%，其中单用的222个，在词首的为5204

[1] 罗竹风主编，《汉语大词典》（全22册）第一册，前言，世纪出版集团、汉语大词典出版社，2001年。

个，作为词中间部分而出现的为2119个，在词末出现的有6025个。不难看出，构词能力最强的这100个汉字，处于词末时的构词能力最强。现代汉语词典多采用按首字相同排列词的做法，这样虽然便于检索，但是却忽略了汉语语素出现的非定位性。这种排列方法，实际上只展示了字的构词以及语义特征的一半。”（张春新，2003:57）

马礼逊在《字典》和《五车韵府》中，都是把与词目相关联的词、词组和短语按照核心语素排列的。例如："手"的词目下，先后排序的有"下手、游手、闲手、盈手、满手、手掌、手下、手背、手本、手段、手足、手腕、手淫"。这种排列顺序的优点是：形式上和语义上有关联的词、词组和短语都聚合在一起，对于欧洲的汉语学习者来说，更便于他们的学习。但是，如果大量的词都这样处理的话，查阅者由于不知道该在哪个词目下查找，反而造成不便。马礼逊也考虑到了这一点，所以他尽量不重复收词，比如说"追"的词目下的例词之一"追远"，在"远"的词目下就不再出现。如果他能坚持不重复收词这一原则，查阅者对于一个不熟悉的词组，分别按单字查检就可以找到释义了。此外，他基本上以与词目关系最紧密的词和词组为主收入。这种处理方法总体上的优点多于缺点，但是也有个别的词重复在不同的词目下出现，如"遥远"等。因此，他的这种处理方法还需要进一步改进，并且在序言中应该明确标明他的处理方法。

例证的选择与词典的目的和宗旨密切相关，马礼逊收入最新（清前中期）的词和短语体现出词典服务于当时欧洲人学习汉语的目的。马礼逊以现实常用的表达做例证，这样的例证更能说明汉语词目的用法和搭配关系，也更为简洁明了。为了节约篇幅，马礼逊多以词组和短语作为例证的办法也是可取的。在马礼逊的汉英词典面世之前，所有的汉外词典最大的缺点就是缺乏例证。马礼逊词典中的例证能以当代的语言表达为主，而且例证数量庞大，所有的例证都配有注音和英文释义，这在汉外词典史上也是一个创举。

2.3　英汉词典的功能[1]

马礼逊的英汉词典一册，内容如下。

表3-5　英汉词典结构

标题	页码
Preface（序言）	1—2
Brief explanation of an alphabetic language（英吉利国字语小引）	3—4
Powers of the letters as employed in spelling the Chinese words in this volume（字母读音）	5
Note（注释）	6
English and Chinese Dictionary（英汉词典正文）	1—480

马礼逊的英汉词典的序言既有给英语为母语的读者的序言“Preface”，也有一篇中文序言“英吉利国字语小引”写给以汉语为母语的读者，在词典的释文中，马礼逊对于目标群体的取向同样不那么明显。例如“A”的释文中，马礼逊的英汉词典如果是纯粹编给以英语为母语的读者，完全可以不必首先解释“A”是英文字母表中的第一个字母。马礼逊的英汉词典中首先就指出“英文音母碎字之第一”，接着又如同汉英词典例证一样，提供了上述汉字的注音和英译，而非英汉词典中常见的先以英文词句始，对应汉字表述和注音这样的顺序。但是如果再看“B”和“D”的字母下的介绍，英汉词典的目标群体显然又是以英语为母语的读者，因为马礼逊在大写字母下补充说“中国人的语言中没有这个音，因此他们无法区分字母B和字母P的发音”（序言，34页）。

虽然马礼逊的英汉词典是以英文单词的音序排列，并以英文单词为

[1] 在此，笔者不为“英汉词典”用书名号的原因在于，《字典》和《五车韵府》原本是马礼逊为他的《汉英英汉词典》各部分所取的中文名，英汉词典这一部分没有原定中文名。故免用书名号，以示区别。

词目出条，但全书英汉条目下所收录的例词、例句基本以汉语词语、句段为主，而非普通英汉词典以英语词汇、短语或搭配为选词立目的收词范围，中文词语只是对英文词目的相应翻译而已。也就是说，马礼逊的英汉词典在英文单词的词目下，主要还是选取与词目意义相关的汉语词、句为收选标准。如“ACCENT”：

> ACCENT, the force and tone, whether grave or acute，with which syllables are pronounced, resembles the 四聲 sze shing of the Chinese：viz. 上平去入 shang, ping, keu，jŭh. The first is called 平韻 ping yun, and the three last 仄韻 tsĭh yun, *oblique lones or accents*. The first is also distinguished by 上 shang, or 清平 tsing ping；and 下 hea or 濁平 chŭh ping. In poetry these accents are essential. By Europeans the four accents are marked thus, – \ / ᴜ When as-pirated, thus, c- c\ c/ c̆
>
> The neuter and active verb, are sometimes distinguished by the accent: thus 動 tùng, is *to move of itself*; 動 túng, is *I move it*.
>
> Also the Adjective and the verb, thus 好 hàou, is *good*; 好 háou, is *to love or esteem good*; and again，the noun and the verb; as 王 wāng, *a king*, 王 wáng, *to rule as a king*. 中 chung, *The middte*; and 中 chòng, *to hit the middle*.
>
> Accent, local brogue, 土談 too tan.

在马礼逊英汉词典中，这个词目下所举的例词、例句都是汉语特有的词语：“四声”“平上去入”“平韵”“仄韵”“上”“清平”“下”“浊平”“土谈”；为了说明汉语中四声的变调，文中又以“动、好、王、中”几个汉字为例，说明在词性改变时，声调是如何随之发生改变的。由此可以判断，这部词典仍然是以学习汉语为目的，是一部给母语为非汉语的读者学习汉语词汇、汉语文化之用的英汉词典。

2.3.1 英汉词典的宏观结构及功能

从“Preface”（前言）来看，马礼逊编写英汉词典是从已经编好的汉英词典中摘取了汉语字词，分列于相对应的英语词目之下，目的是为以英语为母语的人提供用汉语表述思想的线索。

这部分词典只有一册，却有两篇关于英文字母读音和马礼逊汉字注音系统读音两篇说明。第一篇“Brief explanation of an alphabetic language”（英吉利国字语小引）显得非常特别。这是一篇结合了中国人的语言观念与认识，用中文讲解英语语言的文字，而且显然是写给中国读者的。小引中说“英文有二十六字母切字，可以变化相连生字句不尽其数也。其音母切字略仿佛《康熙字典》切音之法……”[1]就连如何拼读学习英语的方法也详细地推介：“要习连音母之法者，必先学习连两个音母，次连三个音母，又次连四个音母，至或十个字母或二十音母，切字悉然甚熟，致目一及纸，口即能流然说出其字句之音，而后学其字义不难也。”[2]第二篇“Powers of the letters as employed in spelling the Chinese words in this volume”（字母读音）内容完全同于《字典》第一册的“Sound of the letters”（字母读音），都是通过具体英文单词发音来展示在马礼逊新注音方案中的读音。

从功能上判断，马礼逊的“English and Chinese Dictionary”（英汉词典正文）就是《字典》和《五车韵府》中的“Index of English words”（英文索引）的增补版和完整版。《字典》第一册后的英文索引，是在英文单词后列出了正文中的页码，由于一页中常常包含多个汉字词目或者很多例证，并不容易在词典正文中找到英语索引指向的对应汉语字词或表达。《五车韵府》第二册的英文索引，提供的是汉字词目的编号，所

[1] 马礼逊《汉英英汉词典》第三部分英汉词典，大象出版社，2008年再版，第3页。
[2]《汉英英汉词典》第三部分英汉词典，第4页。

指向的汉语对应词和表达的范围虽然缩小了，但仍然不能指向具体的汉语字词或表达。而单独成册出版的英汉词典则是在上述两个索引的基础上，更进一步，直接在英语词目下的释文中罗列出相应的汉语字词和表述。

这三个部分的完成时间顺序如下：《字典》1815年出版，《五车韵府》1820年出版，英汉词典1822年出版。通过比较马礼逊《汉英英汉词典》在《字典》和《五车韵府》中的两个英文索引以及英汉词典正文，可以清楚地得知英汉词典在此前索引基础上的增补情况。

对比后发现：马礼逊的英文索引部分都是按照字母A—Z的顺序编排，然而，在最早的《字典》英文索引中，常常看到的是英语单词和短语混合的字母排序法，在《五车韵府》中已经是以英语单词为主，偶尔在单词后面收入短语的排序法，演变到英汉词典时，正文中严格地以英文单词为词目排序。这三部分所收英文单词的数量有增有减，并非固定化的英文收词。以字母“A”下所收的单词数为例，《字典》的英文索引中收419条，《五车韵府》的英文索引中收353条，英汉词典中收574条。

从检索能力和检索结果来看，《字典》的英文检索能力最弱，因为在英文词之后提供的是页码，要从一整页的内容中并不容易找到英文单词所指汉语表达；《五车韵府》的英文检索表已有改进，英文词之后提供的是汉字编号，将查找范围限制在了某个汉字词目的释文之内；英汉词典最为便捷，每个英文词目之后都有汉语例词例句。从内容来看，马礼逊在编最后一部英汉词典时，并未以《字典》和《五车韵府》中的相关例证为底本，而是相对独立地收集英文单词对应的汉语例词例证，因此，英汉词典的内容要比《字典》和《五车韵府》的索引表和正文相关内容更加丰富。

2.3.2　英汉词典的微观结构及功能

马礼逊英汉词典的微观结构也可以细分为两个部分：（部分）英

文词目的汉语对应词以及各个汉语对应词的细微区别，接着是（全部）英、汉对照的例词例句，汉字的注音放在最后。

马礼逊的英汉词典的英文词目严格按字母A—Z方式排列，词目词字母全部大写，偶见重复收词，例如两个ABBEY或者两个ABBOT。英文词目后偶见短语，后面一般紧随汉语对译或相关字词短语，偶有对汉字进行英文解释的，最后是汉字注音。

出现两个相同英文词目是因为马礼逊用ABBEY（1）专指罗马天主教宗教场所“修道院”或“修道堂”，ABBEY（2）专指中国人的宗教场所如“庵”“堂”“寺”“观”。同样，ABBOT（1）指中国寺院之“方丈”，而ABBOT（2）指修道院的“修道长老”或者“修道院的住持”。

表3-6 “ABBEY”与“ABBOT”两例

ABBEY	修道院 sew taou yuen. 修道堂 sew taou tang; i.e. the hall of those who cultivate virtue. The Roman Catholics uses these expressions.
	Or Monastry of the Chinese, called variously, 庵 Gan，堂 Tang，寺 Sze，and 观 Kwan.
ABBOT	Or head of a Chinese monastery, 方丈 fang-chang.
	An, 修道长老 sew taou chang laou. 修道院的住持 sew taou yuen teǐh choo sze.

英汉词典的总体设计以及页面都比较简单，前后页材料也相对较少，接着，我们将考察这一册英汉词典的功能。

功能一：辅助以英语为母语的人产出汉语的功能，即产出型双语词典。

在英语学习词典种类繁多、出版总量惊人的现状下，1993年朗文公司和上海外语教育出版社才推出了“世界上第一部联想生成表达词典”；而马礼逊却早在1822年就出版的世界上第一部联想生成汉语表达的英汉双语词典。这也是马礼逊对汉语学习词典编纂的一大贡献。

当一个学习者使用一门外语表达思想时，常常会遇到这样的情况，即不知道外语中表达这个事物的单词。一般情况下，他们只能借助从母语L1到外语L2的双语词典查找对译词。马礼逊的英汉词典，借助母语提供的线索以及检索的便利性，除了提供一些汉语近似或同义词，对于常用汉语表达，马礼逊通过大量来源于生活的短语或短句例证，进一步展示汉语字词的相应用法和语境。

“人类的一切语言活动，R. Jakobson（1972）认为，都围绕两个轴心进行：一是选择；二是组合。”[1]马礼逊罗列英语词目的汉语对应词以及近似或同义词的做法，给词典使用者提供了选择的空间，此外，马礼逊提供的汉语对应词或近似表达之间，共核关系比较松散。对于汉英差异较大的词，有相当数量的汉语对应词或近似表达与英语词目词相比，是英语屈就汉语，这符合英汉词典的目的。对于英、汉两种差异较大的语言而言，能够完全对等翻译的词很少的情况下，这也是无奈但却可行的方案之一。

反观当代朗文公司的《活化词典》（*Longman Language Activator*），与马礼逊的英汉词典做法一致的有：“首先，《活化词典》从概念出发，词群内词语间的语义相关性减小，词语数量相应增多，选择时回旋余地增大，这一点更像分类词库。其次，词的界限被打破了。大量短语出现在《活化词典》里。近年来的研究表明，人们在表达时大量使用现成的词串（performed sequence of words），它们是介于词和句子之间的习惯或固定的表达结构。最后，词类也突破了。放在同一核心概念或亚概念之下进行辨析的词语已不必词性相同。”[2]

然而，辨析有着细微差别的汉语近似表达或同义词又是词典编纂中面临的又一大挑战，田兵、陈国华指出：“以英语为目标语的双语词典其编纂宗旨是在代表两种不同文化的语言之间揭示词汇间的对等关系。

---

[1] 田兵、陈国华，《英语高阶学习词典设计特征研究——兼及多义词的认知语义结构和义项特征》，科学出版社，2009年，第125页。

[2] 同上书，128页。

对于在客观世界和社会生活中有较明确指称的概念，两种语言之间往往比较容易找到对等词。这时，双语词典能充分发挥其作用。但是，对于大量的其他各类词语，双语词典便勉为其难了，它只能提供有限的几个不甚确切的对等词。更重要的是双语词典往往没有释义，缺乏指导遴选词语的语法特征、文体限制和搭配等方面的信息。此外，当表达者头脑中还只是一个模糊的概念时，双语词典就更无能为力了。”[1]

这尖锐地指出了产出型双语词典的最大难题所在，两种语言能够对等的词汇非常有限，像有明确所指的词汇如“CORAL”（珊瑚）比较简单。但是对于“COPY”这样语法和语义都较为丰富的词而言，双语词典如果不配以准确的对译和详尽的双语比较视野下的语法、语义、语用信息，使用者在用目的语输出表达思想时仍然会因认识不足而出错。

> COPY of a writing, 稿 kaou. The original copy, 原稿 yuen kaou. Copy made from it, 清稿 tsing kaou; 新稿 sin kaou; 謄清的稿 tăng tsing tëĭh kaou. Copy of any document, 抄本 chaou pun; 繕本 shen pun. To make a fair copy 抄清 chaou tsing; 謄出來清白 tăng chŭn lae tsing pĭh. To copy a writing, 謄寫出來 tăng seay chŭh lae; 抄白 chaou pĭh. He hastily took up his pencil and copied it, 他忙提起筆抄了 ta Mang te ke pëĭh chaou leaou. Copy head for boys to write from, 法帖 fă tëĕ. Black lines placed below the sheet, 影格 ying kĭh. To copy characters for the purpose of learning a good hand, 臨帖 lin tëĕ.
>
> CORAL, 珊瑚 shan hoo.
>
> CORAL branches, 珊瑚枝 shan hoo che.

[1] 田兵、陈国华，《英语高阶学习词典设计特征研究——兼及多义词的认知语义结构和义项特征》，科学出版社，2009年，129页。

Coral utensils, 珊瑚器 shan hoo ke.

马礼逊并未在词汇比较或者语义辨析方面下大力气，他主要是通过提供真实的、较典型的、丰富的汉语例证，为使用者提供语义线索。此外，汉语例证的译义部分间接展示了语法和基本语义信息。

学习者使用词典如果是为了发展说和写的功能，不能仅靠一种类型的词典。“苏联词典学家拉·谢尔巴曾经指出，在以L2写作或者把L1译成L2时，最好是三种词典并用，即必须同时参考查找一本通用性L2/L1词典、一本L2/L1‘搭配’词典和一本L1/L2词典。”[1]马礼逊的英汉词典的不足，可以通过查阅马礼逊《汉英英汉词典》的前两部分《字典》和《五车韵府》进一步予以弥补，因此，马礼逊的英汉词典在生成能力和覆盖范围方面，仍然是颇具实力的一部产出型双语词典。而作为世界上第一部产出型汉英双语词典，它目前仍是一个未被超越的典范。

功能二：按义类大量收取汉语例证，方便词汇记忆。

马礼逊英汉词典的另一个较突出的特点就是在某些英语词目下，按照意义分类，将与词目相关的汉语词句都罗列出来。如“BOTANY”（树草花之总理）[2]，依据中国著名药典《本草纲目》“部、类、种”的分类，英汉词典收录了与之对应的“草部、果部、菜部、谷部、木部”5个“部”名，以及与之对应的“山草、芳草、隰草”等30个“类”名（《本草纲目》共列32个类）。这种编纂方法已经与按义类收词的现代词典有点类似，以某个意义范畴为收词标准，收取与之相关的词语，便于读者记忆同一范畴内的词汇。

[1] 石肆壬选编，《词典学论文选译》，商务印书馆，1981年，471页。
[2] 马礼逊，《英汉词典》，第48—49页。

48 BOO BOT BOT

Sacred books called 經 king, are to be treated with respect; 楊百行 yang-pih-hing disrespectfully 坐經文 sat upon one of the sacred books, and 舉家患癩 every person of the family was afflicted with the itch. A man called 鮮于坤 Sëen-yu-kwăn, 殘孟子 destroyed the sacred book of Măng-tsze, and 全家滅亡 his whole family was exterminated.

A collection of books, all books, 羣書 keun shoo.

Che-hwang, who put an end to the six Chinese nations, and reduced under one monarch all the world, burnt the books, buried alive the literati, tyrannised unreasonably two generations, and then perished, 始皇滅六國并天下焚書坑儒暴虐不道二世而亡 che hwang mëë lŭh kwŏ, ping tëen hea, fun shoo, kang joo, paou neŏ pŭh taou urh she, urh wang.

BOOKBINDER, 釘書的 ting shoo teïh.

BOOKSELLER, 賣書的人 mae shoo teïh jin.

Bookseller's shop, 書舖 shoo poo.

Booksellers to sell it (a particular book) is a violation of the prohibitions, 書坊賣之犯禁 shoo fang mae che fan kin.

BOOT, 靴 heuĕ.

Leather boot, 皮靴 pe heuĕ.

Boots of satin, 緞靴 twan heuĕ.

BOOTY, 打刼之物 ta këĕ che wŭh.

BORDER of a district or country, 界 keae; 境界 king keae.

Bordered on the north by Keang-nan, 北界江南 pih keae Keang-nan.

BORAX, 硼砂 păng sha.

BORE, 鑽 tswan; 鑽一鑽 tswan yïh tswan.

To bore a hole, 鑽個眼 tswan ko yen; 打眼 ta yen.

To bore through, 穿透 chuen tow. 鑽透 tswan tow.

Bore or make a hole as when binding a book, 打眼時 ta yen she.

Bore or open an aperture, 穿竅 chuen keaou.

Bore of a gun, 膛口 tang kow.

BORN, come into life, 生 săng; 生出來 sang chŭh lae.

Better not born, 不如無生 pŭh joo woo săng.

Dead born, 死胎 sze tae.

I have born this undutiful son to no purpose, 我白白生出這不肖子來 wo pïh pïh săng chŭh chay pŭh seaou tsze lae.

Confucius was born in Loo, 孔子生魯 Kung-tsze săng loo.

BORNEO camphor, 婆羅香 po-lo-hëang, or 氷片 ping pëen.

BORROW, to, 借來 tseay lae.

Taken on credit, 賒來 shay lae.

BOSOM, 懷中 hwae chung; 懷裡 hwae le.

Held to her bosom, 抱在懷中 paou tsae hwae chung.

BOTANY may be expressed by 樹草花之總理 shoo tsaou hwa che tsung le.

In the Pun-tsaou-kang-mŭh 本草目 (the best Pharmacopœia and Botanical book in China), the following are the division of plants. The word 部 poo is used for class or order, 類 luy for genius, and 種 chung, for species, or variety. Of the Poo, or larger divisions, there are *five*.

I. 草部 tsaou poo, which includes under shrubs and herbs.

II. 穀部 kŭh poo, Gramina, or grains that serve for food.

III. 菜部 tsae poo, edible herbaceous plants.

IV. 果部 kwo poo, fruits.

V. 木部 mŭh poo, trees. These general terms must be understood with a good deal of latitude. Of the 類 luy divisions, or genera, there are but 32 promised, and of these only 30 are given. Of the 種 chung division, or the species, there are 1094. Under the I class,

1, 山草 shan tsaou, hill or mountain plants, such as grow wild or without cultivation; including Liquorice, ginseng, narcissus, &c.

2, 芳草 fang tsaou, Odoriferous or fragrant plants; the same idea seems expressed by 香草 hëang tsaou. This division includes Mow-tan, pœony, tumeric, and other species of Amomum, Daphne odora, mint, and some varieties of Epidendrum.

3, 隰草 seïh tsaou, plants growing in marshy wet places. In Du Halde called Field plants. This di-

图3-9 按意类收取例证的BOTANY

马礼逊英汉词典中以词目意义收录的相关的词句基本上都是具有中国特色的词汇。比如英汉词典中“PRIEST”词目就对中国的佛道两教的相关内容做了初步的说明：[1]在佛教为“和尚”，在道教为“道士”或“炼士”，并且不同级别的和尚或道士又有不同的中文称呼，佛教中有“和尚”“老和尚”“方丈”的分别，道教中将道观的主持称为“观主”；根据性别，男性和尚称为“比丘”，女性和尚称为“比丘尼”；和尚自称为“衲子”“贫僧”“贫衲”；根据和尚的不同职责又有不同的称呼；和尚在各修炼阶段也有各种专门叫法；等等。这些词语显示了中国宗教文化的特点。

又如，对于词目“PORCELAIN”（瓷器、磁器），英汉词典用了近3页的篇幅介绍中国所特有的瓷器的相关词汇，[2]包括瓷器的产地、行业术语、制作材料（词典列了9种）、制作简史、品种等，以及根据第35卷《龙威秘书》所述的制作工艺图示介绍了20个图示的主题和注释。外国读者对于中国瓷器往往充满着好奇，马礼逊英汉词典洋洋洒洒的解释无疑能增加读者对瓷器相关知识的了解。

总而言之，英汉词典收录的汉语词句更常用、更通俗、偏口语，立足于汉语词汇、中国特色，收录了社会生活中常用的、通俗的词语，从一个侧面展现了中国特有的文化和中国的社会生活。

马礼逊的《汉英英汉词典》各个组成部分各有特色，各具不同功能，而这三部分共同构成世界上第一部出版的汉英英汉词典的整体，不可谓不强大。这部词典还具有一个鲜明的跨时代的学习功能，就是词典中所有的汉字例词例句全部标注了读音。英语作为表音文字，在早期的英语词典中，并不提供读音，只是通过附加符号对词重音予以揭示。然

[1] 马礼逊，《英汉词典》，第335—336页。
[2] 同上书，第326—329页。

而，对于属于典型的表意文字的汉字，形与音之间并不存在关联。即使是本族语使用者，在阅读中有时也会有不能准确认读的汉字。对外国人而言，汉字的认读是汉语学习中最基础的一步。在外向型学习词典编纂中，对汉字标注读音的重要性体现在可以帮助以字母文字为母语的学习者跨越汉字拼读的障碍。但是，同样由于汉字字形与字音分离的特点，汉字注音经历了曲折的发展过程。

颜之推在《颜氏家训·音辞》中指出："夫九州之人，言语不同……自《春秋》标齐言之传，《离骚》目楚辞之经，此盖其较明之初也。后有扬雄著《方言》，其书大备，然皆考名物之同异，不显声读之是非也。逮郑玄注六经，高诱解《吕览》《淮南》，许慎造《说文》，刘熙制《释名》，始有譬况、假借以证字音，而古语与今殊别，其间轻重清浊犹未可晓，加以外言、内言、急言、徐言、读若之类，益使人疑。"可见在很长的一段时间之内，国人对注音的研究，还是着眼于汉字的整体，没有分析出汉字音节内部的构成。用汉字为汉字注音的综合型方法——直音法、读若法、譬况法等大行其道。梵语的输入，启发了音韵学界对汉字读音内部成分的分析，反切法成为较为精准的注音方法。随后，入华西方人开始采用拉丁字母为汉字标注读音，先后出现了罗明坚－利玛窦拼音方案[1]、利玛窦－金尼阁拼音方案[2]、马礼逊注音方案和威妥玛－翟理斯拼音方案等。[3]

[1] 记录在罗明坚和利玛窦所编写的《葡汉辞典》之中的罗氏拼音方案是学界普遍承认的最早的汉字拼音方案。杨福绵认为："《辞典》中的罗马字注汉字音，是汉语最早的拉丁字母拼音方案，是利氏及《西儒耳目资》拼音系统的前身，也是后世一切汉语拼音方案的鼻祖。"这套注音方案中，没有区别送气音和不送气音，没有标注汉字的声调。

[2] 天主教耶稣会传教士、意大利人利玛窦（Matteo Ricci），首先运用拉丁字母拼写汉字读音，并于1605年撰写了《西字奇迹》。1626年，由法国耶稣会传教士金尼阁（Nicolas Trigault）所撰写的《西儒耳目资》出版，该著述最早使用了音素字母给汉字进行注音。金尼阁的注音方法是在利玛窦的注音方法的基础上形成的，形成了后世所谓的"利－金方案"。这是一种较为成熟和完备的注音方案。方案中有表示送气音的符号"‘"，同时也有声调的标注法。"利－金方案"采用的西式的标音方法，为后来汉字的注音提供了音素化的基础。

[3] 周有光，《马礼逊的〈中文字典〉和官话拼音方案》，《中国语文》杂志1960年1月号。

在《汉英英汉词典》中，马礼逊采用了音标化注音方式，首次采用英文字母对汉字进行标注。比如“兜”的注音为“tow”，“兢”的注音为“king”，“内”的注音为“nuy”，“冒”的注音为“maou”。马礼逊的这种注音方法，实际上是将字母作为中介语，以帮助词典用户实现从表音文字体系到表意文字体系的过渡。马礼逊的这种汉字标注方法被认为是后来同样采用英文字母标注汉字的“威妥玛式”拼音的前奏和基础。

马礼逊词典的注音部分注意到了汉语的声调，并且进行了区分，这是非常值得称道的。汉语中的音高变化作为重要的超音段音位，起着区别意义的作用。马礼逊的《汉英英汉词典》中，区分了送气音和不送气音。送气与不送气，是汉语辅音的一个重要的区别特征，比如“飘”的注音为“ph’eaou”。马礼逊在《汉英英汉词典》中不仅标注了当时的官话读音，同时也标注了粤方言的读音。比如字头“棍”：

> HWĂN
>
> 棍 4328.　[\ ] The name of a wood; to bind wood together in bundles; a club or stick. By the Canton people read Kwăn, as Kwăng kwăn 光 | a bare stick; a sharper. Hwăn-ching | 成 natural. Hwăn pëen | 騙 to cheat; to practice fraud upon. Hwăn too | 徒 a sharper; a cheat.

标注其读音为HWAN，在右项部分指出“广州人读作Kwăn，比如Kwăng Kwăn”（光棍）。

我国著名语言学家周有光注意到：“马礼逊的官话拼音方案（1815），是利玛窦、金尼阁方案（1605，1626）到威妥玛方案（1867）之间承前启后的关键，同时也是鸦片战争以后大半个世纪教会罗马字在我国流行的前导。它在汉语拼音方案的发展历史上有一定的地位，可是过去似乎未被注意。……当时还没有汉民族共同语的认识，官话被称为‘官话方言’。马礼逊方案是官话拼音方案发展过程中的里程碑之一，同时也可以看作是基督教新教传教士后来在各地拟订方言教会罗马字方案和出版方言字典的前导。”[1]

第三节　词典类型

3.1　马礼逊词典的类型

“国内外对辞书分类的研究和学说较多，但由于词典的类型错综复杂，涉及词典设计和编纂各方面的问题，学者们所取得的研究成果并不令人鼓舞（Béjoint，1984:33），其中不少基本理论和实践问题仍是悬而未决。”[2]

在《牛津应用词典学指南》（*The Oxford Guide to Practical Lexicography*）中根据词典要素对判定词典类型提出的8个基本问题（Atkin & Rundell，2008，24—25），基本上可以较为清晰地描述并基本确定马礼逊的《汉英英汉词典》的类型。

表格 3–7　词典类型的8个基本问题

序号	词典特征
1	词典的语言： a. 单语 b. 双语：①单向；②双向 c. 多语
2	词典涵盖： a. 普通语言 b. 百科性质和文化资料 c. 术语或者子语言（某一行业或群体专门使用的语言，如法律用语等） d. 语言的特定领域（搭配词典、动词词典等）

[1] 周有光，《马礼逊的〈中文字典〉和官话拼音方案》，《中国语文》杂志，1960年1月号，43—47页。
[2] 章宜华、雍和明，《当代词典学》，商务印书馆，2007年，70页。

续表

序号	词典特征
3	词典的规模： a. 标准版 b. 简编版 c. 口袋版
4	词典的载体： a. 纸质 b. 电子 c. 网络
5	词典的组织： a. 词—意义 b. 词—意义—其他语义关联的词
6	词典用户语言： a. 使用同一种语言的群体 b. 使用两种特定语言的群体 c. 词典使用语言在世界范围内的学习者
7	词典用户技能： a. 语言学者或持其他语言的专业人士 b. 识字成年人 c. 学校学生 d. 儿童 e. 语言学习者
8	使用词典的目的： a. 解码：①理解词的意义；②从外语到母语的翻译 b. 编码：①正确使用词；②从母语到外语的翻译；③语言教学

上述八类问题对于词典而言，每个问题中必有符合词典特征的选项，然而，在同一类问题中可以同时存在多种选择。

对于第一个问题“词典的语言”，马礼逊的《汉英英汉词典》三个部分都是由英语和汉语两种语言编写的，而且英语和汉语并非简单对译，因此，从这个意义上说，马礼逊的《汉英英汉词典》是真正意义上的双语词典而非仅只是双解词典。其中，第三部分英汉词典既可以供以英语为母语的使用者查解汉语表述，也可以供以汉语为母语的人查解英文生词的意义，因此，英汉词典又属于双向双语词典。

对于第二个问题“词典涵盖的范围”，马礼逊的《汉英英汉词典》的三个部分各不相同。第一部分《字典》的收词范围覆盖了古今字，还包括生僻字，几乎汇集了中国文化史上所有的汉字。汪家熔（199:144）、朱凤（2008:79—86）的研究都指出，马礼逊《字典》的例证部分收入了大量日常生活中的词汇和俗谚，这些都是《康熙字典》等中国辞书所不屑一顾的，而对外国人而言，却是非常实用而且颇有趣味的内容。

笔者以抽样的方式调查了《字典》、《五车韵府》、英汉词典前50页和最后50页。为了更清楚地呈现调查结果，笔者除去最为常见的普通语言类词语、短语和短句，仅摘录部分能够反映词典收词特色的四类词语收录在表3-8中。笔者考察了马礼逊《汉英英汉词典》中第一种生僻字词，这是当代学习型词典所极力避免的内容。第二种作为反映汉语语言文化的文化百科词汇，属于双语词典应该收录的内容，然而，对于收入的范围标准尚无定论，笔者将参考中国“第一部确定现代汉语词汇规范的词典”《现代汉语词典》的收词原则，评析马礼逊《汉英英汉词典》的收词。《康熙字典》以及中国语文辞书传统中最为缺失的就是在语言词典中收入科技术语词汇，术语本身难以准确定位，因为学科是随着现代学术的建立才具有的新概念。但是从词典收词来看，各行业以及各学科的普通词汇都应该酌情收入语言词典，这一传统在入华传教士们编写的早期手稿汉外双语词典中有所体现，也是欧洲词典编纂的传统之一，因此，笔者考察的第三类词汇就是科技术语的收入，相信这将会带来全新的视角。在马礼逊年代，中西文化交流虽然不像当今这样热火朝天，但是也出现了一些欧洲新事物和新观念进入中国后产生的新词语，因此，在中西方交流中进入中国语词的新词语成为考察的第四类词汇。

表3-8 《字典》《五车韵府》英汉词典的收词特色

	《字典》	《五车韵府》	英汉词典
生僻字词	丂、丌、丗、北、両、丣[1]、丮、丯、丱、弗、丵、丼、丆、㐆、丕、乏，等等（此处从略极多）	磣硶、黪黟、赤穛、齇、偛佴、齭齣等较多	无生僻字词
文化百科词	伏羲、乌丁（茶名）、三七、七夕、牛郎、织女、三宝、阿弥陀佛、释迦佛、弥勒佛、玉清、元始天尊、太上老君、孔丘、仲尼、《艺文备览》、仙丹、牡丹、乳香（药材）、石钟乳、乾隆、乾侯（地名）、桑干（河名）、巽二（风神的名字）、五行、五伦、五常、五爵、五藏、乌亘（外国国名）、麒麟、黄双槐[2]、黑芝麻、墨黥（古代刑罚）、鼎湖山（地名）[3]、李膺[4]、龟兹国	与茶有关名词[5]、鲊鱼、闸房[6]、斋戒、猜拳、钦差、燔柴[7]、獬豸[8]、前山寨[9]、毚檀[10]、蜥蜴[11]、樟脑、冰片、长白山、娼妓、菖蒲、硫黄厂、嫦娥、大肠、潮州、蕖葠、肇庆府、知县、白芷、交趾、月支、蔡伦、浙江、海蜇、樱桃、鹦鹉、婕妤、茱萸、闰月、白鹿书院、婵娟、白铅、圆明园、轩辕、玉门关、浴佛诞[12]、育婴堂、云南、雍正、芡实	师太、方丈、肚腹、中焦、丹田、脏腑、堕胎、小产、符咒、符箓、脓疮、斋期、斋戒、地狱、学堂、书院、翰林院、决明子、京剧角色等有关名词、水师提督、讼师、玛瑙、弱冠、三叶兰、《时宪书》[13]、鳄鱼、杏仁、洋沉、椅楠香、千字文、天坛、地坛、先农坛、琥珀、玻璃崧[14]、嫩蜜蜡、火药、白芷、大茴、小茴、八角、番荔枝、亚墨利加[15]、浑天仪、《钦定五经》、马蹄粉、砒石、艾草、筋脉、大炮、菠萝蜜、槐树、钦天监、天师、龙虎山、银票、银铺、《钦定四库全书总目》、鼻烟盒、《香山县志》、布政司、进贡、《四库全书》、两广总督、制台、《金刚经》、娼妓、啄木鸟、洋子江
科技术语	鼻痔（疾病）	痄痄（疾病）、痔疮、1059—1081页有来自《律历渊源》的星宿等天文学专有名词表	数学几何名词[16]"北极、金星、黄道"等地理天文名词、中国各种船名[17]、中国本草目30种类别[18]、度量衡单位[19]
新词语	黑货（鸦片走私行话）、黑烟（鸦片走私行话）	罂子粟（鸦片果实）	专指基督教的"女修道长、修道院、修道长老、洋货、无所不能的神[20]、抹油[21]、耶稣的使徒、圣灰日[22]、三位一体[23]、七日节[24]、《圣经》等" 公司[25]、金鸡勒[26]、种痘[27]、时辰表匠[28]、洋利纸[29]、树草花之总理[30]、寒暑针[31]、白牙散、牙刷[32]

注：

1 此处所录生僻字或古字词与马礼逊《字典》原文不完全一致，很多古字或生僻字不在字库中，无法输入。

2 《字典》第三册，第869页，原文介绍说"黄双槐先生"约生于1450年，广东省著名文人，他为英宗复位写过一篇非常振奋人心的文章。

3《字典》第三册，第884页，这是广东省西北部肇州府的一座山，以出产中药闻名。
4 同上书，第904页，汉朝人物。
5《五车韵府》第一册，第3页，“茶”下收有“武夷茶、功夫、白毫”等许多茶具、茶叶、茶产地词。
6 同上书，第6页，此指通往澳门欧洲人住所的一道城墙和门卡，亦称“关闸”。
7 同上书，第9页，此为古代祭祀时用的柴火。
8 同上书，第9页，此为传说中的一种吉兽。
9 同上书，第9页，这是专指澳门望洋山的军营。
10 同上书，第10页，此为孔子的一棵树的名字（《史记·孔子世家》上记载此树乃檀香木之一种，栽在孔子墓地周围），现泛指檀香。
11 同上书，第12页，此为一种白色像猴子类的动物。
12《五车韵府》第二册，第1053页，此为农历四月初八的释迦佛的沐浴纪念日。
13《英汉词典》，第21页，此指明末清初颁布的历书“时宪历”。
14 同上书，第23页，此指广东人称伪造琥珀为“玻璃崧”或“嫩蜜蜡”。
15 同上书，第27页，指美国。
16 同上书，第25页，“ANGLE”下收入了一些几何术语，亦见于29页“ARC”“ARITHMETICK”下，441页“TRAPA BICORNIS”和“TRAFEZIUM”下，442页“TRIANGLE”“TRIGONOMETRY”下，455页“VERTEX”下。
17 同上书，第46页，“BOAT”下收入各种船名。
18 同上书，第48—49页，中国本草的30个类别。
19 同上书，第464—466页，度量衡单位及列表。
20 同上书，第21页，指基督耶稣的另一种称呼，英文为“The ALMIGHTY”。
21 同上书，第26页，指基督教仪式中的“傅圣油Anoint”。
22 同上书，第31页，指天主教节日，复活节前四十天。
23 同上书，第442页，“TRINITY”。
24 同上书，第464页，即礼拜日。
25 同上书，第32页，指英国东印度公司。
26 同上书，第36页，药材“Medicinal bark”。
27 同上书，第453页，“VACCINE”即接种疫苗，这是由东印度公司广州商馆皮尔逊医生（Alexander Pearson）近期才引入中国的新事物。
28 同上书，第462页，“WATCHMAKER”。
29 同上书，第47页，“BOND”之下解释“洋利纸”指广州人收到洋人借钱的债券。
30 同上书，第48页，“BOTANY”下英语有、汉语无的对译。
31 同上书，第430页，“THERMOMETER”，即温度计。
32 同上书，第438页，指“Tooth powder”和“Tooth brush”。

通过上表可见，马礼逊的《字典》收入的生僻字词最多，其次是《五车韵府》，而英汉词典没有收入生僻字词。除了收入日常生活的普通词汇，马礼逊词典的第三部分《汉英英汉词典》在百科文化词的收入方面颇下功夫，历史人物、地理、动植物、政治、经济、医学、文化典籍、宗教等很多不同领域的普通词汇都进入了马礼逊的词典，甚至中国清代皇帝如“乾隆”“雍正”都进入了马礼逊的词典。第三部分英汉词典由于是从英语到汉语的词典，因此，在科技术语和新词语方面表现最为突出，此外《五车韵府》第二册最后单收了一个天文星宿术语表。马礼逊的英汉词典部分收入了近代以传教士为主的欧洲人入华后才译介引入汉语的基督宗教方面的词汇和表述，新事物如“种痘、时辰表匠、洋利纸、寒暑针、白牙散、牙刷”等新词语，体现了当时社会文化交流的情况。

参照《现代汉语词典》确立的收词原则，“收入物质生活、文化生活和政治、经济生活中普通的词，各行各业的普通的词，各学科的普通的词”，“酌收人、地、姓氏、朝代、年号、历史事件各类专号，另编排列”，笔者判断马礼逊的《汉英英汉词典》既包含了生活中各个领域和行业的词汇，广泛收入了百科性质的文化词，还酌收了数学、宗教、天文等个别领域的科学术语，以及一些由于西方事物思想引入中国后的新词语。

对于第三个问题“词典的规模”，马礼逊的《汉英英汉词典》分为6册，6开本近4838页，事实上在出版过程中还缩减了规模，尽管如此，作为世界上出版的第一部汉英英汉双语词典，马礼逊的词典属大型案头词典。在后来的使用过程中，马礼逊《汉英英汉词典》的三个组成部分被分开独立使用，《五车韵府》类似于标准版词典，成为后来19世纪汉英双语词典的典范，而第三部分英汉词典，则相当于精编的从英文到汉语的索引词典。

对于第四个问题“词典的载体”，在马礼逊年代，纸质出版的汉英双语词典仍面临许多技术难题，如需要费时费力地刻制大量的汉字，如何实现双语同排等，当时还面临中国清政府禁止外国人学习汉语、雇用中国刻字工匠等特殊的政策禁令。“铅活字排版和机械化印刷术的发明和推行，不是一项一般性的技术改进，它是一项具有划时代意义的事件，像18世纪中叶蒸汽机的发明，引来了工业革命，导致了机械装置和大工业代替了工场手工业，促进了社会生产力的极大提高一样，铅活字排版和机械化印刷技术的发明，使复制技术从手工生产进入了机械化生产，极大地提高了书刊排印速度……使知识信息得以大规模地交流，突破了空间和时间的限制”[1]，而马礼逊出版的《汉英英汉词典》标志着中国近代出版史的开端，“马礼逊等基督新教传教士来华并传入了铅合金活字、机械化印刷技术，在中国土地上出现了第一个以铅合金活字排中文、机械化印刷的现代概念的出版社”[2]。在此情况下，纸质出版的马礼逊《汉英英汉词典》已属划时代、创世纪的出版物。

对于第五个问题“词典的组织”，这一考察点对马礼逊的词典而言基本不起作用。《字典》和《五车韵府》是最常见的词－意义型词典，而英汉词典也不是完全的词－意义－词的结构，因为它是从英语词－英语词在汉语具体语境中的译义－汉语词和表达。因此，此条似乎意义不大。马礼逊的英汉词典更像“类义词典”，“就是将与这个‘简单词’作为词目以便检索查找。每个词目，只是类聚相关词语，不提供词义解释”。[3]

对于第六个问题“词典用户语言”，马礼逊的《汉英英汉词典》的实际用户较为广泛，词典用户的语言基本上以使用两种特定语言的群体为主。从日本学者陈力卫、朱凤的研究来看，马礼逊的词典在日本流传较广，而且在日本学术史上产生了一定的影响。马礼逊的日记提到他的词典在欧洲学者中以及俄国的流传。

对于第七个问题“词典用户技能”，由于马礼逊的词典是19世纪初的出版物，因此，并不能从作者的序言中或者历史文献中获知词典用户

---

[1] 叶再生，《概论马礼逊的中国语文字典——中国最早一家现代出版社和中国近代出版史分期问题》，《出版史研究》1993年第一辑，6—7页。

[2] 同上书，13页。

[3] 田兵、陈国华，《英语高阶学习词典设计特征研究——兼及多义词的认知语义结构和义项特征》，科学出版社，2009年，23—24页。

情况。只能根据马礼逊日记以及期刊文章判断，词典用户包括欧洲的一些语言学者如克拉普洛特、雷慕沙、儒莲等汉语语言的专业人士，欧美等国在华从事贸易、传教学习汉语的成年人，以及马六甲英华书院的学生均使用马礼逊的词典。其中，欧洲的汉语语言专业人士在“词典之争”中，纷纷发表过对马礼逊词典较为专业的评价，他们属于拥有较高专业技能的词典用户。

对于第八个问题“使用词典的目的”，马礼逊的《汉英英汉词典》的第一部分《字典》和第二部分《五车韵府》主要是为以英语为母语的人学习汉语使用的，从功能上旨在帮助词典使用者解决汉语学习中遇到的听力和阅读障碍，因此，这两部分属于解码词典。第三部分英汉词典对词典使用者而言是从母语到外语，旨在帮助以英语为母语的人在说话或者写作中用汉语表述思想，因此，这一部分属于编码词典。然而，从马礼逊的词典来看，“语言教学”并非仅是编码词典的区别性特征，因为马礼逊词典中最具学习词典特征的《五车韵府》是解码词典，而非编码词典的汉英词典。此外，马礼逊的英汉词典对中国词典使用者而言是解码词典，但对欧美人士而言却是编码词典，充分体现了双语词典中的编码词典与解码词典更为复杂的情况。[1]

综上所述，马礼逊的《汉英英汉词典》是世界上以现代印刷技术出版的第一部纸质汉英英汉、双语双向词典，该词典总体规模宏大，然而亦可将各个组成部分分开单独使用，词典内容涵盖了普通词汇、文化百科词汇、部分科技词汇和中西交流新词语等，词典的用户群体为使用英语和汉语的广大人群，词典服务于语言编码和语言解码，是古今中外词典史上颇为独特的一部优秀辞书。

---

[1] 章宜华、雍和明，《当代词典学》，商务印书馆，2007年，85—87页。

3.2　马礼逊词典的其他类型特征

在采用了阿特金斯（Atkins）在《牛津应用词典学指南》中的词典描述与定性系统之后，笔者发现阿特金斯的描述定性框架具有相当的灵活性。笔者颇为赞同章宜华、雍和明阐明的词典分类所应遵循的原则：

> 第一，它应该是开放的。随着词典学理论和实践研究的不断深入，词典设计和编纂也在不断地变化。现行词典类型可以更新，新的词典类型可以得到开发和创造。开放的词典类型说不仅能够把现行词典类型考虑进去，即可以覆盖现有的词典类型；而且应该能够预示潜在的、可能的词典类型，即可以覆盖将开发的新兴词典类型，并将它们融入其框架中去。第二，它应该在一个连贯的框架中综合考虑编者视角、词典情景和用户需求。第三，它应该突出词典类型之间的区别性特征。从总体上看，无论是何种词典，它们在本质上都有相同或相似之处，但由于词典功能、用户、视角方面的差异，词典的每一种类型都有一些能使之区别于其他类型的特点。这些特点应该是词典分类必须充分注意的基本点。否则，词典分类就无从谈起。第四，它应该避免词典类型之间的特点过多重叠。由于词典类型之间存在共性，因而要在它们之间画上一道泾渭分明的界限是不可能的。但词典特征的过量重叠会导致词典类型之间的差别模糊，类型分辨不甚清晰。[1]

在上述非常宽泛的描述定性框架之外，马礼逊的《汉英英汉词典》还可以从下面三个维度进行审视。

---

[1] 章宜华、雍和明，《当代词典学》，商务印书馆，2007年，80—81页。

3.2.1　根据服务对象，区分母语学习词典和外语学习词典

由于母语学习者的语言能力有一些是内隐或直觉的本能，与外语语言能力的发展有所不同，因此，母语学习词典也与外语学习词典呈现出不同的侧重点。“服务于外语学习者的学习词典，有许多的信息往往不能缺省。例如，对于通用的外语学习词典而言，它往往必须是一部详解词典。在母语词典释义中可以省略的一些信息，必须补齐；对于词语的语法信息，必须系统、全面地加以描写和标注；例证必须十分丰富，以便于学习者模仿；对于释义和例证中使用的词语必须有所控制，不要超出外语学习者的语言能力和认知范围；对于语法、语用等信息的标注，还必须做到明晰和用户友好（user-friendly），等等。”[1]

马礼逊的《汉英英汉词典》定位的主要使用者群体是以英语为母语，在本章所述的《汉英英汉词典》各个组成部分的宏观结构和微观结构的设计中也充分体现了外语学习词典的特点，如较为全面地收录了汉语的语音、字词义、语法、语用、文化义等相对详尽的信息，例证丰富且来源多样，因此，他的词典可以明确是以汉语作为外语的词典。第三部分英汉词典的界定略微模糊，也可以看作以英语作为外语的词典。

3.2.2　词典的向型

“学习词典的向型，实际是一个比较复杂的问题。其中涉及词典编纂者的母语、使用者的目标语和母语的关系，以及词典的词目词和释义的语言同是外语还是分属于母语和外语两种不同的语言……我们认为，在谈一部词典的向型时，首先应当确定视角：是从词典编纂者视角来看词典的编纂意向，或是从词典使用者的视角来看词典的语言信息流向，

---

[1] 田兵、陈国华，《英语高阶学习词典设计特征研究——兼及多义词的认知语义结构和义项特征》，科学出版社，2009年，14—15页。

还是从词典本体出发，看词典左项（词目词）与词典右项（释义、例证）之间语言的类型关系。只有按照这些因素综合考虑，才能够获得对词典向型的准确把握。”[1]

马礼逊的《汉英英汉词典》是最为典型的一个例子。19世纪初，这部词典的编纂者和词典使用者的母语一致，无论是从词典编纂者视角还是从词典使用者视角等角度衡量，根据学习者在使用这部词典时信息处理的流向来判断，它都是一部内向型词典。在本研究领域，国内编写的双语外向型学习词典仍缺乏可供借鉴的成功经验，为了更好地透析中国人如何编好帮助外国人学习汉语的双语学习词典，两百年前马礼逊编写的《汉英英汉词典》自然进入了国内学界的视野。当代国内词典编纂者和研究者是以汉语为母语的群体，而词典的使用者群体都是以英语为母语的外国人，对于当代国内编纂者而言，马礼逊的《汉英英汉词典》堪称外向型汉语学习词典的楷模。

3.2.3　通用与专用

“通用词典通常是指对某种语言的词汇信息进行全面、综合描写的词典……此类词典提供的词汇信息十分全面、详尽，涉及相关词汇的各类语言信息（如拼写、发音、词性、句法、语义、语用、搭配），因而可以实现词典的诸多功能，如写作时核对拼写、演讲前核对单词的标准发音、阅读时查找生词的含义、造句时挑选词语和辨析词语的用法，满足学习者的诸多基本查阅需求（如查阅单词拼写、读音、释义、用法、造句）。”[2]专用词典是对特定语言信息进行描写，服务于特定的语言学习活动或任务的，侧重于语言的某一个方面，例如短语动词词典、介词词

[1] 田兵、陈国华，《英语高阶学习词典设计特征研究——兼及多义词的认知语义结构和义项特征》，19—20页。

[2] 田兵、陈国华，《英语高阶学习词典设计特征研究——兼及多义词的认知语义结构和义项特征》，21页。

典、同义词词典、外来语词典、搭配词典等。更宽泛的专用词典还包括收录特定领域中专业术语的专业词典。

结合本章内容来看，马礼逊的《汉英英汉词典》中蕴含的汉语语言信息全面、广泛，词典的功能涵盖阅读、听力求解、查阅生字词以及写作表达前核对发音、字形等多种功能，符合通用词典的类型特征。

3.3　马礼逊词典中个性化特征

作为基督新教首位入华传教的教士，马礼逊的宗教信仰让他舍生忘死奔赴中国，不辞劳苦地编写词典和翻译《圣经》，马礼逊的宗教信仰是否会影响他的词条编写？带着疑问，笔者考察了马礼逊词典中的宗教词汇，马礼逊基本上能够持公允的态度，较为客观地编写有关佛教、道教和儒家的词条，然而，他仍不可避免地用自己的基督新教信仰和观念看待或者评论中国思想或观念，并且在个别词条中加入个人主观评论。这一方面较为典型的一个例子在“人”的释文中，马礼逊除了列举汉语中相关词语和表达外，还在后面加入了较长篇幅的评论，“从上述的有关人类起源的叙述，以及人的本质和最终的命运，读者不要指望从不同的中国作者那里得到完全一致、统一模式的表述。虽然很难甚至几乎不可能让好奇的探寻者对于精神的存在、人的灵魂、神、我们能否依靠上帝、未来的喜乐或不幸等问题获得满意的答案，即使这些观点有可能获得证据的支持，然而就连最智慧的哲人都没有提出任何反对意见，中国人总体上就像其余的人类一样，更倾向于相信而非拒绝有可能被证实是真理的事情”，马礼逊接着剖析了汉语中关于“魂”“灵魂”“人神”“魄”“来生”“地狱”“天堂”等词，之后继续评论说“孔子以及儒家更倾向于怀疑而非无神论；他们对于一神或者来世存有疑虑而不是否定。‘鬼神之理，圣人盖难言之，谓真有一物，固不可；非真有一物，亦不可。’（朱子）他们讲天理正义在此生的报应，美德所带来的尊严和幸福、个人以及家庭昌盛、名望等引出寻求美德的动机。他们似乎从迷信的极端已转向了怀疑主义的极端，渴望得到上天的启示，以拯救谦卑的探寻者摆脱思想贫乏者虚构的恐惧和愚蠢的迷信、无神者狂妄导致的不恭敬和怀疑一切的堕落，无论怎样赞美《圣经》都不为过。从摩西五经[1]，我们获得了关于人起源的理性和令人满意的叙述，通过耶稣基督之口（不应丝毫怀疑他所说的都是真的）我们关于‘生命和永生’的认识最大限度得到肯定；——邪恶的人‘要往永刑里去。那些义人要往永生里去’（马太福音25:46）。”[2]马礼逊在个人评论中对《圣经》和基督教教义教理的崇拜之情溢于言表，而且作为基督教信仰者，在他眼中，中国的哲学和思想都远不及基督教思想合情合理。这样鲜明的宗教立场是当代词典编者所极力避免的做法，在马礼逊和约翰逊时代，词典编者在词条中直抒胸臆的并非孤例。马礼逊词典中类似的例子还有一些，如“佥曰于鲧哉”句[3]，鲧是夏禹的父亲，据传具有治理洪水的能力。马礼逊从中国神话立即联想到了《圣经》中记载的毁灭世界的大洪水：“这很可能是关于大洪水，尤其是《圣经》中所记载的带来巨大灾难的大洪水，这一句包含着不够完整的传说。”这本来是风马牛不相及的事件，马礼逊受到基督教先入为主的前见影响，把中国神话传说当作是《圣经》的附庸。“一”的释文中，马礼逊引用了《道德经》的句子“气之清，神之灵，精之洁，静里分阴阳，而精气神同化于虚无”，评论说“他们关于万物起源的观念，都是想象和荒谬的”。[4]上面的例子表明先入为主的宗教观念有时会导致偏见。马礼逊偶尔也有随意之笔，如在“成帝”之后，马礼逊解释说“一个皇帝，他的在位时间正是我们救世主在犹太地（Judea）出现的时间”[5]。

---

[1] 摩西五经是希伯来《圣经》的五部经典，主要论及的思想有神创造人和天地万物；人的尊严与堕落；神的救赎；神的拣选；神的立约；神的律法。

[2] 参见《字典》第一册，第61-62页原文，笔者在原文基础上将其译成了中文。

[3] 参见《字典》第一册，第153页。

[4] 同上书，第13页原文，标点和中文译文系笔者所加。

[5] 参见《五车韵府》第四册，第72页。

在马礼逊的释文中，关于中国文化和民俗方面的内容，他常带着极大的好奇心探寻究竟，为此，他查阅古籍，有时还会加入个人的亲身经历，这也是马礼逊词典的特色之一。如在“丁”字下举出“上丁日”之后，接着解释说“上丁日在农历二月和八月，上丁日这一天人们要向孔庙敬献猪羊等祭品”[1]。“番”的释文中例证“番禺县”地名，马礼逊解释“欧洲船舶在广州附近的落锚地”，而“番鬼”的意思是“外国魔鬼，广州人用于对欧洲人的污蔑性的称呼”。[2]在“乩”的释文中“扶乩”一条后讲述了1814年发生的一件真实的事情。“1814年，一位被罢黜的官员因为公开了他宣称以扶乩方式从孔子那里得到的信息而被处死。信息大意是皇帝应该委托一位皇子而非他本人祭拜祖祠；而且应该从关帝那里拿来皇帝的头衔；这样的想法被宣布是最大不敬的。官府通常禁止这种行为。”[3]马礼逊列举一位官员公布扶乩信息而被处死的例子与词条本身关系不大，这一内容完全出于马礼逊的个人体验。

体验性的内容有时可以有效补充语用信息，例如“丈人”一词的解释，《康熙字典》解释为“老人之意”，马礼逊凭借自己在中国的生活经验增加了“丈人既可以用来称呼妻子的父亲，也可以指称老年人，是一种尊称”。[4]例如马礼逊的《五车韵府》对“亚”的释文中，详细介绍了该词在穷人中是非常通用的称呼人名方式，如称为亚兰、亚品等，而“亚”字常常被写作“阿”字。[5]“查”字除了字面意义外，马礼逊补充道：“中国官府公文中提到公案之后，在给出结论之前，这个字经常出现，这样用暗含着‘我参照了法律或者官府以往的记录，并发现’的意

[1] 参见《字典》第一册，第13页原文。
[2] 参见《五车韵府》第四册，第151页。
[3] 参见《字典》第一册，第39页原文。
[4] 同上书，第14页原文。
[5] 参见《五车韵府》第四册，第1页原文。

思，接着再陈述观点或决定。”[1]

对于中国辞书避讳的皇帝名字，如嘉庆帝名字中的“琰”字，马礼逊的《汉英英汉词典》中并不回避，在解释完字本义后说“现任皇帝嘉庆的避讳名”。[2]作为在中国生活并与官府打交道的外国人，马礼逊对于中国职官做了大量调查和研究，然而，中国职官的沿革以及职责情况复杂，有些马礼逊并不清楚。如“詹事府”一职，马礼逊笼统地称为“宫廷的某个职官，他的责任是监督”[3]。事实上，詹事府是宫廷内机构的名称，洪武二十五年（1392）始用此名，詹事府在明初主要是教育辅导太子的机构。明中期后至清前中期，此机构屡经变迁调整，至马礼逊年代，詹事府成为翰林院的辅佐机构。

马礼逊在释文中有时会对中西文化进行比较。如对于“牌坊”，马礼逊说“装饰性的门道，通常以石头建成，用以荣耀活着的人或者纪念逝者。在欧洲书中，通常称为凯旋门”。

马礼逊的传教士身份，他对中国宗教、中医、儒家经典、地理学等方面知识的兴趣，以及他在中国长期生活的体验，都能在他的《汉英英汉词典》中找到大量的证据。这些个性化特征或许不足效仿，也不是词典编纂学中所倡导的做法，但却是18—19世纪时的英国词典的特点。著名的塞缪尔·约翰逊在他的《英语大词典》（*Dictionary of the English Language*，1755）中也不乏辛辣个性化的语言和评论，然而，这并未影响《英语大词典》在英语辞书史上的地位。作者个人意图、喜好、观点的流露和表现，为《汉英英汉词典》增加了“马礼逊风格”。

[1] 参见《五车韵府》第四册，第2页原文。
[2] 同上书，第622页原文。
[3] 同上书，第51页原文。

第四章
《汉英英汉词典》中汉语学习特征

对于“学习词典”（learner’s dictionary）的称谓，国内外学界提出多种术语。除“学习词典”之外，还有“教学词典”（pedagogical dictionary）以及“学习者词典”，且三者经常并用或换用。[1]《词典学词典》（*Dictionary of Lexicography*）对“教学词典”的定位是：“教学词典主要是面向非母语的学习者群体。词典融入学习过程的程度，因文化差异而程度各异，真正作为学习工具的学习词典仍处于萌芽阶段。”（R. R. K. Hartmann, George James，2000:82）事实上，学习词典的差异性还因语言的特点不同而在学习特征方面具有相当大的差异性。《北欧词典学词典》（*Nordisk Leksikografisk Ordbok*，1997）中“教学词典”（pedagogisk ordbok）和“外语学习词典”（ordbok for fremmedspråksdidaktik）条目中蕴含的丰富信息，可以参照：

[1] 于屏方、杜家利，《汉、英学习词典对比研究》，中国社会科学出版社，2010年，2—4页。

（1）专门为辅助语言学习的某些用户群体设计的词典。

（2）教学词典尤其关注词语选择和词频，和其他词典相比，页面设计布局和字体更为简单明了，便利阅读。

（3）教学词典有若干种类型。区别的标准在于目标用户的母语和他们想学的外语的关系，其实就是母语教学词典和外语教学词典。外语教学词典不仅包括双语或双解词典，也包括英语界专为外国人学习英语而编写的单语学习词典，例如《牛津高阶英语学习词典》（*Oxford Advanced Learner's Dictionary of Current English*）和《剑桥高阶英语学习词典》（*Cambridge International Dictionary of English*）。

（4）区别的另一个标准在于目标用户的年龄和学习水平。例如设计学习词典和少儿学习词典时，虽然都致力于辅助语言学习，但是少儿学习词典需要特殊的设计以激发少儿学习外语的兴趣和行为。学习词典根据目标用户的水平程度划分为更多的类型：针对小学生的学习词典，初中学习词典，以及针对高中和大学的学习词典。小学生初学者的学习词典和少儿学习词典的界限难以划分。

（5）教学词典有时也包括初级词汇词典这种类型。

（6）不是所有的教学词典都是普通用途词典；教学词典中也有专门用途的词典。[1]

（7）外语学习词典作为教学词典时，数量翻倍。（笔者补充：例如汉英和英汉学习词典。）

（8）多数外语学习词典都是单语的。最著名的是英语学习词典，例如《牛津高阶英语学习词典》和《剑桥高阶英语学习词典》。这类学习词典都是既是解码型又是编码型。类型上越模糊，词典中

［1］转译自Sven Tarp（2008:127—129）的英译。

就能更多地收入语音、语法、例证等信息。

（9）双语或双解学习词典中，学习因素不如单语学习词典那么鲜明。

（10）如果一部词典结合了单语学习词典和双语双解之长，既有对应词也有释义，更能突出教学特色。瑞典*LEXIN*系列就是一例。[1]

我们可知，作为词典家族新成员的学习词典，无论是在理论研究还是词典编纂实践方面，都表现出明显的区域发展不均衡性。就汉英学习词典而言，英语学习词典的编研遥遥领先于汉语学习词典。作为外向型汉语学习词典，首先要清楚的是汉语语言的自身特点使得汉语学习词典必然会具备不同于英语学习词典的独特特征，因此，仅靠模仿英语学习词典来研编汉语学习词典必然具有很大局限性，中国辞书史上的汉语学习词典在重视汉语语言特点方面颇具优势。

马礼逊自述编纂词典的目的是帮助外国人学习汉语，即服务于汉语作为外语或第二语言的学习。按照现代语言学理论来看，《汉英英汉词典》属于外向型学习词典的范畴。但是，外向型学习词典自身的类型学确立是20世纪二三十年代的事了，从时间上看，马礼逊的《汉英英汉词典》属于“前学习”词典时期。按此推论，《汉英英汉词典》应该会包含学习词典的某些特征，同时，也会在一些方面与现行的学习词典间有较大的偏离。本章中，我们特别关注从现代外向型学习词典的角度来

[1] 瑞典*LEXIN*（*Språklexikon för invandrare*）系列是由瑞典教育部在20世纪70年代发起的一个词典项目，主要是帮助新移民学习瑞典语。具体做法是先建立瑞典语语料库（与北欧国家资源共享），首先编写一部瑞典语单语词典（即使是教育水平较低的新移民也能使用和阅读），然后以新移民语言为源语，编写双解词典。至2007年初，瑞典方面已经完成了一个瑞典语单语学习词典和15部双解词典，纸质版和电子版都有。关于*LEXIN*词典项目的介绍，详见“Lexin: a report from a recycling lexicographic project in the North”，网址http://www.euralex.org/elx_proceedings/Euralex2010/069_Euralex_2010_4_HULT%20MALMGREN%20SKOLDBERG_Lexin_a%20report%20from%20a%20recycling%20lexicographic%20project%20in%20the%20North.pdf。

看，马礼逊的《汉英英汉词典》所表现出来的汉语学习特征，以期更好地总结汉语作为外语的外向型学习词典的设计特征。

第一节　汉语学习词典宏观结构设计

纵观外国人学习汉语的历史，深入解析历史上生命力和影响力最强的汉英双语词典之后，对于如何编写外向型汉语学习词典，我们有了一些初步的认识和体会。马礼逊《汉英英汉词典》的宏观结构和微观结构的设计，都为了增强词典的查检功能，服务欧美汉语学习者即词典的使用者。因此，作为工具书的词典，从实用性、针对性以及用户视角的角度考量，如何最大限度地满足用户的使用需求是衡量汉语学习词典成功的重要标志。

目前尚无对世界各国学习汉语群体词典需求的实证研究，已有一些对特定地区群体词典需求的调查。从词源语与目的语所涉及的语言来看，外向型通用学习词典基本分为两类：单语型学习词典和双语型学习词典。关于二者在第二外语学习过程中孰优孰劣的研究，学界并未达成一致意见。但实证研究的结果显示：大多数学习者倾向于使用双语型学习词典。据Atkins（1985）和Piotrowsky（1989）对外语学习者调查显示，多数外语学习者都倾向于使用外语－母语的双语词典，且他们使用双语词典的首要目的是查询外语词汇的意义，因此对语际的对等词非常关注。夏立新（2009）、章宜华（2010，2011）、岑玉珍（2011）、柳苗（2011）、解海江和李莉（2012）、郝瑜鑫和王志军（2013）对中国国内不同地域不同国家留学生群体以及美国学习汉语的师生调研后发现：学习汉语的外国人基本上很少（仅限高水平汉语学习者）或者不使用单语汉语学习词典，主要原因在于读不懂汉语释义。“在词典类型上，拥有率最高的是汉语词目－母语释义的词典……在使用频率上，位于第一的还是汉语词目－母语释义的词典。”[1]国内学者与国际学者的实证研究结果基本一致：对于初级水平和中级水平的外语学习者而言，他们更需要外语－母语的双语词典。即使是高水平的学习者，他们虽然不像初学者和中级水平的学习者那么依赖双语词典，但对双语词典仍有相当程度的需求。从二语习得的角度看，学习者在语言学习过程中会发展出一种过渡能力（transitional competence），形成一种过渡方言（transitional dialect）（Corder，1967，1971）。过渡能力与过渡方言是在从母语向目的语接近的过程中必然出现的。可见，对于成年学习者而言，二语学习的过程中都会在一定程度上对母语形成依赖。双语词典可以便捷地在母语与目的语之间建立起跨语际的桥梁，虽然有时两种语言的对应关系并不存在，并可能对语言学习者造成一定程度的语言习得误导。但是在语言学习过程中，“试误”是其中必经的一个阶段。因此，受到母语正迁移的正向刺激，学习者对二语学习词典的依赖程度普遍较高，在初、中阶语言学习者中尤为明显。

国内外对词典使用的实证调研结果也证实了这一点：多数外语学习者更青睐外语－母语的双语词典，使用词典的目的主要是寻找未知外语词的意义（Atkins，1985；Piotrowsky，1989）。岑玉珍、宋尚镐对在中国学习汉语的韩国学生调查后发现“学习者用词典的最常用项目是查意义，其次是查发音（拼音）……初级一的数据‘看词是什么意思’和‘查发音（拼音）’两个选项合计占总数的77%左右，初级二占67%左右，中级占61%左右，高级占56%左右，即这两个最基础项目常用率随着学习水平的提高有所降低，但都超过50%。也就是说，初级水平使用者使用词典的目的是解决不得不解决的基本问题，而高水平学习者使用

[1] 解海江、李莉，《外向型汉语学习词典需求状况调查研究》，《鲁东大学学报》（哲学社会科学版）2012年第1期，63页。

词典的目的更加多元”。[1] 郝瑜鑫、王志军对美国大学生汉语学习者的调查同样发现“对外语学习者而言，首先是了解词语最基本的接受性词汇知识，最主要的就是词义和读音，有了上述基本词汇知识才会去了解诸如用法、同义词、反义词等产出性词汇知识，这符合词汇习得的一般规律”[2]，但是在美国学习汉语的学习者由于缺乏中文语言环境，即使到了中高级阶段仍需要经常查阅词典寻找词义和读音。

综上所述，汉语作为外语的学习者在汉语学习过程中，最需要的是汉外双语词典，而且查阅汉外双语词典的目的古今中外基本都一致：查阅意义和读音。由于汉字是非字母文字，因此，在口语交流中也常出现听到音而不知道字形、字义的情况，或者在阅读中看到字而不知读音和意义的情况，据此可知，在学习词典中查阅未知汉字字形与查阅意义和读音具有同等重要的地位。

1.1 检索系统

从汉外词典史来看，外国学习者如何检索汉语学习词典中的汉语字词条目是首要问题。对于收入一万余汉字词目，加上例证中的汉语条目，总量高达数万的汉语字词条目的大中型汉语学习词典而言，检索的重要性不言而喻。汉语学习者实际需求有二：第一，听到一个陌生的汉语字词，在汉英词典中查检陌生字和陌生词或表述；第二，阅读中见到陌生汉字字形，在汉英词典中查检陌生字的字音及字义。学习词典如何满足汉语学习者的这两大查检需求，决定着学习词典在检索系统方面的总体设计。

---

[1] 岑玉珍、宋尚镐，《韩国留学生对汉语学习词典的需求调查》，《辞书研究》2011年第1期，157页。

[2] 郝瑜鑫、王志军，《国外汉语学习词典需求之探讨——以美国为例》，《华文教学与研究》2013年第3期，53页。

1.1.1 从注音检索

欧美学习者最熟悉的是A—Z排序法——按字母顺序编排字母文字，[1]如何在汉英双语词典中实现A—Z编排法？历史上汉外词典通过为汉字编制字母注音方案，然后按字母注音方案A—Z排序，现当代的汉语单语辞书如《新华字典》《新华词典》《现代汉语词典》都遵循此法排列词典正文，同时配以部首检索表作为从字形查找字音字义的辅助检索方式。历史上的汉英词典作者很清楚按注音编排汉英词典的弊病，同音字有时并无任何语义和字形上的关联，而中国传统的“据形系连”原则下的部首和笔画排序法，可以直观地呈现出字形相似、字义相关联的大量汉字的内在关系，学习者相对可以较为容易地批量学习汉字。马礼逊《五车韵府》的宏观结构是：在同一个音节下，把同部首的汉字排列在一起，同音、同部首的汉字再按照笔画数排列。他把某些汉字或者汉字的部件当作欧洲字母文字的字根或词素，在这些汉字或汉字部件的基础上增加一些部件就衍生出新字，不仅便于学习者记忆汉字，还可以比较有相同部件的汉字在形态和意义上的异同。

在欧美人学习汉语的过程中，拼音是他们学习汉语的桥梁和必要工具，也是编纂汉英学习词典必须倚仗的要素。马礼逊的《汉英英汉词典》对词典中的汉语字、词、短语和例句全部标注英文注音（相当于拼音），对于欧美学习者而言，汉字词目都可能是尚未掌握的陌生字词，那么，释文中的汉语内词条、短语、例句中可能存在更多的问题。实证性调查发现外国人学习汉语时主要因为看不懂词典中的解释而不使用汉语学习词典，他们不仅需要了解汉语词目的发音和意义，还需要读出释

[1] 字母排序法最早出现在公元2世纪末的希腊词表中，后被13世纪的拉丁词典所用，1286年的*Catholicon*是以活字技术出版的首部汉拉词典，它所使用的改进后的字母排序法作为词典宏观结构的一种类型流传至今，同时，也反映出词典史的进程并非是直线上升式，而是迂回曲折的过程。参Lloyd W. Daly & B. A. Daly，“Some techniques in mediaeval Latin lexicography，” *Speculum*, Vol.39, No.2, April, 1964, pp.229−239。

文中存在的汉语内词条、短语、例句的发音。让学习者通过拼音知道陌生字词的读音，并通过英文对译，得知词语的意义，这才是学习词典最基本的功效。

当代以字带词的汉英词典中，拼音的字母排序法基本解决了根据汉语字词读音查询字形、字义的难题。然而，如果要查阅汉字词目下释文中出现的汉语内词条，当代汉英词典并未提供妥善的解决方案。当学习者遇到一个陌生的汉语词（包含两个字或两个字以上的词语），查阅词典时需要先在词典中找到陌生汉语词的首字，再在条目中逐一核查有无收入要查阅的陌生汉语词，一番查找后发现词典中未必收入该词，可以想见这将会影响到学习者对大中型汉英学习词典的信心。在词典使用中，觅而不得的查询过程是最为失败的。

1.1.2　从字形检索

如何从汉字字形查检读音和意义，这是以英语为母语的汉语学习者使用汉英词典的两大需求之一，也是外向型汉英学习词典编纂仍旧面临的最大的挑战之一。

汉语辞书乃至汉英词典中的部首检字法，需要能够从陌生汉字中正确找到部首，并正确计算部首以及汉字的笔画数，才能在检字表中找到相应汉字和词典中的页码。以汉语为母语的人使用部首检字尚且需要学习和不断尝试，认为汉字难学难记的外国学习者对汉字部首笔画检字法更难掌握，这也是历史上汉英学习词典多数选择了按汉字注音字母编排汉英学习词典的主要原因。上一节分析了按汉字字母注音排序法编排外向型汉英学习词典的优势和不足，这样的编排法可以解决外国学习者听音或者知道读音而不知字形字义的问题。考虑到汉语学习者阅读中遇到不知读音的汉语字词，必须使用部首检字法才能查解，从字形检索查询汉英词典或者汉语词典仍是一个有待采取更具创新性的方式解决的难题。

历史上汉英学习词典都提供了汉字部首索引表，以此方式解决以英语为母语的汉语学习者只知道汉语字词的字形，不知字音字义的问题。这奠定了当代辞书中的部首检索表的基础。

然而，根据国内外的汉语字典使用调查，真实的情景却是：

> （我们对）美国迈阿密大学一至四年级300多名学中文的学生做过调查，只有两人用汉语字典，不到0.7%。在俄亥俄州立大学20名中文专业研究生（其中不乏“汉语桥”竞赛优胜者）的调查中发现：大多数人在学中文两三年后才开始用字典。我们又对在中山大学、北京师范大学、华东师范大学和辽宁师范大学学习汉语的，来自31个国家的143名留学生进行了调查，尽管老师规定必须使用字典，仍有15.38%的学生不用。在使用字典的学生中，46.86%的只使用英－汉检索，28.67%的只使用拼音检字法，仅有24.47%的使用部首检字法（大多数为日、韩学生）……外国学生按“形”检字的几率之高是中国人无法想象的。掌握“形”的检字法，必须具备相当厚实的中文基础。这又成了“先有鸡还是先有蛋”的哲学命题。显然，要求所有外国学生像母语为汉语者那样，在汉语环境里先学数年的“音”和“义”，再学“形”是不现实的。于是，200多个连华人都不甚了了的部首，就成了母语为非汉语者的第一道难以逾越的障碍。[1]

目前，国内的汉语单语学习词典和外向型汉英学习词典的编者和作者都未能充分重视这个难题，历史上的汉英词典均就此做过或多或少的尝试，当代海外华人学者仍在汉语学习词典编纂实践中进行探索，笔者无力解决这个世纪难题，在此抛砖引玉，仅提出此重要的问题，

[1] 黄全愈、黄矿岩、陈彤编，《商务馆学汉语字典》，商务印书馆，2011年。

供高明之士思考，希望在不久的将来，群智群策能破解汉字字形检索的难题。

1.1.3　内词条编排与检索

如何在外向型汉英学习词典中查阅释文中的汉语内词条的问题，通过制作更为完备的索引可以解决。词典的索引与词典内容是互补性的，都是为了增强词典的使用功能。对于现当代汉语学习词典通常遗漏的释文内的汉语内词条，可以将其连同汉字词目悉数收入“总收词索引表”，按拼音字母排列，依次收入拼音、汉语字词或短语，提供词典中的对应页码。这样的编排可以解决知道字词的读音而不知字形字义的问题。虽然这样的编排不能准确在词典中追踪到每一个词条的具体位置，但是对于使用者而言，词典是否收入了要查询的字词可以很快得知，如果词典中收入了该词，查询该词意义的范围缩小到了一页之内。如果想要进一步增强总索引的指向性，可以参考翟理斯《汉英词典》的做法，给每个汉字词目按顺序标号，在“总收词索引表”中，提供的不仅有汉语字词所在的页码，同时还有汉字词目的编号。这样可以将搜寻的范围缩小至数行之内。“总收词索引表”唯一的缺点就是增加词典的篇幅，按《现代汉语词典》的收词规模，即使采用较小的字号，总收词索引表至少也需要百余页的篇幅。而且，词典作为一种重要的文化产品，同时也是一种商品，其成本因素也是需要考虑的。

如果想要节省篇幅，又要实现所有汉语字词的拼音检索，类同于德范克（John DeFrancis）编《ABC汉英词典》（*Alphabetically Based Computerized Chinese English Dictionary*）也不失为一种办法。德范克在前言中指出：“本词典以单纯字母顺序排列词条，显示出了很大的优越性，因为从熟悉的拼音去查找词语是一种最简单、最快捷的方法。在所有检索方法中，只有本词典的检索方法能使使用者去查只知音不知形的词。由于一般查词典都是查知道读音的词，不仅中国人是这样，而且刚学汉语的外国人也是这样，因此这样查可以节省不少时间。”[1]他按照英语单语词典的编排方式，把所有的汉语条目都作为单独的词条，每个词条内按照拼音、简化字、英文释义、例证等顺序呈现信息。这样的编排方式相当于在上面所说的“总收词索引表”的基础上，取消对应的页码和编号，而取代之为汉语字词的英文释义、用法说明和双语例证，将汉语总收词索引表扩展为一部独立的汉英词典。这样编排词典的好处在于便于检索词典收入的汉语字词，弊病在于割裂了数量最少、能产性最大的汉字与词语的紧密关系，使得汉英词典基本只具备理解的解码功能，削弱了以字带词方式编排的汉英词典所独具的语言理解和语言输出的编码功能，从而减弱了此类汉英词典的学习功能。

学习词典在类型学方面应该更加兼容并蓄，这种类型的汉英词典可以满足外国学习者根据字词读音便利查询使用汉英词典的需求，因此也有存在的价值。

1.2 “字－表述”结构

由于汉语自身的特点，汉语中词、短语、句子的结构基本一致。因此，在对一些常见语言单位语法属性分析上，难免出现难以判定的情况。汉语学习者对于区分汉语字、词、词组存在相当大的障碍。即使是汉语母语使用者，对字、词、词组的判断有时也会存在相当显著的差异。比如在对外汉语教学课堂中，理论上学生能够明确说出判断汉语中词与词组的主要方法是扩展法。但是，在具体语言实例的分析中，比如分析“鸡蛋”“羊毛”“树根”是词还是词组时，学生则明显出现了迟疑和犹豫。因为按照扩展法，“鸡蛋”“羊毛”和“树叶”显然可以扩充为“鸡的蛋”“羊的毛”和“树的叶子”，这显然应该归入词组的范畴；而

[1] [美] 德范克主编，《ABC汉英词典》，汉语大词典出版社，1997年。

从日常生活的认知度以及上述语言单位使用的频率性来看，它们应该归入到词的范畴。学界的实证研究也证实了汉语词与词组间存在的交叉和模糊。陈松岑（1998）让北京大学文理科共9个专业的258名被调查者，在200字左右的短文中标出他所认定的词。其中被语言学家认定为是词组的45个结构，被调查者却认为它们绝大多数是词。即使是受过专业训练的中文系汉语专业的学生，对这些结构的看法也同于其他被调查者。陈松岑得出的结论是："不论这些调查对象对词的切分受到哪些因素的影响，但总起来看，他们和语言学家的距离如此之大却是不争的事实。我们认为，主要原因恐怕是他们各自使用的切分标准不同。语言学家根据的是严格的语法标准，而广大群众使用的却是'语感'——即从使用语言的习惯上，认为它是一个独立的单位，说话时在它们的后面有小的停顿。"[1]

王立（2002）基于陈松岑的调查，采用社会测量方法测量公共字/词的语感。"语感即人们对于所使用的那种语言的感知、理解和运用，是言语社团成员普遍具有的一种语言直觉。同时，语感又是使用语言的人们普遍具有的一种语言能力，一个人不论是否接受过学校教育，是否接受过语言训练，都具有这种能力。"[2]王立的测试目的是想要弄清楚汉语学界争议的问题：汉语的基本结构单位是"字"还是"词"，"为了弄清这一事实，本研究拟采用社会测量技术进行语感的量化分析，即采取让公众从一个相对完整的言语片段（句子）中切分出最小构成单位（字/词）的方式获取相关数据，经过统计分析得出汉语社团成员对汉语句子的基本构成单位的认知倾向，据此推论出存在于公众心理上的汉语基本结构单

[1] 陈松岑，《规范与变异——关于〈现代汉语规范词典〉的收词》，载黄岳洲、余志鸿主编，《风雨十年磨一剑 〈现代汉语规范词典〉纪念文集》，外语教学与研究出版社，2010年，178—187页。

[2] 王立，《汉语"字/词"公众语感的测量》，《语言文字应用》2002年第3期，54页。

位”。[1]王立在选取调研对象时范围更为广泛，选取了武汉市从初中到大学的1081名学生，不对“字/词”的概念加以任何说明，完全由调查对象根据自己的经验或直觉对“字/词”进行判断，以此分析汉语社团一般成员对字/词的认知倾向。调查结果显示：“汉语社团的语言直觉中存在‘字’‘词’两个不同单位……调查对象直觉中‘字’是一个文字单位，‘字’与语音上的‘音节’基本对应，一个字代表一个音节……存在于调查对象头脑中的‘字’主要是‘音节’的书写符号……公众语感中的字既不是‘最小的自由运用的造句单位’，也不是构词单位语素，否则的话，调查对象会倾向于将连绵字串、音译字串（不论是几个音节）也都划分为一个‘字’……词作为汉语基本的造句单位已普遍为人们接受，不过在许多情况下，公众认可的词并不完全等同于学界从语法上定义的词，也不限于一般词典中的词条。”（王立，2002:58）王立的调查排除了“语素”这一与“字”“词”密切相关的语言学单位，这是因为汉语社团的一般成员不清楚这一概念，因此出现无法测量的情况。

上述针对汉语为母语的使用者调查凸显了一个问题：汉语社团的成员尚无法区分“语素”“字”“词”“词组”之间的区别，何况学习汉语的外国人？国际学界对词（word）概念的大胆质疑，颠覆了词典学传统。2014年丹麦学者Henning Bergenholtz & Heidi Agerbo（2014:29—31）发表了一篇文章，针对词典中的多义词和同音同形异义的棘手问题，提出了新的观点：造成多义词（polysemy）和同音同形异义词（homonymy）的根源在于词的概念，如果重新定义英语中的词，那么词典编纂中的相关问题也可因此得以解决。英语词典编纂中的词“word”其实有很多不同类型：① orthographical word（由空格和标点符号区别开的字母组合）；② text word（文本中的具体词，有固定的拼写、意义和语

[1] 王立，《汉语“字/词”公众语感的测量》，《语言文字应用》2002年第3期，55页。

法）；③grammatical word（屈折语中构成形容词、动词、名词等核心语素）；④lexical word or lexeme（屈折语中同原形衍生的众多语法词）；⑤dictionary word, headword or lemma（词典中作为词目的词）。这样区分是为了有效地解决英语或屈折语言的词典编纂难题。针对分析语的汉语而言，面临的是另一大难题，在编写双语词典时，汉语难以区分和英语“word”相当层级的字词，因此，一般英语词典的通用做法如标注词性（或词类）在汉英词典中都难以实现。

在编纂汉英学习词典时，可以绕开这个难题另辟蹊径吗？国务院2013年公布的《通用规范汉字表》中的一级字表收字3500个，二级字表收字3000个，前两级的汉字可以满足汉英学习词典编纂用字的需求。汉字是记录语言的基本书写单位，是汉语语义的基本承载单位，也是能被直接感知而且在判断上较少出现争议的语言单位，因此，以汉字作为汉英学习词典的词目，以字带词、词组等表述的词典层级结构体现常用字以及字、词、短语之间的语义关联，同时也有效避免了字词之争，新构成的词典左右结构就成为左结构为汉字词目，右结构以汉语表述含词、词组或短语、句子等各层级的内容，这样的结构更具包容性。

张春新研究了俄国教学词典之后，编写的《汉俄教学字典》（张春新，2006）就是对“以字列条、字分义项、项下列词、不分序位”的实践。陈松岑（1998）倡导在例证中增加词组和短语，是因为固定的词组和短语有成词的趋势。这些都从另一个侧面支持汉英学习词典的“字-表述”宏观结构的合理性和实用性。

1.3 使用者查询教育

19世纪的一些汉英学习词典在前后页材料中较为典型的内容有以下四个方面：一是为读者撰写的介绍目的语和词典使用的序言；二是如何用西文字母标注汉语读音以及汉语学习者如何拼读汉字；三是具有检索性质的各类词典索引；四是百科类的综合性材料。从词典使用研究的进展来看，作为仅次于语言教师和课本之后的第三大有效学习资源，[1]受到使用者词典知识的局限和影响，即使是精心编写的词典也未必都能物尽其用。而在外语学习过程中，词典使用贯穿了语言学习中的各个环节。汉英学习词典应该充分利用词典的前页材料，向汉语学习者提供如何使用词典的信息。词典正文中每个词条呈现的是微观的汉语世界，利用词典前页的篇幅则可以更为宏观全面地介绍汉语语言，以及提供汉语学习者如何查阅词典的词典教育。

对于欧美读者而言，汉英学习词典由于是以汉字为词目，因此，如何查询他们在学习或生活中遇到的生字、生词，是汉英学习词典使用者教育最为重要的内容。从使用需求来看，使用者不外乎在口语交流中听到了生词，因此，如何根据生词的发音正确转写成拼音，这是19世纪汉英学习词典花费大量篇幅重点介绍汉字注音系统的原因之一，也是现当代学习词典最为忽略的一个方面。另一重要的使用需求是，如何在学习词典中查找阅读中遇到的生字。

现用的主流部首检字法对很多汉语学习者来说仍有一定的使用难度，历史上不乏各种根据字形查检汉字的工具书，但无一能取代《现代汉语词典》和《新华字典》所确立的部首检字法的主流地位。是否可以在汉英学习词典正文前增加即使是汉语水平为零起点的学习者都可以学会的、更为系统详尽介绍部首检字法的教育性文章？想必这个并不难做。学习词典的使用者教育材料所使用的语言，宜采用英语——学习者的母语或者是最通用的语言之一。

词典使用者的查询技能教育，也可以说是汉英学习词典最为需要的

---

[1] 魏向清在文章中列举了鲁宾（Robin）和汤普森（Thompson）书中列举出的能够帮助学习者获取语言知识的五大有效资源：语言教师，语言课本，词典，语法参考书和媒体资料。见魏向清，《英语学习词典的选择与使用——“英语自主学习与辞书的使用”之一》，《辞书研究》2008年第1期，113页。

一个内容，Kirkpatrick和Landau都提出，词典使用说明从重要性而言，仅次于词典文本（Kirkpatrick，1989；Landau，2001:149）。如果是欧洲语言尤其是同一语族内的双语词典，语言上的亲缘关系更近，辞书编纂传统相近，对于词典查询技能教育的需求不会很高。然而，鉴于汉语和英语分属不同语族，而且汉字书写和查询系统向来是外国人学习汉语的难点，汉英学习词典的使用者教育的重要性更为凸显。国际词典学对词典使用者研究的关注，是反思此前只重视词典编纂而忽略用户需求的偏失，在充分了解用户需求的基础上提供更具针对性的辞书，而词典查询教育和词典使用说明，是让词典用户得以使用词典的便利工具。国际学者对双语词典使用者的实证研究表明，使用者查询教育不能只局限于介绍词典的内容，而是应以使用者需要词典解决的问题以及查询过程中通常遇到的问题为主，词典的编纂和使用才能更为有效。[1]

Bergenholtz和Tarp（1995）的研究给词典使用者查询教育以及词典前页材料中的使用查询说明提供了思路，他们提出了以下问题作为思考和撰写词典使用说明的基础：哪一组成部分收录了哪种类型的信息？信息是怎样组合、排列或者呈现的？每一部分的信息之间有何关系？什么是最便捷和最容易找到所需信息的方式？ Sandro Nielsen则从词典功能的角度，探讨词典功能对词典编纂和词典查询的作用（Nielsen，2006:3）。根据词典用户在真实世界的需求，以及词典如何满足用户的需求，才是词典查询教育和词典使用说明的核心内容。汉英学习词典是有着鲜明群体需求特征的双语辞书，国内学界对此关注不够，如何针对性地提供使用者查询教育尤其值得深入探讨。

[1] Robert Lew, "Studies in Dictionary Use: Recent Development", *International Journal of Lexicography*, Vol.24, No.1, 2011, p.2.

第二节 汉语学习词典微观结构设计

2.1 构字信息

汉字是典型的表义文字，词形与意义之间存在着诸多的联系。尤其是在造字之初，字形与字义之间的关联更为紧密。因此，汉字的形体具有可释性。从词形的角度解释词义被称为形训。“形训是一种专门表述汉字本义的训释。本义原是许学（《说文》学）的专门术语，它指的是与字形直接相关的意义。”[1]许慎在《说文解字》中，通过分析汉字的构件以合成其字义。一些词典编纂者注意到汉字的这种特点，并利用这种特点加深词典用户对立目单位意义的理解。马礼逊的《汉英英汉词典》中相当重视汉字的字源信息和构字信息。马礼逊采用《说文解字》对构字法的剖析体例，同时参照《康熙字典》中的解释，对汉字产生之初的形态和意义予以说明。比如“大”[2]，马礼逊指出：“大”的篆文表示的是一个人抬起的两只胳膊，并进一步指出“大”表示的是一个完整的“人”的形态。“尾”字形被分析为“from *hair* hanging down behind *an animal body*”（动物肢体后垂着的毛发）。一些流俗字源也出现在马礼逊的词典中，下面是马礼逊对“介”的解释。

介 KEAE. 𠆪 R. H.

Some say it is from 爪 Chaou, “The nails of the hand,” with which lines of distinction are drawn, and hence denotes a limit. Again, that Chaou is 亻 Jin, in the middle of 八 Pă, “To separate;” and hence denotes

---

[1] 王宁，《训诂学原理》，中国国际广播出版社，1996 年，102 页。

[2] 马礼逊，《字典》，第一卷，59页。

to discriminate.

马礼逊指出，有人认为“介”字从“爪”，“爪”可以用来划分界限，因此“介”用来指称“界限”，并且“爪”字从“八”，“八”的意思是“分开”，因此“介”还表示“区分”。这样牵强地从字形解释字义或许不符合古今汉字的认识，但是在教学中因其联想生动，学习的效果并不差。

汉字中有大量的异体词的存在。马礼逊在《汉英英汉词典》中也利用这部分信息对字头的意义进行解释。比如“并”，指出其更为常见的另一书写形式为“竝”，其意义为“两人并立”。

由于汉字历史悠久，其中又历经种种变化，尤其是汉代隶变之后，汉字字形发生了很大的变化。因此，从历时角度看，同一个汉字会出现多个书写形式并存的情况，即使是在共时层面，也会出现异体字同现的情况。如果在词典中体现构字信息，最经济、理想的状态是提供原始的、能够反映字的本义的词形。但马礼逊词典中在字形选取方面有时没有进行取舍，过多的字形信息造成了词典中较大的信息冗余度。比如立目单位“月”的词形分列了四种，具体如下：

月 YUĚ.

如果只是为了方便词典用户在字形与意义之间建立联系，第一个词形最具典型性。后三种词形即使对于中国人而言，也很难将其与月亮联系起来。类似的情况还有很多，比如“林”“格”“楚”“封”即是如此。

林 LIN.

格 KĬH. 

楚 TSOÒ. 

封 FUNG. 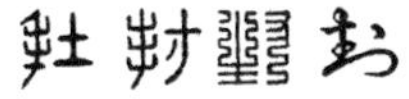

从字形入手探析汉字的意义，这是训诂学中常用的，也是较为有效的方法。但是，即使对于本族语使用者而言，在没有经过系统的文字学训练的情况下，也很难分清一部分字形的具体所指。有时即使是业内学者，对一些字的意义归属也有争议。以上文的“封”为例。在《说文解字》中，“封，爵诸侯之土也。从之从土从寸”。《康熙字典》也同样如此。马礼逊沿袭了这种说法，指出“封”的意义为“古代中国皇帝分给贵族公子的土地”[1]。从字形上分析，“封”的左边像是土上长着丰茂的树木之形，右边是一只手，用“又”表示，后来改写为“寸”，表示“聚土培植”之意。李孝定指出，“封之本义当以郭说为是，许训乃后起之义。字象植树土上，以明经界。爵诸侯必有封疆，乃其引申义”。[2]还有一些词形与意义间的联系非常晦涩，需要掌握一定的古文知识才能获取。比如“概”。“概”表示“斗刮”的意义，在先秦古籍中有所体现，比如《韩非子·外储说左上》中有“概者，平量也”，所以“概”字从“木”。马礼逊的字典中提供了“概”的两个异体字形式。具体如下：

槩 概 KAE. A piece of wood with which the grain in a bushel is

[1] 马礼逊《字典》第二册，2页。
[2] 陆忠发《汉字学的新方向》，257页。

levelled when measuring it, vulgarly called Tow-kwǎ 斗刮 To level, to reduce to a level; to adjust; to provoke resentment. Ta kae 大 | or Ta seŭh 大率 a large rough or general levelling; not levelled with minute care, generally speaking. Yih-kae 一 | *one levelling*; altogether; without any exception. Tuy kae 退 | profound; deep; sombre.

还需要注意的是，汉语文字系统经过不断演进，尤其是经过汉字的简化，繁体字中的字形已经与造字时的字形大相径庭，部分汉字的读音和意义也发生了调整或变化。由于语言口头表述形式的发展要快于书面表述形式，再加上汉字使用中的不规范，文字中的假借情况也经常发生。马礼逊的《汉英英汉词典》中对此也进行了部分揭示。以“催”为例：

催 TS' HUY. [seal script] S. C. [running script] R. H.

To urge; to impel; to importune; to press. 趣 Tseu, was originally the character used in the above sense; 催 Ts'huy, was adopted in later times, they must be considered the same in pronunciation and meaning. (Kang-he.) Notwithstanding this, they are now manifestly different. | 他快些来 Ts'huy t'ha kwae seay lae. “Urge him to make haste and come.” | 討 Ts'huy taou. “To urge the giving of what is due; to require urgently.” | 錢糧 Ts'huy ts'hëen leang. “To urge the payment of duties or taxes in kind,” required by government.

马礼逊指出当时的“催”字在表示“催促”义时，曾经写作“趣”。马礼逊进一步指出“催”和“趣”在读音和意义上曾经是一致的，但后来在意义和读音上都发生了变化。这种信息涉及字形间的替换，是一种历时层面的学术探源，而词典的使用总是基于非常实用的目的。并且这类信息在马礼逊字典中的处理也不具有系统性，对学习者而言，显然也过于繁难，不必在汉英双语词典中出现。

尤其值得注意的是，马礼逊在《汉英英汉词典》中对汉字中部分基础部件的构形信息进行了适当的说明。以“宀”为例。“宀”是汉字中常用的一个部件，是很多汉字，比如“家”“宫”“室”“安”“宅”的基本成分。马礼逊指出“宀”指形成居所的一个横向遮盖物。“这个汉字用来代表房顶，也有人认为都是代表古时候的土屋。”马礼逊接着提供了相关的语用信息，“古者穴居野处，未有宫室，先有宀而后有穴。宀当象上阜高凸，其下有凹可藏身之形。故穴字从此。室家宫宁之制皆因之”。马礼逊对汉字部件的分析，从聚合的角度对相关字群进行分析，起到纲举目张的作用。张旺熹（1990）、崔永华（1997）、邢红兵（2005）对现代汉语的常用汉字的部件统计分析揭示了汉字构字的奥秘：一些构字能力强的表义和表音部件，在现代汉语常用字中出现的频率相当高。作为面向以字母文字为母语的汉英学习词典而言，如果能让学习者掌握有限数量而构字能力强的部件，无疑将提高外向型汉语学习词典的功用和价值。这样的信息可以放在汉英学习词典的释文中，作为译义的辅助性或者引导性信息，既增强了对字词的释义，也可以部分解决汉字难学难记的普遍性问题。因此，对汉字的构字法的研究和它在外向型汉语学习词典中的应用显得尤其重要。

马礼逊的《汉英英汉词典》对汉字字源和构字信息的分析深度和精度不如当代的语言学家和文字学家，然而，当代汉英学习词典编纂却未能体现当代语言学和文字学研究的进展。对于极少数从外形上能很容易得知字的意义的字，如“一、二、三、凹、凸”等，以及来源于古代的象形字，如“日、月、山、水、刀”等字，如果在外向型汉语学习词典的释文中配图或提供字源信息和简短说明，可以增强释义的有效度。在一些指事字的释文中，增加一句解释性的英文而非只是提供译词，如提示“本”在构字上是指“木”的根部，“刃”指“刀”的锋利处，这样的解释性构字信息不仅能够让汉语学习者快速掌握新的汉字写法，也能从语义上对相关词语义有更为直观的认识，这样至少在学习这一类型的汉字上，汉字的学习不再枯燥，这样的汉英学习词典也更具可读性和趣味性。

马礼逊在《汉英英汉词典》中也存在一些问题，需要现代外向型学习词典编纂者注意。苏培成强调“在研究现代汉字的构字法时，整字的意义指的是现代意义而不是古代意义，整字的读音指的是现代的读音而不是古代的读音。研究中所依据的字形，指的是现代汉字的规范字形，而不是古字形、旧字形。这里所说的‘在读音上有联系’，既包括声韵调完全相同的一类，也包括声韵相同而调不同的一类”。[1]因此，现代词典编纂者需要平衡字源意义和当代意义。其次，字形所表示的字源本义与词典用户经常查询的当代基本义多有不同。通常情况下，历时性的语文词典往往会按照意义的发展脉络，将本义放在最前面；学习词典，尤其是面向外语学习者的学习词典则一般按照频率原则进行义项排列。马礼逊在《汉英英汉词典》中收入大量的古旧义，对学习者而言，查找最常用的义项较为困难。比如“且”：

> 且 TS'HEĂY, [seal script] S. C. [running script] R. H.
>
> A vessel used in presenting offerings to the gods; the side strokes represent the two feet of the vessel, and the lower stroke the ground.

《说文解字》中“且”的解释为“荐也。从几，足有二横，一其下地也”。马礼逊在释义中对“荐”也进行了解释，指出“且”是一种用于祭祀天神的容器，两边的笔画代表的是容器的两足，最下面的横代表

[1] 苏培成，《现代汉字的构字法》，《语言文字应用》1994年第3期，71—72页。

的是大地。马礼逊基本采用的是许慎的解释。现代学习词典编纂者首先需要考虑的是字形对基本义的解释作用，这才是外语学习者首先需要掌握的内容。

张旺熹（1990）、崔永华（1997）、邢红兵（2005）对现代汉语的常用汉字的部件统计分析揭示了汉字构字的奥秘：一些构字能力强的表义和表音部件，在现代汉语常用字中出现的频率相当高。作为面向以字母文字为母语的汉英学习词典而言，如果能让学习者掌握有限数量而构字能力强的部件，无疑将提高外向型汉语学习词典的功用和价值，这样的信息可以放在汉英学习词典的释文中，作为译义的辅助性或者引导性信息，既增强了对字词的释义，也可以部分解决汉字难学难记的普遍性问题。

2.2 词类标注

王仁强的《认知视角的汉英词典词类标注实证研究》研究了外向型汉英词典的词类标注问题，该书在第三章论证了汉英词典标注词类的六大好处，“有利于说解词的用法；有助于确定一个词的义项；有助于提高译义的准确性；有助于配例与词类的协调；有助于提高汉英词典的使用效率；有助于解决汉语词类问题”（王仁强，2006：49—59）。

标注词类，就意味着只有成为“词”，才能相应地标注“词性”，而标注词性之后才能进一步进行英语译义提供语义、句法信息，这些微观层面的操作并不一定要限制外向型汉外词典中的汉语词目必须是“词”。[1]如前所述，实证性研究证明即使是汉语为母语者都很难区分字、

[1] 王仁强专著的第三章第二节在列举了关于汉英词典词类标注对象的分歧观点之后，提出了他的观点：“不论是内向型汉英词典还是外向型汉英词典，其词类标注都只能是汉语词目。”（2006:61—65）汉英词典的词目语言是汉语，能够标注词性的必定是汉语词这一层级的语言单位，然而，并不能因为这一点就制约了外向型汉英词典的宏观结构。

词、词组等语言单位，而字在形态上、音节上都是最容易区分的独立单位，区分起来也较少有分歧，再加上由字到词的生成性最强，因此，最佳的中型外向型汉英学习词典的宏观结构应该是“字－表述”的形式：汉字为词目，释文结构的第一个层级可以先从汉字的构字法和字源信息等方面入手提供汉字词目的相关信息，这一层级并不提供词性等信息。在第二个层级即涉及义项和词、短语例证等部分，如果汉字词目同时是词，先标注词性后标注相应译义。第二个层级中的词组短句等高于词的语言单位，不需要标注词性，如果是典型例证，可以提供搭配或者词组结构信息以反映句法结构，促进语言生成。这样的做法可以基本解决“字－表述”结构的外向型汉英词典的宏观结构和微观结构的编排问题。

关于汉语的词类问题，Halliday指出，“英语少有形态变化，汉语没有形态变化，因而在词类判断上，形态标准对于英语和汉语都不可靠，而必须考虑句法和/或语义才能做出正确判断”（Halliday，2004:51）。北京大学计算语言学研究所与北京大学中文系对于现代汉语语法信息的研究，颇有启发意义。首先，该项目避开了仍有争议的汉语“词”的定义，而是把各种类型的汉语字典、词典的词目项（entry）的语言单位作为研究对象。朱德熙、陆俭明、郭锐三位先生判断该项目选取的汉语常用词语的词类时，依据的是词的语法功能。“所谓词的语法功能，概略地讲是指词在句法结构中的位置与分布（distribution），具体地讲是指以下两类功能：（1）词在句法结构中充当句法成分的能力；（2）词与某类词或某些词组合成短语的能力……划分词类的本质依据只能是词的语法功能，词的意义不能作为划分词类的依据，这与划分词类的目的是紧密相关的。如果按词的词汇意义进行分类，所得到的只能是概念的类或者说是语义的类，而不是服务于语法研究的类。”[1]这是考虑到词类和句

［1］ 俞士汶等，《现代汉语语法信息词典详解（第二版）》，清华大学出版社，2003年，42—47页。

法结构共同构成了语言系统中的聚合关系和组合关系，因而，也是现代汉语语法研究最为根本的问题，也是最终奠基汉语句法的重要基础。该重点攻关项目在理论的指导下，由语言学、计算机语言学专家和技术人员历时16年完成了7万多个词语的分类及词语语法属性的甄别，运用了大规模的语言工程如语料库标注、词频统计、真实文本语料库的句法分析等进一步检验了词类和词组的构造规则，较为充分地解决了汉语中名词、动词、形容词、区别词、状态词、副词、介词等最重要词类的划分，他们的成果汇集在《现代汉语语法信息词典》中。[1]

《现代汉语语法信息词典》对外向型汉英学习词典的编纂有以下启发：首先，不必要局限于汉语“词”作为汉英学习词典的词目。即使是由最著名的语言学家队伍领衔的汉语语法研究团队都可以回避这一难题而丝毫不影响对汉语语法研究的进展，汉英学习词典的编写也是同理。此外，这也与前文所述调查发现的一般的汉语学习者的感知相吻合，他们最容易判断汉字，而难以区分字、词、词组或短语。以汉字做外向型汉英学习词典的词目，大量收入词和词组等不同层级的例证，可以有效解决外向型汉英学习词典的宏观结构设计问题。其次，《现代汉语语法信息词典详解》为外向型汉英学习词典奠定了汉语词类标注和词组结构分析的坚实基础。标注词类是第一步，词和词的结合生成了汉语短语，汉语语言的短语的构造与句子的构造原则基本一致，因此“任何短语只要能单独站得住，带上句调后就能表示相对完整的意思，而成为汉语的句子。在汉语中，从短语到句子是一种‘实现’关系。只要把各类短语

[1] “《现代汉语语法信息词典》是为计算机实现汉语句子自动剖析与自动生成而研制的一部电子词典，在长达16年的研制过程中先后与国家‘七五’科技攻关项目、‘八五’科技攻关项目及国家自然科学基金项目等自然语言信息处理研究课题相结合，因而词典的名称几经变更。……‘现代汉语电子词典’‘现代汉语词语语法信息库’‘现代汉语语法电子词典’以及它们的简称都是指的同一部词典，当然其内容在不断丰富，最后定名为《现代汉语语法信息词典》”，关于这部词典的概括，见俞士汶等，《现代汉语语法信息词典详解（第二版）》，19—38页。

的结构和功能都描述清楚了，句子的结构实际上也就描述清楚了，因为句子不过是独立的短语而已”。[1]在这一过程中，标注词类和分析词组结构是实现生成句子的重要过程，也是外向型汉英学习词典中最应该收录的语法信息。如果在词典的前页材料中补充一节关于汉语句法的内容，就可以和词典微观结构中的词类信息、词组结构信息综合构成相对完整的汉语语法体系，这才是标注汉语词类的初衷和最终目的。纵观英语学习词典史，标注词类之所以是必要要素就在于词类是句法生成的根基，词语搭配亦是英语学习词典的一大要素也是同理。目前在汉语学习词典编研方面，只片面关注到汉语词类标注问题，尚未认识到汉语词类标注与汉语词组结构分析这两者之间的互动、互补以及它们与汉语句法的关系，这是当前普遍存在却鲜有人反思的问题。

虽然汉语语言文字与西方文字形态上的显著差异为汉语语法研究设置了障碍，就连何为汉语“词”都是至今仍未解决的问题，但是借助语言学和计算语言学的最新研究成果，外向型汉英学习词典的编纂却可以绕开这些问题，在已经取得的对7.3万条词类鉴别和词组结构分析的成果上，可以尝试编纂出一部具有扎实汉语语料库根基的新一代外向型汉英学习词典。

2.3 词语搭配

在英语学习词典的编纂传统中，搭配信息日益受到关注并且搭配在语法中所占的地位呈上升趋势。陈国华、田兵等（2009，2013）的研究表明搭配已成为第二代英语学习词典的一个主要设计特征。“关注搭配现象的主要是词典学家。搭配没有得到语言学家的重视，原因可能有两个。首先，搭配在很大程度上是个语义匹配的问题，语义研究

[1] 俞士汶等，《现代汉语语法信息词典详解（第二版）》，11页。

由于其本身的难度，只是在近二三十年才发展起来的，而西方对搭配的研究（主要集中在词典学领域）也是在近二三十年才发展起来的。其次，搭配本身难以界定，由于研究对象的不确定，研究方法也就无法确定，这导致搭配研究起步艰难。"[1]尽管如此，英语学习词典中仍然或多或少地收入了搭配信息，英语学习词典中的搭配信息的来源主要是基于语料库的应用。例如*COBUILD*系列的英语学习词典，是琼斯和辛克莱（Jones & Sinclair）利用计算机语言学统计被检索词左右各四个语位共现词频率后确定的搭配。"辛克莱后来对英语搭配进行了持续的研究，主持建立了*COBUILD*的大型语料库并以此为基础编纂了第一部基于语料库的英语学习词典。这些研究（包括Sinclair，1991）一直贯穿他和琼斯1974年根据佛思的思路发展起来的基本概念。不过他主编的*COBUILD*所提供的搭配信息主要属于语法搭配，词汇搭配信息很少。"（陈国华等，2013:88）

汉语中的搭配问题已经引起了语言学家的重视。张志公曾指出"语义问题和组合的法则问题特别复杂。所谓组合的法则，包含着进行组合的词的语义搭配问题，这在任何语言里都是十分麻烦的，因为既有比较客观的、在各种语言中或多或少带有共同性的因素，例如词所指称的客观事物能不能那样搭配，逻辑事理上容许不容许那样搭配，又有特定语言社会中比较独特的因素，例如社会风俗、文化背景、思维习惯、语言心理，等等"。[2]利用大规模的语料库调查汉语语言中的搭配关系，正是语料库语言学中极有前途的一个方面。北京大学计算语言学研究所研制的《现代汉语语法信息词典》，"采用成熟关系数据库技术。每一个数

[1] 陈国华、田兵、王薇等，《新时代英汉学习词典的研编》第四章，商务印书馆，2013年，90页。

[2] 张寿康、林杏光，《要进行实词搭配的调查和研究（序言）》，中国人民大学语言文字研究所和北京市语言学会实词搭配组编纂，张寿康、林杏光主编，《现代汉语实词搭配词典》，商务印书馆，1992年，4页。

据库文件都刻画了属于某一类的具体的词语与它们的语法属性信息的二维关系”，[1]词典主要列出了能和词搭配的频度高的词组的结构，对于名词提供了个体量词、集体量词、容器量词、度量词、种类量词、成形量词、不定量词的配例词，为编写新一代外向型汉英学习词典中词的搭配信息奠定了基础。

《现代汉语语法信息词典》是服务于中文信息处理的，也就是说是为计算机处理加工中文信息服务的，而非直接服务于人类用户。仅以《现代汉语语法信息词典》的动词库为例，动词库有7大类46项属性，如果再将动词库和动词库的下属6个分库的属性相加，动词属性信息字段计约120多项，只有这样明晰的属性标识，计算机才能分析处理人类的语言。从学习词典的用户视角来看，绝不可能照搬《现代汉语语法信息词典》就能生成一部便于读者使用的外向型汉英双语词典。N. Ellis（2002）认为语言学习是范例学习，存储在学习者大脑中的大量的言语范例是学习者流利地使用语言的决定因素，抽象的语法规则不是决定因素。语言学习需要学习者在反复出现的语言材料之间建立联想，并不断强化记忆中的这些联想。[2]《现代汉语语法信息词典》利用语料库及计算机技术从根本上使我们对汉语语言获得了更趋理性和更为深入的认识，但是，这种认识远超出了汉语学习者对学习词典的需求，语法信息多少为适度以及如何呈现能够便于学习者接受，这仍是学习词典编纂者面临的最大挑战之一。

以多义动词“打”为例，《现代汉语语法信息词典》将其分为“体宾动词”“谓宾动词”“双宾动词”“动结式”“动趋式”“离合动词”6个动词类别，在每个类别下还有几项到十几项的搭配类型。在外向型汉英

[1] 俞士汶等，《现代汉语语法信息词典详解（第二版）》，24页。

[2] 王海峰，《离合词教学的理论与实践》，网址http://www.canadiantcslassociation.ca/PDF/jor085 2037.pdf。

学习词典中，即使是以英语为母语的学习者具有较好的英语语法知识（理想情况下），他们最多也只能区分及物动词和不及物动词。在这种情况下，不宜只是提供复杂的语法知识，而是应该在释义的例证中，提供与哪些词经常搭配使用以及主要的结构类型（如动宾结构等）予以分析说明，这样或许能够更好地促进汉语语法的习得与语言生成。目前多数外向型汉英学习词典中只标注汉语词类，却并未充分说明汉语中的词组与句子同构的原理，存在搭配关系的汉语词构成了词组。汉语学习词典中的搭配信息也由此可以从两个方面入手，如列举同某词语同现频率高的一些词语并辅以例证，这既是搭配信息也是语用信息；除此之外，对于典型的词组结构，可以从词组的语法结构和关系上进行分析，这样的语法结构信息等同于句法分析，辅以整句例证，这相当于句法和语用信息。这样做的本质是从汉英对比的角度，通过具体例证呈现汉语的语法信息。

例如作为体宾动词的“打”，可以带同源宾语即“打麻将”，可以说成“打打麻将”，这种情况在“打麻将/扑克/高尔夫/篮球/排球/乒乓球”后可增加一句解释性说明“The verb 打 in the following examples（打打麻将/扑克/高尔夫/篮球/排球/乒乓球）can be repeated. Such usage is more often appeared in oral language.”这样从结构和语用两个角度解释了两者的细微异同。动结式中，与该动词常搭配的表示结果的词一般都有常用例，收入常用例就是搭配信息。例如“打听”后常用搭配“打听清楚/打听明白/打听着（zháo）”都应该收入学习词典。述宾式离合动词的宾语成分可以前置，例如“打针”可以说成“针打完了”，“打仗了”可以说“仗打完了”，这种情况在学习词典中可以举例说明。

2.4 虚词对比

马礼逊的《汉英英汉词典》中，基本上是以词类为基础解释汉语的语法，带有英语语法先入为主的视角，如他在释文中提到“被”用在动词前是被动语态的标志。[1]我更为关注马礼逊如何对汉语中语法意义丰富却未必有具体词汇意义的虚词[2]如何释义。考察《汉英英汉词典》的“且”字，[3]马礼逊摘录了汉语语法书中的解说“发语之词”“进一步之词”，结合例句说明“且”字在句中的不同位置和功能。另一个颇为典型的一例“之”[4]，马礼逊在释文中提到“borrowed to denote the Possessive Case of Nouns”（暗示名词所有格），在例证中，他会指出当“之”出现在两个名词之间和动词之后的不同，而位于动词之后如在“不要做之”和“臣未之闻也”中马礼逊认为可以把“之”当作代词。马礼逊在词典中较为重视虚词的译义，这恰恰是汉语虚词相当独特的一个现象，汉语的虚词既是词与词搭配，也是词组成句的重要组成部分。

中国语文学传统历来重视虚词，“如果把20世纪80年代以来关于虚词的研究论文搜集起来，至少有2000篇以上。其中大量的研究文章集中探讨虚词的来源、虚词的分类，某个或某些虚词具体的语法功能、语法意义及其语用特点”（任海波，2013:1）。当代学者对虚词的研究区分了古代汉语和现代汉语的参差性，对古代汉语虚词的研究已经发展到结合专书断代的共时和历时演变的纵深研究，现代汉语的虚词研究则结合现代汉语或近代白话用例体现虚词的复杂用法，基于语料库对虚词进行的定量定性实证研究等，都已经取得了进展。对外汉语教学界如李晓琪（2008）和李大忠的《外国人学汉语语法偏误分析》（2007）中80%的篇幅都在讨论虚词偏误。虚词是汉语的主要语法手段之一，是汉语学习的

[1] 马礼逊，《五车韵府》第一册，648页。

[2] 本文提及的虚词是指现代汉语中副词、连词、介词、语气词、助词5种词类的统称。《现代汉语语法信息词典》将副词归入了实词的范畴，虚词仅有连词、介词、语气词、助词4类词。而朱景松在《现代汉语虚词词典》中还考虑到“有些实词使用频率高，在一定程度上有语法化趋向，语法作用较为突出，为方便使用和查阅，酌情收录，主要是疑问代词、动量词、部分复合方位名词、主要作插入语的动词、虚化动词，以及部分虚化以后作补语、表示动态意义的趋向动词，个别起连接作用的动词短语等”，也收入虚词词典。

[3] 马礼逊，《字典》第一册，19页。

[4] 同上书，34页。

必要环节，然而却是汉语学习者最容易出错的地方。

对于意义与实词相比较为简单而用法却相对灵活复杂的汉语虚词，如何在英语中译义，是外向型汉英学习词典编纂中极为棘手的一个问题。汉语学习者出现的如“我最近正在研究关于中国历史”的错误原因就在于把“about”和“关于”当作是等值的了，而“在汉英虚词中，几乎找不出两个虚词是完全等值的例子”（李晓琪，2008:67）。汉英学习词典中如何结合汉语学习者的偏误分析，有针对性地引入语法内容值得深入探究。比较语法是外向型学习词典中有效引入语法信息的根基，尤其是虚词的中英对比分析，结合留学生的汉语偏误分析实例后，精选的比较语法信息，将成为汉英学习词典最为鲜明的一个特色。

王还的文章《“All”与“都”》堪称典范之作，他从外国学生看到汉语虚词“都”的译义“All”而想当然地在造句时用“都”替换“All”而出现的偏误，追溯英语的“All”与汉语的“都”在词类与用法上的差异。英语中的“All”分属形容词、副词、代词、名词4个词类，而汉语中的“都”只有副词一个词类，因此汉语的“都”只能出现在谓语前面。王还主编的《新编汉英虚词词典》（1999，2002）部分体现了他的理念，除了提供简单的英文对译词之外，每个虚词下还有中英文的用法说明，然而，汉语例句却只有注音，并无英语译文。从实用性上考量，这部虚词词典仍有改进的空间。当前国内出版的汉英词典对于汉语的虚词的处理并无任何特别之处，就如同汉语和英语是完全可以对译的语言，只选取了两种语言中存在对译对应关系的例句，这样避重就轻的做法不可取。外向型汉英学习词典中的虚词信息更多涉及语用和近义词辨析，而这些内容都要以英语来完成，因此，更多涉及的是汉英两种语言的语法对比和译义问题，本章限于篇幅，暂不深入语法信息的译义，在下一节外向型汉英学习词典译义中用个案“什”专门讨论虚词的译义。

2.5　文化信息

无论是当代英语学习词典还是汉语学习词典的编纂中，编纂者相对而言都较少在词典中呈现文化信息，更多的是提供语言信息。这样的做法是基于词典类型学的认识，把包含文化及百科知识信息的词典归于百科类型的辞书。而一般认为学习词典就是面向语言教学的语文性辞书，这样的划分细化了词典的类型，更具有目标用户的针对性，但在一定程度上也制约了词典的内容和功用。而从用户视角出发，用户的需求以及学习中的困难具有多样性，既涉及语言，也涉及文化，因此都是词典编纂者需要致力解决的问题。从词典用户的查得率来看，百科性与语文性词典的类型学划分可能会造成语言与文化间人为二分，尤其是对外语学习类别的双语词典而言更是如此[1]。第二语言习得只是文化适应的一部分，学习者始终处于从不适应过渡到使用的连续系统中，学习者对目的语群体的文化适应程度将决定其目的语的水平。在第二语言学习的过程中，目的语文化的获取和内化是成功习得目的语的重要保证，双语型学习词典中必然要选择一定范围的文化信息并进行呈现。

从外语教学理论来看，学习外语，尤其是和自己母语相当不同的一门外语时，掌握对象国的风土人情、文化习俗、社会体制等文化能力同语言能力同等重要，因此，学习词典中不能不收入体现对象国风土人情、文化习俗、社会体制的文化信息。语文词典中对词语的释文篇幅通常较短，在收词量以及例证数量方面力求保质保量；而百科词典的释文篇幅通常较长，能够较为充分地在词条释文中提供知识性的信息，促进理解。在汉英学习词典中，如何在有限的篇幅中引入中国文化知识的内容，是一个有待探讨的问题。

---

[1] 牛津大学出版社的《牛津英美文化词典》是作为《牛津高阶英语词典》的姊妹篇而出版的，编者Jonathan Crowther感慨学英语的人常常会遇到涉及英国和美国生活及文化传统等方面的词语，然而一般的语言词典中未能充分解释或者根本没有收录这些文化词。

马礼逊的《汉英英汉词典》颇受时人好评的一个因素就是在汉英词典的释文中补充了大量中国文化信息，当时在英国教授汉语的中文教授基德认为“在这些问题上细节的精确是非常重要的，因为要描述一个古老而遥远的帝国的风俗，需要提供关于礼节的各个方面的信息，由于东方人非常在意形式和仪式，礼节对他们来说非常重要”[1]。笔者考察马礼逊的《汉英英汉词典》，马礼逊在释文中通过以下方式提供文化信息。

2.5.1 词源和构字信息中引入文化信息

与字母文字相比，汉字的结构和汉字故事都是饶有趣味的事情。马礼逊的词典释文中，常常有关于汉字词目的词源和构字信息，这一部分内容长短不一，在释文中位于义项之前，属于文化信息。

友 YEW.

例如“友”，《说文解字》的释义是“友，同志为友。从二又，相交友也”。这个字是会意字，两个人或者两只手，意思为携手合作。[2]马礼逊的文化译义“From two hands joined. Of the same mind and disposition.”（两只手交叠，同心同德。）[3]

子 TSZÈ.

再例如“子”，《说文解字》释为“子，十一月阳气动，万物滋，人以为称”。此字为象形字，象人手足之形，因此假借为人的称呼。[4]罗列

[1] 基德，《马礼逊文字工作评述》，载《马礼逊回忆录》（中文版）二附录九，大象出版社，2008年。
[2] 杨敦伟，《现代常用汉字溯源字典》，湖南人民出版社，2012年，第188页。
[3]《字典》第一册，第338页。
[4] 参《现代常用汉字溯源字典》，第490页。

了各种古今字体变化后，马礼逊解释说“表示时刻的字，指午夜的11点至次日凌晨1点。在第11个月的午夜，人们说自然的能量被激活，宇宙万物受到滋养”。[1]

上面两例一个是会意字，一个是象形字，马礼逊通过借鉴《说文解字》的字源信息以及在释文前提供古今字形变化，突出了中国语言文字中会意字和象形字与字母文字的显著区别。许慎“盖文字者，经艺之本，王政之始，前人所以垂后，后人所以识古”道出了文字跨越时空的文化纽带作用，中国文化的传承倚靠汉字，汉字凝聚了中国人的心智以及文化意识。在外向型汉英学习词典中，从字源和构字两个方面介绍汉字的文化信息值得借鉴。但是，在借鉴马礼逊词典的编纂模式编写汉英学习词典时需要注意编纂模式的系统化。

2.5.2　释义和例证相结合提供文化信息

释义和例证共同提供文化信息，是马礼逊在《汉英英汉词典》中最常用的植入文化信息的方法。例如对“一”的释义，除了数量的意义之外，马礼逊注意到《康熙字典》中的定义“数之始也物之极也”，他把“一”的文化义项作为最后一个义项，将“数之始也物之极也”译为英文，马礼逊接着补充了摘自中国典籍的例证，援引《道德经》中“道生一，一生二，二生三，三生万物”等句解释一化分万物的文化义项。马礼逊在《汉英英汉词典》中特别强调对中国典籍文化的植入，但是有时这种文化植入的比重过大。马礼逊的《汉英英汉词典》中在“孝”的释文中完整收录中国二十四孝的故事全译本，[2]并评价到“中国人为了解释二十四孝中的一些琐碎和荒谬的做法，就说这些是为了愚弄民众——穷人和未受过教育的人。这些愚民却是最真诚的：是自然之子。中国人履

[1]《字典》第一册，702页。
[2] 同上书，724—728页。

行孝的程度，是中国人性中非常卓越的特征，直接影响到他们对相关社会责任的理性……”[1]古代典籍中所采用的古字形或古义不是学习者必须要掌握的文化信息，一些神话故事、民间传说以及古代典籍往往涉及非常广泛的文化题材，对于有较高水平的语言学习者而言，这些文化信息增加了词典的信息性、文化性和趣味性，但对初学者和中级水平的学习者而言，可能是一种冗余信息。

（1）例证中、补充义项中未收，但在生活中经常遇到的词语

语言系统中的词汇都具有开放性特点，因此任何一部词典都可能穷尽性地收录所有的词汇单位。一些词表中失收的语词单位，有时会在例证中出现。这也是采取“以字带词”处理方式的汉语辞书中经常会出现的情况。例如“水”，《康熙字典》中强调的是作为五行之一的“水”的文化意义。马礼逊《汉英英汉词典》的第二部分最具外向型汉语学习词典的特征，它对于“水”的释义，只是在江河湖海等义项后，提了一下“水”是中国五行的元素之一。在例证中，收录了“水货”，解释其为“the goods brought by a particular opportunity”[2]（某种特殊机会带来的货物），马礼逊补充的例证非常实用，至今也是人人皆知的词。

（2）在释文的语用信息中提供相关文化信息

马礼逊的词典中有较多语用信息，多数语用信息中涵盖了该词的文化信息。例如“禀”字，[3]义项之一是下级向上级清楚地呈报某事，马礼逊接着补充说，无论是书面还是口头汇报，是就某事请示还是仅只提供有关此事的信息，都用此字。不只是公事中用此字，在家庭中仆人或者地位较低的人向主人汇报家事也用此字。如果是中国官员向皇帝汇报，则不用“禀”而用“奏”。

---

[1]《字典》第一册，728页。
[2]《五车韵府》第四册，768页。
[3] 同上书，671页。

另一例如“翎”字，马礼逊释文中在常规义项之外，在皇帝所赐的孔雀毛的义项之后，补充了“翎”在中国文化语境下的文化信息。“戴花翎指戴上孔雀的花羽毛。孔雀的花翎有羽毛上的一、二、三等眼的数量区别；花翎的颜色也有区别；这样的意义以前在中国没有，是从明朝才开始的”。[1]

2.5.3 前后页材料中呈现文化信息

马礼逊在《汉英英汉词典》的前后页材料中，收录了大量文化信息。《五车韵府》第二册后收录的“CHINESE NAMES OF STARS AND CONSTELLATIONS（中文星宿名）”是由里夫斯（John Reeves）整理收集的中英对照星宿名称以及具体方位列表。马礼逊认为中国人极为有限的天文学知识与他们对天文极高的重视程度很不相称，这也是为何中国人信任钦天监的回回和后来的入华耶稣会士，委托他们制作历法的原因所在。钦天监里的耶稣会士们的贡献和影响至今犹存，马礼逊从已经极为罕见珍稀且页面有毁损的《律历渊源》[2]中，摘选了下面星宿表的内容：“CONSTELLATIONS OF BARDINS' GLOBES ARRANGED ALPHABETICALLY”（字母排序巴丁[3]天象仪对应的星宿名）、“ALPHABETICAL ARRANGEMENT OF THE CONSTELLATIONS AND STARS”（字母排序星宿名）、“NAMES OF THE PLANETS”（五大行星）和“LI-

[1]《五车韵府》第四册，551页。

[2] 据吴伯娅研究，康熙皇帝为了培养中国的科技人才，从全国召集了著名学者，组织传教士翻译西方科学著作，并亲定修订历书的标准，因为该书含律吕、历法、算学，因此康熙将其定名《律历渊源》。《律历渊源》于康熙六十一年（1722）完成，共计一百卷，由《历象考成》《数理精蕴》《律吕正义》三个部分组成。马礼逊的附录应该是摘自《历象考成》，“《历象考成》分上下两编，上编为揆天察纪，包括历理总论，对天象、地体、历元、黄赤道、经纬度、岁差等天文学的基本概念及常数做了解释。下编为明时正度，包括日、月离历法，月食、日食历法，以及五星、恒星历法等，主要介绍各种天文数据及表格的用法，并附有日月离、五星、恒星、黄赤经纬互推表等”。参见吴伯娅，《康熙与〈律历渊源〉的编纂》，《故宫博物院院刊》2012年第4期，62—76页。

[3] 巴丁家族是英国1782—1860年间最著名的地球仪、天象仪制造家族，迄今，巴丁家族制作的地球仪被世界各地国家图书馆珍藏。见John R. Millburn and Tor E. Rössoak, “The Bardin family, Gobemakers in London, and their associate, Gabriel wright”, in *Der Globusfreund*, No. 40/41, Novermber 1992, pp. 21–57。

ST OF NINETY-TWO STARS”（92星座表）。

科技术语作为双语词典附录内容在16—18世纪的手稿汉外词典中就已有传统，尤其是耶稣会士编写的双语词典中，会收录有关地理、植物、天文、历算等术语表作为附录，马礼逊在词典编写中继承了这一传统。

2.5.4 插图展现文化信息

马礼逊的《汉英英汉词典》中插图极为少见，词典正文中只有《字典》的第一册偶尔用到了插图，其余部分没有使用插图。马礼逊使用插图的目的并不明晰，也无系统性。在此仅举一例，马礼逊对于英语世界中无而中国有的乐器“埙”，采用了插图与文字描述相结合的方式。

“埙”是较为典型的汉源文化局限词，这类文化局限词由于在外部世界有具体的指称对象，因此在词典中配置插图可以在语言符号的能指和所指之间建立密切的联系。马礼逊《汉英英汉词典》提供了关于“埙”的四幅插图，其中右下的两幅，分别是“埙”的正面和背面图。以插图信息丰富著称的《现代汉语词典》第6版也给“埙”提供了与之大致类似的插图。该词目左边的插图，显然提供了“埙”之外的冗余信息，而且具有一定程度的误导性——用户，尤其是汉语作为第二语的学习者可能会在“埙”与其下的案几之间建立一种错误的内在关联。插图应该具有典型性，同时也具有抽象性和概括性。就像兰多（2001）所说的那样，“虽然可能有一些脖子较短的长颈鹿，但我们不能把它们用作长颈鹿的插图模特”（章宜华、夏立新，2005:156）。

总的来说，对于外向型学习词典而言，适当的图例与释义文字的配合，将有助于词典用户在所指对象与能指符号之间迅速建立联系。在当代主流英语单语学习词典、相应的双解型词典以及部分双语词典之间，插图的数量和质量都有很大的提升。但是，在插图配置的选择标准、插图的典型性以及概括性方面，仍然有很大的提升空间，百科信息在语言词典中的比例问题和融合问题尚未解决。“英语辞书传统中向来重视插图，早在15世纪，词典中就配有插图（Hartmann & James，1998:70）……

壎 HEUEN, or Heun.

An ancient instrument of music, made of burnt earth. There is a more modern one which is similar to that in former use. Also written thus 塤 and thus 塤. 壎土爲之大如鵝子 Heuen, t'hoo wei che, ta joo go tsze, The heuen was made of earth, and was as large as a goose's egg. It had six holes, according to some. 今大丨八孔二前五後一髹飾其上 Kin ta heuen pă kung urh tsëen woo how, yĭh hew shĭh k'he shang, Now the great heuen has eight holes, two before and five behind, one lackered adorns the top. They are thus differently represented by the Chinese.

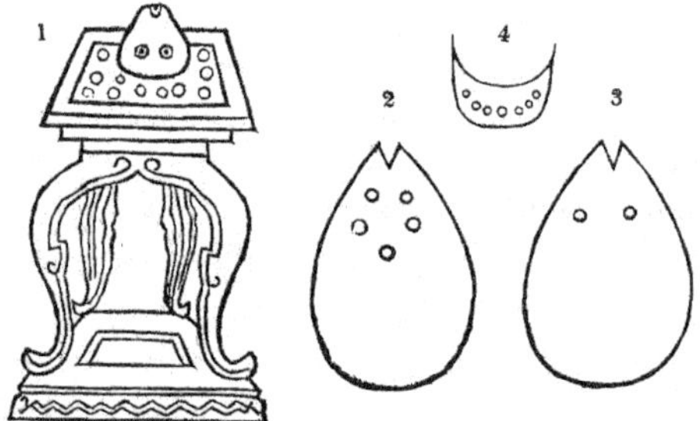

The first represents the large Heuen on a stand. No 2, is the back of the modern one. N° 3, is the front of the same; and No. 4, is a form which compares them to 稱錘 Ching chuy, A suspended weight, used in weighing. 大丨謂之嘂

VOL. I.　　5 E

图4−1　马礼逊《五车韵府》中的插图

现代辞书越来越重视插图的作用，黄建华、陈楚祥（2001:70）指出：‘对双语词典来说，插图作为释义的辅助手段，更有积极的作用。’配置插图是学习型词典中的一个主要特征（Stark，1999:153）。随着学习型词典的发展和印刷技术的提高，插图的表现形式和应用范围不断扩大，成为学习型词典的一种重要解释手段。”（徐海、源可乐、何家宁，2012:138）瑞典的LEXIN系列双语学习词典中，约有1700个词都以插图辅助译义，这些插图按照主题，分为亲属、人体、厨房、飞机场等31个主题，每个主题中包含了相应的双语词汇，以插图呈现的方式对于初学

者来说尤其有用，北欧学者的调查显示，即使是高级水平的学习者甚至瑞典人也会使用这些插图。网络版的LEXIN则更进一步，在这些词汇后面有真人读音，插图页还有多媒体链接，通过短片展示厨房和烹饪主题下的瑞典语中动词如切、切碎丁等的具体区别。这样生动的展示是纸版词典所没有的，但是纸版汉英学习词典至少可以通过配置精心设计的插图，更好地向外语学习者展示中国文化词和日常生活场景的相关词汇。

第五章

21世纪启示录：融汇创新举隅

外向型汉语学习词典为了要让初、中级学习者更好地理解目的语，也为了满足学习者的需求，目的语和用学习者的母语编写的双语词典而非单语词典更受外语学习者的欢迎。双语学习词典在跨越语言与文化障碍的过程中，存在着与单语学习词典迥然不同的问题。

"双语词典的基本目的是在一种语言的词汇单位与另一种语言的词汇单位之间找出意义相等的对等词。"（兹古斯塔，1971；林书武等，1983:404）兹古斯塔的这种观点在双语词典编纂学界产生了重大的影响。自此之后，在很长一段时间之内，双语词典编纂者一直致力于在两种语言间建立起一种"对等"或"对应"关系。实际上，两种语言之间往往并不存在"对等"或"对应"关系。

即使是两种语言中的基本词汇，也存在着非对应性关系。比如汉语中的"头"，可以做量词，而量词这个词类在英语语言系统中则不如汉语发达。兹古斯塔指出，"如果在译语中没有对应的词汇单位，双语词典就得放弃找对应词的方法……通常的做法是这样的：对源语单词的词义作解释性的注释，这种注释与单语词典中给一个词所下的定义差不多，但行文用译语。”（1983:405）从兹古斯塔的论述看，双语词典的释义一是提供语际对等词，二是提供解释性注释。魏向清（2005）提出“双语词典不同于单语词典，其实质是译义而非释义”，彰显了双语词典与蓝本目的语单语词典的相互关系。章宜华、雍和明（2007:295）在对汉、英、法语的词汇和语法进行对比之后，再次重申了“双语词典需要译义”的观点，指出：“双语词典的释义并不是对词目词的语义结构作直接描述，而是通过源语与目的语之间的映射实现对被释义词的诠释和翻译，因此其本质特征是译义而非释义；‘译义’的范围不再局限于对应词，而是对源语词位全部意义表征形式和内容的翻译，也就是用目的语对源语词认知语义结构进行重建。”章宜华、雍和明的论述阐明，双语词典编纂者在立目单位意义解释过程中不仅仅是对源语言中相应词目的翻译，同时也包含了大量的创造性语言活动。

尽管在理论词典学研究方面，学界普遍承认双语词典中译义的主导地位，但在词典实践中，双语词典相对稳定的宏观结构和惯常的译义方式常常加剧了语言学习者寻求“等值”表述的观念，这是困扰双语词典已久的问题，国外学者如Nuccorini（1994）曾对此做过研究。双语词典中最常见的译义方式是按照义项的切分颗粒度的不同，在相关义项中提供一个或一连串的“对应词”，这样的“对应词”模式对完成语言的解码任务或许有用，但在完成语言编码任务时则有着潜在的问题。双语词典编纂者必须要考虑这样的问题：采取怎样的译义策略，才能兼顾语言的编码功能和解码功能？ Piotrowsky（1989），Scholfield（1999），Back（2005），Batia Laufer（2006）等曾从用户的词典使用情况以及学习型双语词典的结构等方面，探讨改进双语学习词典微观结构中的译义方法，解决目前双语词典面临的困境。在这一问题上，国内外学者基本达成共识的是：在立目单位译词模式的基础上，增加立目单位的搭配信息、语法范畴、语用信息等，通过上述手段尽力弥合源语与目的语词汇之间的语际差异。

马礼逊的《汉英英汉词典》做出了宝贵的尝试，对大量汉字、例词、例句无一字不释义不译义，从马礼逊《汉英英汉词典》海量的历史双语语言文化翻译库中，我们可以获取对当代乃至未来跨语言跨文化实践有益的启迪。

第一节　汉字译义的形音义结合

马礼逊的《汉英英汉词典》的前两部分汉英词典的宏观结构都是“字－表述”结构，对汉字译义时，马礼逊借助《说文解字》的文字学知识侧重分析汉字字形结构和意义的关系，在此基础上译义，这种处理方法符合汉语的构词特点。汉语中语素的数量较少，汉语词汇的构成，主要采用词根复合的方法，因此汉语词汇中存在着大量的同素义族单位。比如，与“民”相关的同素义族有“民心”“民意”“民间”，还有“人民”“平民”“股民”等。对于欧美学习者而言，通过识记有限的汉字，有利于扩展汉语字词以及掌握相关词和词组的意义。在汉英学习词典编纂史上，这样的编排方法充分考虑到了汉字的独特性和以英语为母语的学习者的需求。这是马礼逊对汉英学习词典编纂做出的贡献。

马礼逊沿承《说文解字》的译义在当时是最佳选择。许慎根据有较为成熟的文字形态的篆文，结合了古籀文推解汉字构字的理据，从《说文》风靡两千余年而不衰可知《说文》在辞书史上的地位。然而，在21世纪的今天，许多学者已经利用甲骨文、金石文、简牍文进行古文字学的研究，拥有的古文献材料方面远远超过了许慎，也因此能够指出许慎《说文解字》存在的不足。古文字学是追溯考释汉字在造字之初的理据的学问，破解古文字的难度相当大，能够精通训诂学兼音韵学，悉知从甲骨文到楷书演变的文字学，且能汲取传统语言文字学并和现代语言文字学理论结合的学者寥寥。即使这为数不多的学者们对所释的字也常常“言人人殊”，令门外人难以判断定夺。20世纪现代汉语的发展形成以及新中国后使用的简化汉字，使得21世纪中国使用的汉字已经与古文字学研究的汉字发生了很大的变化，产生了现代汉字学。1980年周有光在《现代汉字发凡》[1]一文中对于现代汉字学的研究对象和方法论述得很明晰，“现代汉字学研究现代汉字的特性和问题，目的是为今天和明天的应用服务，也就是为四个现代化服务，减少汉字在现代生活中的不方便……现代汉字学研究的问题和研究方法跟历史汉字学很不相同。它是以语言学为基础而结合信息论、统计学、心理学等的边缘科学。这绝不是抛弃或者背叛历史汉字学。在汉字学的领域里应当厚今而不薄古、厚古而不薄今”（周有光，1980:123—130）。苏培成据此提出的现代汉字学致力解决的汉字问题中，如：“汉字在学习和书写时，要对字形做出分析，应该怎么分析？多数字是由几个小的构字单位组成的，组合时有没有理据可言？要把成千上万个汉字排成一个系列，根据什么原则，是字音、是字形，还是什么别的？”（苏培成，2014:4）这些现代汉字学所关注的问题，和外向型汉英学习词典的编纂有着密切的关系。

汉英学习词典中借鉴古今文字学研究的成果，目的是为了更好地理解与英语等字母文字不同的汉字在排序、构字部件之间的特殊关系，此外，汉字所承载的中国文化故事与英语字母文字相比也颇具故事性，[2]这些都是编写汉英学习词典时要关注的中国文化因素。汉英学习词典关注汉字构字信息还有一个目的，就是通过理解和记忆有限的构字部件，举一反三地扩展识字量。

[1] 载《语文现代化》丛刊，高等院校文字改革研究会筹备组，上海知识出版社，1980年第2辑。

[2] 瑞典林西莉著的《汉字王国——讲述中国人和他们的汉字的故事》中提道：“高本汉每教一个字都要解释它的结构以及人们所知道的它的最初形式。他讲汉字的来龙去脉，使它们变得活生生的，很容易理解……在将近十五年前我开始写这本书的时候，我的目的是对有关汉字的象形起源做一简明、通俗的论述。但是我很快发现传统解释常常是过时的，特别是还没有人根据近几十年的考古新发现从语言学的角度加以修正……本书的中心是讲述一个‘故事’，这就是在汉字的起源及其发展中的中国文化史。我选择了使用自己的话讲述这个‘故事’，而不采用学究式的论文体，它是我个人经验、经历和观点的一部分。”林西莉著，李之义译，《汉字王国》，生活·读书·新知三联书店，2007年，第2—3页。

由此观之，汉字和英语字母文字相比具有哪些独特的特点，是我们选择汉字译义内容的基础。在此，笔者梳理一下相关领域的研究成果。特点一："汉字的外形属性表现为平面方块形……为了使每个字大体上能容纳在一个方格里，组成合体字的构件往往采取不同的配置方式，如左右相合、上下相合、内外相合等。隶书、楷书的字形呈现为十分整齐的方块形，有些构件在不同的位置常常写成不同的形体，如'心''手''水''火''衣''示'等字做构件时，位置不同写法就不同，目的就是使整个字能够容纳在一个方格里"（李运富，2012:13）。特点二："汉字字数繁多，结构复杂，缺少完备的表音系统……现代汉语的通用字就有7000字，《中华字海》所收的古今汉字竟多达86000多字（其中有些字是不该收的）。而拼音文字的字母一般只有几十个，比汉字少得多。数量繁多给学习和使用都增加了困难，对机械处理和信息处理也十分不利。从形体说，文字都是由线条构成的。从汉字的外部结构看，线条构成笔画，笔画组合为部件，部件再组合为单字。笔画和部件的种类都很多，笔画的组合方式和部件的组合方式也很多。而拼音文字的字母不但数量少，而且结构简单。所以我们说汉字的结构复杂"（苏培成，2014:7）。这也是很多英美国家的汉语学习者抱怨汉字难记的主要原因。特点三：中国文化孕育了汉字，汉字承载着中国传统文化的内涵。"汉字作为语素文字[1]，是形音义的统一体，它在自身的结构中包含着丰富的文化因素。从字形里体现出来的构字理据，反映了汉民族悠久的文化特征。这一点在象形意味浓厚的古代汉字中表现得尤为明显。"（苏培成，2014:13）

[1] 对于语素文字，"语素（morpheme）也叫词素，是最小的语音语义结合体。……汉字的一个个单字记录的是汉语里的一个个语素，因此汉字是语素文字。古代两河流域的丁头字、古代埃及的圣书字，和形成于公元前不久的玛雅字，都是语素文字。但是这三种文字早已不用，至今一直在使用的语素文字只有汉字。……每个汉字除了有形体和读音外，还有意义。这和英文字母、日文假名很不相同"（苏培成，2014:3）。

汉字的字形分析是汉字研究的重要内容。“分析汉字的结构首先要区分溯源分析和现状分析。溯源分析是以这个字在产生时候的字形为对象所做的分析。如果这个字是汉代以前产生的，溯源分析就要追溯到它的古文字字形。现状分析是以当前楷书规范字形为对象所做的分析。……其次，在现状分析时还要区分外部结构分析和内部结构分析。汉字的外部结构指纯粹的字形外观结构，一般不涉及字音和字义，不涉及构字的字理。……汉字的内部结构指与字音、字义有联系的汉字构成成分的组合。内部结构研究是从字形的现状着眼，研究字形和字音、字义的关系，从而说明构字的理据，得出现代汉字的构字类型。这对识字教学有帮助。”（苏培成，2014:73—74）分析汉字的内部结构，得到的字符[1]相当于传统汉字学的偏旁。“字符根据它和整字的音义关系，可以分为三类：意符、音符和记号。凡是和整字在意义上有联系的是意符，和整字在读音上有联系的是音符，和整字在意义和读音上都没有联系的是记号。”（苏培成，2014:102）

上述论述让我们明确了汉字与字母文字相比的独特性，外向型汉英学习词典对于汉字译义，最为根本性的内容在于体现现代汉语的字形特点和内部结构分析。从学习词典汉字译义的角度，所有汉字分解后都可

[1] 汉字的结构中，“汉字的字符中有大量意符。传统文字学所说的象形、指事、会意这几种字所使用的字符，跟这几种字所代表的词都只有意义上的联系，所以都是意符。我们所说的表意字就是总括这几种字而言的。形声字的形旁跟形声字所代表的词也只有意义上的联系，所以也是意符……汉字的字符里也有很多音符。假借字就是使用音符的。人们在假借某个字来表示一个跟它同音或音近的词的时候，通常并不要求它们原来在意义上有什么联系……有时也能看到被假借的字跟借它来表示的词不但同音或音近，而且在意义上也有某种联系的地方……形声字的声旁也是音符……汉字的音符跟拼音文字的音符有很大区别……汉字的音符则是借本来有音又有意的现成文字充当的。有很多汉字在充当合体字的偏旁的时候，既可以用作音符，也可以用作意符，而且还能兼起音符和意符的作用……但是在汉字发展的过程里，由于字形和语音、字义等方面的变化，却有很多意符和声符失去了表意和表音的作用，变成了记号……由于记号字仍然代表着它们原来所代表的词，它们在用作合体字的偏旁，或假借来表示其他词的时候，仍然能起意符或音符的作用”（裘锡圭，2013:10—13）。关于汉字学术语方面，中国学界尚未统一，“意符”同于“义符”，“声符”同于“音符”，形声字中的“意符”同于“形符”。本文的引文遵从原文所使用的术语，在笔者论述时统一采用“意符”“音符”。

以归结到意符、音符、记号这三类字符，这是由这三类基本字符的组合构成了数量庞大的汉字。其中，汉字能够见形知义与意符的表意程度相关，因此意符是汉字学习和研究中最具中国特色的一个领域。形声字是汉字中所占比例最大的一类，形声字中的意符与象形字、会意字等字中的意符功能作用有所不同，形声字中的音符也相当典型，还有特殊的一点是很多形声字中的音符兼具表意功能。因此，汉字译义中最为复杂的当属形声字的译义，涉及意符和音符以及两者之间的关系。记号是在现代语言中指那些在演变中失去了表音功能的古音符和失去了表意功能的古意符。综上所述，笔者确定了研究意符、形声字中的音符和意符、记号在外向型汉英学习词典中的译义内容和策略，全面探索汉字译义的理据与方法。

1.1 汉字意符的译义实例

作为表意文字的典型代表，汉字源于图画。在图画文字的发展中，图画的成分逐渐减弱，符号性成分逐步增强，形成了最早的象形字。在《说文解字·叙》中，许慎阐释了“文”与“字”的关系。“盖依类象形，故谓之文，其后形声相益，即谓之字”，即通常所说的“独体为文，合体为字”。可见，在汉字系统中，最早出现的是通过描绘物体形状的方法造出来的独体的象形字，即“文”；而在“文”的基础上增加新的符号孳乳而成的是“字”。从发生学的角度看，汉字最初的形体指示或反映的正是汉字的本义。例如象形字“井”，马礼逊对汉字的译义如下：

井 TSIŇG. 丼 S. C. 丼 R. H.

A deep place that produces water. A clear spring；a well. A piece of land divided into nine parts, of which, in former times, the centre part was appropriated to government；otherwise called，井田 Tsing tëen, which consisted of 九百畆 Kew pĭh mow. “ Nine hundred Mows” of land.

由一个意符构成的汉字如“井”，主要来源于古代的象形字，且汉字字形的古今变化仍可辨识。这一类的汉字最能体现古人的思维、意识、制度以及社会生活等文化渊源。马礼逊的汉字译义提供了小篆的“井”字形以及草书字形，译义先从“井”作为水井的名词义项翻译，接着用一段英文解释说明中国古代的井田制度。《说文解字》注为“八家一井”，段玉裁注其为“此古井田之制”。《孟子》中讲述“井”的借用义指井田制度，因其八家为一井，共九百亩等。马礼逊译义将“井”字为“水井”的当代义项单独列出，将“井”的古文化意义择其要单独译出。这种译义策略首先顾及的是汉英学习词典服务于当代的语言学习，而非词源词典等历时词典的从本源义到衍生义的义项排列方式，因此，排列在第一项的是当代义即最常使用的义项。接着才是文化信息译义，文化信息的译义内容选择和译义重点与中国传统字学不同。马礼逊将“井”直观地译为一块土地分为九部分，这样和“井”的字形结合起来更容易理解，另一方面还映衬了接下来要说的“井田”“九百亩”的内容。中国传统文献中的“八家一井”和“九百亩”的关系并不如马礼逊的译义那么明确。马礼逊在这一段的译义中用到的汉字“井田”，他随后标注了注音，并对“井田”做出了进一步的解释。这样的方式还有改进的空间。“井”已经多次出现，而“田”首次出现，所以可以在“田”字后面加小括号，补充生字“田”的意义，然后再提供“井田”这个词的注音，并对“井田”制度进行译介。

小结：对于来源于古象形字并由一个意符构成的汉字，译义的最佳策略是除现代汉字外，提供古代字形，可以结合古字源含义即文化内涵译义。对于古今义项存在异趣的地方，外向型汉英学习词典可以插入汉字文化故事板块，将这个象形字所承载的古代中国文化理据以更容易被人理解和接受的方式，用英文呈现。

再看指事字“民”，马礼逊的译义如下：

民 MIN. [seal-script forms]

A general budding forth or growth; growing up, or vegetating merely, without knowledge. The people or subjects of a country, in contradistinction from those in the service of government, or who possess rank. The prince is the *mind* or *soul* of the people, and they are his *body*. Kwŏ e min wei pun; min e shĭh wei tëen. 國以民爲本|以食爲天

指事字类同于象形字，都是有着悠久历史文化渊源的汉字。然而，由于时间久远，人们对于会意字所指为何常常存在不同看法。对于简单的指事字如“上、下、一、二、三”等，当代人对于所指不容易产生分歧的指事字的处理方法可以同于象形字方式。对于“民”的古文字字形所指，郭沫若《甲骨文字研究》中解释为“（民）作一左目形，而有刃物以刺之……周人初以敌囚为民时，乃盲其左目以为奴隶”（曹先擢、苏培成，1999:368），马礼逊时代还不知甲骨文为何物，马礼逊的字形中有金文 [金文字形] 在字形上最接近甲骨文，他译义主要参考的是《康熙字典》的注释，来源于《说文解字》的“众萌（氓）也”。参照《汉字形义分析字典》中的解析，“依郭沫若的分析，民本指奴隶，后指百姓、平民……注意：在古代，民多与君、臣、人相对，不做官的都可称民，包括不做官的贵族和平民”（曹先擢、苏培成，1999:368），马礼逊这样译义是将作为被统治者的“愚民”与拥有官阶的统治者对立起来进行对比译义，揭示中国古代或者传统社会“民”在政治、教育等方面的劣势地位。马礼逊的译义与当代学者的解析有不谋而合之处，由此可以看到马礼逊对中国文字解析的创造性。来源于《康熙字典》的另一例句“民以君为心，君以民为体”（《礼・缁衣》），由于没有配中文，也缺乏上下文背景，马礼逊这一例句显得很突兀。

通过这个例子，让我们注意到一个事实：古指事字对于所指为何常常存在分歧，而且指事字的本义与今义可能相差甚远。指事字的译义没

有必要硬译、硬对所指为何，可以采取一家之言，以自圆其说的方式变通译义。

对于会意字如“明”，《说文解字》的释义为“朙，照也。从月，从囧”，马礼逊没有采用这么晦涩的解释，而是直接附上了“日”“月”的象形文字，译义时从日月齐辉的角度，解释“明”作为“明亮、明白”的核心意义。马礼逊这样译义可谓简单明了。

> 明 7719. [-] The united splendors of the *sun* and *moon*. Clearness, brightness, brilliance. Bright; clear; intelligent, perspicuous; to shed light on.

“亟”是由多个意符构成的汉字，马礼逊的译义：

> 亟 KEĬH. S. C. R. H.
>
> Formed from man, mouth, hand, and two lines. The two lines represent heaven and earth. Receiving from heaven the gifts of the seasons, and blessed with the benefits conferred by the earth; the mouth should plan, and the hand effect with promptness, there should be no loss of time. (Seu k’hae.)
>
> Haste; speed; promptly; hurry. 亟速 Keĭh sŭh. “Hastily; speedily; in an hurry; urgently.” 經始勿| King che wŭh keĭh. “In beginning the work, do not hurry.” (She king.)Hastiness of temper. 公孫之|也 Kung sun chekeĭh yay. “The hastiness of Kung sun.” Also read Ké, denoting repeatedly. |问|餽

《说文解字》解析为“从人、口、又、二。二，天地也”。《康熙字典》在《说文解字》之后提供了徐锴《说文解字系传》中的文字“承天之时，因

地之利，口谋之，手执之，时不可失，疾之意也”。马礼逊将多个意符的解析译成英文后，这个字的构件和意义的勾连也就非常明显了。

综上所述，对于一个意符（象形字和指事字）、两个及两个以上意符（会意字）的汉字的英文译义，可以结合古文字字形以及解释古文字形态所承载的意义和文化内涵，起到沟通古今、见形明义、易解易记的功效。

1.2 形声字译义实例

当前研究对于何为形声字仍缺乏确切的定义，有些字源意义上的形声字，在现代汉语中已经失去了表音表意的形声字特征。对字源形声字的古今隶变研究发现，“以《说文解字》的源形声字为基准，比较在现代常用汉字中可以对应的2602个字符，发现《说文》源到现代常用汉字中已有45%的不再是形声字，37%的发展成以类意符和类音符为条件的形声字，不到18%的传承形声字其意符的表意度和音符的表音度也有不同程度的降低”（李运富，2012:186）。对于形声字在现代汉语常用字表中的百分比，数字上的差异反映出的正是学界对形声字概念界定方面存在的不同看法。对于编纂外向型汉英词典而言，了解形声字作为兼具表音表意的文字，形声字形结构与音、意的理据关系是译义的重要基础。

笔者采用了李燕、康加深、魏励、张书岩等人在现代汉语形声字研究中提出的“形声结构”。[1] 兼顾形声字的历时和共时性，结合意符的表意度和音符的表音度研究的“形声结构”，最适合外向型汉英学习词典

[1] “‘形声结构’是通过字源分析得到的，如果一个汉字属形声结构，那么它可以称作字源上的形声字，但从共时角度看此字是否是形声字，还得看它的其他参数值……声符、读音、表音、多音数这四个参数是解决形声字的表音问题……形符、表意这两个参数是解决形声字的表意问题……考察简化因素对形声系统的影响。”（李燕、康加深、魏励、张书岩，1992:75—78）

的研究。通过“形声结构”认定现代汉语的7000个通用汉字中，形声字达5387个。此外，在形声字中，90%都是左形右声结构。2014年张积家、王娟、印丛的实验发现，形声字的音符是受试者首先关注的而且关注时间长于意符，此外，语义提取方面音符也同样获得优先关注。

根据李燕等人的专题研究，形声字的音符表音情况共有8种情况，音符的读音与形声字读音在“① 声、韵、调全同；② 声、韵同，调不同”这两种情况下，汉英学习词典的译义需要指明音符和整字读音的关系。《现代汉语通用字表》中的7000个通用汉字，音符的声韵调与整字完全相同的形声字有2285个，声韵同而调不同的共有882个，这两类形声字的音符表音情况也最具代表性。顾建平的《汉字通》[1]对形声字音符译义方面处理得非常有特点，在此通过比较顾建平和马礼逊词典中的例证来看形声字中音符译义的方法和策略。以“粮”为例：

糧

形声字。米表意，像稻米，表示米粮；量（liáng）表声，量有分量义，表示携带干粮分量要恰当，少了不够，多了成负担。简体字米表意、良（liáng）表声，兼表出门带的干粮大多用品质好的米粮制成。本义是干粮。引申指粮食。

糧 originally meant field rations; later, it came to represent grain, cereals, food, it consists of 米 and 量（liáng）, which is phonetic and denotes quantity, i.e. measuring the right amount so as to be enough

[1] 顾建平序言：“汉字的声旁亦或多或少起着表意作用，这一特性没有受到人们，甚至专家的应有重视。有鉴于此，《汉字通》逐一挖掘形声字声旁的表意功能，这对全面深入解开汉字形体之谜是至关重要的……有幸请到曾任职美国麻省理工学院与康奈尔大学中文课程的负责人，并于近期任教新加坡国立教育学院中文系客座副教授的语言学家魏久安博士（Dr Julian K. Wheately）担任《汉字通》英译学术顾问，提升了字典的品质。”顾建平，《汉字通》，中国出版集团东方出版中心，2014年，第2—3页。

without being a burden. The simplified form has 米, rice, and 良 (liáng), which is phonetic, and means excellent, i.e. the rations taken on a journey need to be made from quality grain. (顾建平，2014:385)

在这个形声字的译义中，《汉字通》针对的目标群体是“中小学生、中小学教师以及自学中文的成人使用”，因此，汉字译义中提供了中英文的释义。此外，这里释义时兼顾了繁简字形的变化，提供了古今字形与字义的解释。在外向型汉英学习词典中，词典的使用者是以英语为母语的人，因为汉语水平有限尚看不懂中文释义，因而释文中可以省略中文释义部分只保留英文译义部分。繁简字的译义处理，涉及汉英学习词典是否要在简体字后收入繁体字，在此暂不做讨论。顾建平对“粮”字译义方式最突出的优点是，重视挖掘音符的表意功能。形声字的形符表意已有深入研究，[1] 裘锡圭指出“汉字的音符则是借本来有音又有意的现成文字充当的。有很多汉字在充当合体字的偏旁的时候，既可以用作音符，也可以用作意符，而且还能兼起音符和意符的作用”(裘锡圭，2013 : 12)。

有鉴于此，形声字的音符译义时，当出现第一种情况：如果形声字的意符表意度高，音符只是表音，音符的译义方法可以简单处理，例如“懊”字，汉字译义时先指明整字的发音“Prounuced after 奥 ào”，然后再着重解释意符“忄”(心) 和意义的关系。这种情况下，音符的译义

[1] “确定形符义的依据：① 本身是单字的形符……② 因位置不同或字体演变而造成的变体形符，其意义与相应单字的译义相同。③ 从形符构成的字中归纳出来的形符义……④ 确定形符义的流程图”，在此基础上，李燕等统计在7000个现代汉语通用字中，属于形声结构的5636个字所用形符251个，近90%形声结构的形符是完全表意或基本表意的 (李燕、康加深、魏励、张书岩，1992:74—83)。施正宇对现代汉语3500个常用字和次常用字中的形声字进行考察，得出形声字有2522个，共用形符167个，形声字的有效表意率为83% (1992:76—83；1994:83—104)。上述研究所基于的形声字的定义范畴不同，都证实了形符表意的有效性。此外，张翔的《现代汉字形声字义符表义功能类型研究》(2010) 和张积家、王娟、陈新葵的《义符研究20年：理论探讨、实验证据和加工模型》(2014) 代表了当前对形声字意符研究的最新趋势和成果。

只需指明部分发音与整字读音的关系。当出现第二种情况：音符在形声字中不仅表音而且表意，[1]如例字“粮”中的音符“良”，就必须要重视音符表意的译义，而且音符意义与整字意义的关系是整个形声字译义的重点内容。

形声字的意符“跟形声字字义的关系，大都泛而不切……有少数形声字跟形旁同义，如‘船’‘頭’‘爹’‘爸’等。绝大多数形声字的形旁，只是跟字义有某种联系”（裘锡圭，2013:142、163）。在汉字的认知实验中，与音符相比意符对于辨识汉字更为重要。[2]意符与汉字字义的关系，李燕、康加深等人对形声结构中的形旁即意符的表意度，分为三种情况：“① 形符义和字义完全相同。如：‘父’与‘爸’。② 形符义和字义有一定的联系，但不等同。如：‘水’与‘渔’。③ 形符义和字义已经没有任何联系。如‘耳’与‘耻’”（李燕、康加深，1992:78），李燕、康加深等人以7000个现代汉语通用字作为样本，最后统计出的251个形声字意符中，其中仅出现一次的意符有96个，构字数量超过20个的意符只有54个（1992:80）。张翔（2010）以同于李燕、康加深等人的“形声结构”确认的7000个现代汉语通用字为样本，发现89%的形声字中的意符具有表意功能，而且“种属关系”“事物与事物所发出的动作的关系”“事物与事物状态的关系”“物品与所用材料的关系”占81.8%，即形声字中的意符表意功能很强，而且意符表意的种类主要集中在上述四类关系中。此外，意符的构字频度是标志意符构字能力以及其在意符系

---

[1] “有些形声字的声旁兼有表意作用，可以称为有意的声旁。我们在讲形声字产生途径时已经说过，如果在某个字上加注意符分化出一个字来表示这个字的引申义，分化出来的字一般都是形声兼会意字。有意的声旁主要就是指这种字的声旁而言的，例如前面已经举过的‘娶’字的‘取’旁、‘懈’字的‘解’旁”（裘锡圭，2013:170）。

[2] “意符、音符线索对高频字和低频字的作用显然不一样。所有情况下都是对低频字的启动量更大。对于高频字来说，意符和声符线索的作用较小，频率的作用较大……意符线索和音符线索在心理词典中的作用不是等同的。从启动量来看，意符启动和声符启动没显著差异，意符启动偏高。但二者的差错率有显著差异，音符启动的错误率显著高于意符启动……可见，在形声字心理词典中，意符线索比音符更重要”（余贤君、张必隐，1997:145）。

统中的地位高下。李国英（1996）的研究确认了72个高频意符，仅占意符总数19%的高频意符构字量却高达形声字总量的6.86%。[1]由此得知，从古至今形声字中的高频意符最常见于古今汉语中相对稳定的常用字或基本词汇中，并且在意类分布上覆盖了社会生活的各方面，这些高频构件是汉字构形体系中极为重要的组成部分。

形声字意符的总体数量远少于音符，而少数意符的构字能力又极强，因此形声字意符的译义要体现出意符的这一特点。以形声字“型”为例，马礼逊的译义如下。

“型”是上下结构的形声字，《说文》释为“铸器之法也。从土，刑声”，可分为意符“土”和音符“刑”。马礼逊的译义没有对字形的音、意进行解析，直接将《康熙字典》中的释义“模也。凡铸式，以土曰型，木曰模，金曰范”译了出来，这样的译义不够精彩。“型”从其结构来看，下面为“土”，指明了制作模型的原材料，上面“刑”从声。与它相关的如“模”也是一个典型的形声字，“木”指制作模型所用的材料，也是与“型”的不同之处。译义时可以指明此字的意符指的是制作模型的原材料为土。“刑”作为音符，也有用刀割开之意，“型”原是指土质的、铸造器物所用的模子。这个形声字如结合上述音符和意符的内容译义，字形易理解易记，字义的理据也更清晰。

> 型 HING. 型 型
>
> A mould; an earthen mould or pattern; made of wood, a mould is called 模 Moo; made of iron it is called 範 Fan. 凡鑄式以土曰型 Fang choo shĭh e t'huo yuĕ hing, All patterns or moulds made of earth for

---

[1] 李国英对形声字的研究基础和李燕等（1996）、张翔（2010）不同，因此数据上不能直接对比，但是可以作为参考数据，结论比数据更为重要。

casting metals in, are called Hing. 典 | 宛在 Tëen hing wan tsae, The example which he left remains entire;—said and written in praise of those who have departed this life. | 法 Hing-fă, An example.

“土”也是构字能力强的常用意符之一，共构成137字，其中基本表意的128字，不表意9字（李燕、康加深等，1992:81）。参照其他以“土”为意符的形声字“场（治谷田；集市）、址（基址；地点）、坟（用土堆出的高于地表的墓地为坟）、垦（耕土）、坝（用土巩固的障水物）、垛（积土曰垛）、填（用土塞）、培（加土）”，不难发现共同的意符“土”在上述所列的形声字中，它多指场所或所使用的材料。归纳总结形声字的意符所表示的类别或区别性意义，有助于突出形声字意符数量少但构字能力强的特点。形声字的意符表意的具体内容，在学理剖析上张翔的研究最为深入，张翔详细地对现代汉语中的18种形声字意符表意的类型进行了解说。然而，在译义的具体实践中，钟一凡归纳的12种意符表意命题值得借鉴。

1. 形符与形声字意义基本相同的，命题表述为：____（就）是____，如：爸、船、眼、嘴、爹，等等。

2. 形符与形声字是类属关系的，命题表述为：____是一种____，如：银、柳、蝴、裤、蚁、鸦、疯，等等。

3. ____的动作/的一部分（主体），如：打、跑、想、吃，等等。

4. ____的功能/特征/样子，如：锋、枯、芳、烈、瞎、健，等等。

5. 用____做成/构成（材料），如：铲、鞋、柜、泥、板，等等。

6. ____的用具（工具）/用（做），如：缝、剃、烤、浇、盛，等等。

7. 由____产生，如：烟、痛、熟、旱、俗，等等。

8. 从____发生（场所），如：沉、客、泊，等等。

9. 用来____（用途，目的），如：街、渠、炭，等等。

10. ____是____的伴随状况，如：村、富、贺，等等。

11. 像____一样（隐喻），如：狠、障、阀、国，等等。

12. 形符与形声字意义完全不同，即不表意形符，由此字形联想不到它所代表的语素、词常用意义的类属和范围，或密切相关（对认知、记忆有提示作用）的信息，命题表述为____与____无关，如：骗、创、但，等等。[1]

形声字的意符不同于象形字、指事字、会意字的意符有较为明确的表意特征，相比较而言，形声字中的意符表意多是表示笼统意义和性质范围类别的意义，但是，形声字中的意符也有模式可循，因此，这些表意模式同时也可以成为形声字意符译义的参考模式。除第11、12两类基本上与字形没有关系，其余的10种组别都可以成为译义的基础。结合李翔（2014）的研究结果，形声字中意符表意的“种属关系”（仅此一种就高达37.7%）、“事物与事物所发出的动作的关系”、“事物与事物状态的关系”、“物品与所用材料的关系”占全部形声字的81.8%，译义时尤其要重视这四类意符表意的关系。

例如，以意符“土”构成的形声字“型”“坝”“填”都是第5种表示“用____做成/构成（材料）”类型，它们的译义可以这样呈现：

[1] 钟一凡指出，第1、2两类的形符与意义有定性最高，第3、4、5、6的表意程度略次之，第7、8、9、10的表意程度明显比前两类降低，第11要通过联想理解隐喻义，第12的形符和意义毫无关系。（钟一凡，2008:19）

样例：型

xíng 型 means mold or prototype. xíng 型 is pronounced after xíng 刑, which by its formation means to use a knife（刂= dāo 刀）cutting open（kāi 开）. The bottom part tǔ 土 means earth, i.e. the materials which the mold was made of. xíng 型 originally means to dissemble the mold made by clay.

bà 坝 means a dam. The left part tǔ 土 means earth, the materials used to construct and to fortify the dam bà 坝.

tián 填 means to fill up with. The left part tǔ 土 means earth, the materials used to fill up uneven ground.

在对形声字中常用的意符译义时，对形声字中重复出现的意符“土”可采用模式化方式译义，解释意符与字形、字义的关系，便于学习者理解、记忆以及联想汉字所独具的优点，通过模式化的译义进一步强化汉语学习者对汉字的认知与识记。

1.3　记号字译义实例

“记号字有的是独体字，有的是合体字。独体记号字由一个记号构成，主要来自古代的象形字。由于形体的演变，古代的许多象形字已经不再象形。例如：日、月、水、手、木、心、子、女、弓、矢、刀、戈、舟。我们说这些字变成了记号，是说从楷书形体上已经看不出所象为何物，也看不出该怎么读音……例如‘木’，在‘松、柏、杨、柳’中是意符，表示这些字是树木；在‘沐’中是音符，因为‘沐’读木；在‘极、查、杰、柒’中是记号，既不表音也不表意。”（苏培成，2014:109—110）对于由古代象形字演变而来的记号字，还可以通过对古象形字的溯源，以联想的方式获得此字的音意信息。对于既不表音也不表意的记号字，如类似“极、查、杰、柒”的汉字，无须再分析构字字形和字理，直接译义即可。

对于半意符半记号字，很多都是古形声字因为音符不能准确表音，字义古今没有很大变化，因此变成了半意符半记号字。如“埋、垫”等字，意符“土”和字义没有太大的变化，但是因为音符失去了表音的能力，因而就变成了半意符半记号字。对于此类字的译义，在整体意义译义的基础上，只需对意符部分再进行补充性译义即可。

对于半音符半记号字，也是古形声字到了现代汉语阶段，音符还能表音，但是意符不能表意而变成了记号，如“纪”等字，“己”是音符，只是原来表示千丝万缕的头绪的“糸”旁意义在当代消失了，因而变身为半音符半记号字。对于这类汉字的译义，在整体意义译义的基础上，只需对音符部分进行补充性译义即可。

值此，汉字译义的最根本性问题已经都分析过了。汉字译义的内容决定了翻译的方法和模式。通过对汉字特点的深入剖析，并结合马礼逊以及当代汉英对译的实例，通过对意符、形声字、记号字等不同构字理据的分析，在汉字译义中再现汉字的构字特点和独特中国文化，这样的译义方法从根本上有助于汉语学习者理解和记忆汉字。

第二节　汉语学习语法体系体现

2.1　虚词“什”的实例

在英语等屈折语中，词类具有易于辨识的外部形态特征，而且词类和句法成分之间有相对简单的对应关系。例如，“英语的动词一般跟谓语对应，英语每一个句子必须有一个而且只能有一个限定形式的动词作为谓语部分的主要成分，且与主语保持人称与数的一致。不过英语的动词也是可以出现在主宾语或者定语的位置上的，只不过出现在这些位置上的英语动词不能是限定形式而只能是非限定形式（包括不定式、动名词、现在分词与过去分词）。换句话说，英语动词的一种形态只与一种句法功能相对应，如果它要担任另一种功能，则必须转化为另一种形态，尽管形态不同，也还都是动词。因为非限定形式的动词仍然保留了动词的基本特征，它仍具有体和语态的变化，可以受状语修饰，如果是及物动词，还可以带宾语”（俞士汶等，2003:10）。正是因为这样的特性，词类成为英语等屈折语语法的重要内容之一。

汉语作为分析语，同一个词类无论担任多少种句法成分都没有形态上的变化，而且兼类词在汉语中更为普遍，虽然中国学者对汉语词类标注以及标注词类对译义准确性的实证研究（王仁强、章宜华，2006），证实了标注汉语词类对外向型汉英词典译义的积极作用，如何给外向型汉英学习词典标注词类以及在此基础上更为准确地译义，仍然是有待探讨的问题。汉语词类不容易辨别，仍需要在汉英词典中标注词类，其终极目的是为句法以及汉语语法体系服务。使用与英语语法范畴基本同一的语言学术语和词类分类，就是从组词造句的角度来审视汉语语言中词和词能否组合。如何构成短语和句子以及如何构成句子的句法结构，词类信息是最基础性的内容。[1]在外向型汉语学习词典编纂里贯彻了词类标注并与句法结合的，仅有孙全洲的《现代汉语学习词典》。[2]

---

[1] 关于词类和词性的区别，“‘词类’是对汉语词语的全集进行划分的结果，是集合的概念。‘词性’是将具体的词进行归类的结果，是具体词的基本语法属性的描述。例如，将‘桌子’划入名词类，将‘游泳’划入动词类，就可以说‘桌子’的词性是名词，‘游泳’的词性是动词。由于‘词类’与‘词性’合用同一套术语，容易造成两者同义的印象，不过在概念上还是应当区分清楚”（俞士汶等，2003:43）。

[2] 该词典“力求从汉语自身特点出发，针对国外读者的实际需要，对诸如词性的分析，词语的搭配，词的造句功能和句型，词语间的意义关系（同义、反义、类义）等有关问题，都一一分类加以分析说明，尽可能为国外学习汉语的读者提供所必需的多方面的词语知识”（孙全洲，1995）。孙全洲采用的是以字带词的宏观结构，他在汉字词目中系统采用了“［素］（不成词实语素）、［缀］（构词前缀或后缀）、［字］（表示一个音节而无意义的字，非语素字）”等标示不能单独成词的汉字，对于单独成词的汉字词目则直接标注所属词性。与此对应的是，孙全洲在词典前页材料中提供了“关于词典标注字词、词类、结构、句型的说明”（孙全洲，1995:5—21），例句后标注出该句所属句型“［例］小孙很谦虚，从不逞能。（‘动’句1）”，查阅前页材料中的“关于词典标注字词、词类、结构、句型的说明”，可知“‘动’句1”指的是动词（逞能）充当无宾谓语，是14种谓语式动词句型的一种。这样构成了汉语词类标注与汉语句子结构分析这两者之间的互动、互补的相对自足的语法系统。

结合虚词“什”，马礼逊的译义如下：

什 SHĬH.

From “Man and ten.” Ten persons. In military language, two files, of five men each, are called Shĭh. 什物 Shĭh wŭh, or | 器 Shĭh k’he. “Household utensils.” 家 伙 | 物 Kea ho shĭh wŭh. “Furniture and household utensils.” 篇 | P’hëen shĭh. Certain sections of the She king.

In the Colloquial style, | 麽 Shĭh mo, is used for “What? and who?” | 麽事 Shĭh mo sze. “ What affair?”

马礼逊译义的第一个层次是汉字构字信息。“什”作为会意字，《说文解字》对这个字的解释为“什，相什保也。从人十”。马礼逊由此释字，既有对字形结构的分析，也有字源意义解说。马礼逊译义的第二个层次即义项译义，他没有使用标记区分义项义。马礼逊从两个方面释字，即作为“什物”的“什”（shí）和“什么”的“什”（shén）的两大类义项。马礼逊词典中没有明晰地呈现出义项一或义项二的层次，而是通过具体例证和段落表现两个义项的区别。值得称道的是，他根据日常生活的体验以及西方语言学的视角提炼出了“什”（“什么”）作为疑问代词的用法，这是同时代任何一部中国辞书都没有的内容——“什么事”相当于英语疑问代词“what”和“什么人”相当于“who/whom”。与现代汉语的义项相比，马礼逊的译义中缺失“什”表示不确定的事物（我饿了，想吃点什么）、表示惊讶（什么！）、表示不满意（看什么电视，还不快做作业）、表示列举不尽（什么擦擦桌子、扫扫地，这孩子都会干）[1] 的义项。词典中收纳义项的数量一方面是词典编纂者的个人决定

[1] 参见杨敦伟《现代常用汉字溯源字典》和《现代汉语词典》（第六版）的内容。

和选择，另一方面也受到词典用途和目的的影响。

结合“什”这个例子，笔者想微观地展示外向型汉英学习词典的语法信息和译义，作为疑问代词的“什么”属于虚词范畴，词汇意义不如其语法意义和灵活多变的用法重要。“什”作为汉英学习词典的词目，第一个层次是对汉字字形结构和字义的分析，考虑到汉英学习词典的语法标注将比英语学习词典更为复杂，无论汉语词目是不成词语素或非语素字还是词，在汉字层面不做任何词类标注。接着是第二个层次义项译义，使用义项标记符号区分义项的数量，这时对于出现在某义项中的“词”标注词类，如“什锦”为名词，“什么”为代词，而标注词类主要是服务于准确译义。

问题1：汉语作为非屈折语，缺乏显性的性、数、格的形态变化。词典的例证脱离了上下文的制约，从汉语翻译到屈折语时在时态上存在一对多的情况。例如，“他不知道自己缺什么，就是感觉不快乐”中的“不知道”英译时可以使用过去时、现在时等多个时态。

对策1：针对这个问题，可以在前言中举例说明汉语和英语语法范畴上存在的不对应情况。译义时如果有多种时态可供选择，过去时比现在时更能反映汉英两种语言表述的差异性。同理，涉及英语性、数、格等语法范畴方面的例句，宜选择最能体现汉、英差异性的作为例句。

问题2：汉语“什么”在句子中的位置多变，既可以出现在句首，也可以出现在句中和句尾，这也是汉语的特点之一。然而，“what”在英语中的位置却相对固定。

对策2：例如“你干什么？”在口语中可以说成“干什么你？”，鉴于这个例子对初学者来说有些难，举例时暂不收入。采用真实语境的整句更能体现“什么”的语用和在句子中的语序。最终选用的例句，既有出现在句首，也有出现在句中和句尾的例句。

问题3：“什么人？什么事？什么时间？什么地方？”在英语中的语法结构相同，在句子中位置也相对固定。但是在汉语句子中，“什么时间？什么地方？”的位置可以放在句首，也可以放在动词前；而“什么人？”可以放在句首也可以放在句尾，“什么事？”可以在句中也可以在句尾。“什么人？什么事？什么时间？什么地方？”都可以省去主语，直接提问。

对策3：这样的问题是最常见的一种类型。汉语即使可以确定其词类，但是在句子中的位置以及搭配却和英语中同一词类很不相同。针对上述语法同构但是在句法中位置不同、搭配不同的情况，只能在例证具体情景下说明。汉语语法书在概括语法现象和解释语法事实时，不可能面面俱到，而词典针对的是一个个的词或表述，最适合全面植入汉语的语用信息，帮助学习者建构汉语语法的观念，以及促进学习者的理解和生成。然而，纸质词典限于篇幅，又不能对每一个用法都详细说明。

对于汉语中“什么人？什么事？什么时间？什么地方？”可以省略主语，英语却不能缺省的情况，没有上下文译义时主语存在多种选择，可以是“我们”“你们”“他们”中的任何一个，这种情况下为避免歧义，宜采用带主语的句子。“马上就走”“没听清楚”这样的句子也需要用同样的方法增补主语，这是从译义的角度反过来修订例证的具体案例。

其他问题如“什么是爱？”也可以说成“爱是什么？”，在真实情景中，这句话至少有两种不同的语气，在词典译义时无法体现细微的区别。此外，“什么事？”这样常用的句子，它的回答语“没什么事”“有点小事”“没什么大事”等不同程度口语化的句子因为受纸质空间的限制在此也未能收入。而这种问题，在电子词典和网络词典中，则可以突破纸制词典的局限，通过真人读音以及更为宽裕的篇幅得以解决。

综上所述，在马礼逊译义的基础上，笔者改进的“什”译义如下：

什 shí or shén

From 亻 man and 十 ten. Proununced after shí 十.Ten household as a security unit was called shí 什 in ancient China.

【1】Prounounced after shí 十，miscellaneous (household things, food ingredients etc.) ① shí 什 wù 物 n. miscellaneous household things ② jiā 家 shí 什 n. household furnitures. ③ shí 什 jǐn 锦 n. food made from miscellaneous ingredients.

【2】shén 什 me 么

1. shén 什 me 么 as a question word in Chinese can be placed either in the beginning, middle or end of a question. shén 什 me 么 shì 是 ài 爱？（or 爱是什么？）What's love? nǐ 你 zài 在 gàn 干 shén 什 me 么？（or gàn 干 shén 什 me 么你？）What are you doing? nǐ 你 shén 什 me 么 yì 意 si 思？What do you mean?

2. determiner used as shén 什 me 么 rén 人=who/whom，shén 什 me 么 dì 地 fāng 方=where，shén 什 me 么 shí 时 jiān 间=when，shén 什 me 么 shì 事=what business. In Chinese sentences，"shén 什 me 么+time/place" as a whole should be put right before the verb or in the beginning of a sentence. wǒ 我 men 们 shén 什 me 么 dì 地 fāng 方 jiàn 见 miàn 面？（or shén 什 me 么 dì 地 fāng 方 wǒ 我 men 们 jiàn 见 miàn 面？）Where shall we meet? wǒ 我 men 们 shén 什 me 么 shí 时 jiān 间 jiàn 见 miàn 面？

3. to express uncertainty. wǒ 我 è 饿 le 了，chī 吃 diǎn 点 shén 什 me 么 dōu 都 xíng 行。I'm hungry, whatever to eat would be fine. tā 他 bù 不 zhī 知 dào 道 zì 自 jǐ 己 quē 缺 shén 什 me 么，jiù 就 shì 是 gǎn 感 jué 觉 bù 不 kuài 快 lè 乐。He didn't know what he didn't have. He just couldn't feel happiness.

4. Express surprise or unhappiness with a rising tone. shén 什 me 么！nǐ 你 mǎ 马 shàng 上 jiù 就 zǒu 走. What? You're leaving now. shén 什 me 么，wǒ 我 méi 没 tīng 听 qīng 清 chǔ 楚，zài 再 shuō 说 yī 一 biàn 遍。Pardon? I didn't get it, please repeat again.

2.2 多义动词“打”的实例

“打”字所引起的关注是空前绝后的，自欧阳修《归田录》卷二提出“打”字的问题后，中国历代都有著名学者撰文探讨“打”字的读音、词义或来源，当代以此作为硕士博士论文题目的也不少。“打”字还受到了明清时期来华传教士的关注，在叶尊孝的各种版本的汉拉手稿词典中，有关“打”组成的短语和词有一个专门的目录“打字连语”，目录的名称随抄本不同而略有差异，但内容都是关于“打”组成的词或词组。在当代各类汉语字典词典中，“打”字所占的篇幅尤其长：《现代汉语词典》第6版收入了24个动词义项；《汉语大词典》收入了32个动词义项；《现代汉语学习词典》收入了30个动词义项，再加上例证的篇幅，仅“打”一个字就长达数页。这从一个方面反映了此字研究的挑战性，刘半农曾经戏称“打”为“意义含混的混蛋字”。造成“打”字如此复杂的原因之一是此字从古至今使用频率和搭配频率很高而且使用范围极广，这样的常用字词的释义译义难度最大。作为在任何一种语言中都最重要的动词，本研究选取作为最常用但最复杂的动词“打”的译义作为案例，一窥外向型汉英学习词典的译义方法。

作为外向型汉英学习词典，词典的目标群体是学习现代汉语的外国人，中型词典的规模决定了在释义时，主要收录现代汉语的当代意义，酌收部分古代义项，同时对已经相对稳定的新义项适当收入。因此，在这样的指导原则下，相对而言可以舍弃不常用的古音古义，译义时以当代义项为主。马礼逊的汉英词典编写于两百年前，“打”的意义与现当代语言已经不同，在考察“打”字的译义时，有必要另外选择现当代的最新成果作为译义基础。

从释字的角度看，“打”字字源并未被收入《说文解字》。王耀东、敏春芳（2011）认为“打”是借字，是《说文解字》中“朾”的俗写，《说文解字》的释义为“朾，橦也”。“打”字虽然自西汉就出现了，但因为它是俗字，所以不被《说文解字》等收录。《说文解字注》道出了此字的来源。由于此字的汉字结构为左右结构，左半部的“扌”作为意符，与意义有直接关联，可以先从字形结构入手译义。

> 打 9687. [丶]
>
> From a *hand* and a *nail*. To strike; to beat; to thump; to lash; to fight. An auxiliary verb which precedes many active verbs denoting a *doing* or *performing* the action. Ta pan |扮 to dress; dress. Ta chung |種 to cover a mare. Ta chang |帳 to arrange. Ta tsew fung |秋風 to raise the autumnal wind; to endeavour to obtain some favor. Ta fã |發 to send. Ta ho |火 to strike a light. Ta leaou chaou hwuy |了炤會 to make a signal or sign to, —understood by both parties. Kung ta 攻| to fight, to attack as in battle. Gow ta 毆| to fight and squabble in the streets. Ta kung |工 to engage to work or labour.

马礼逊首先从汉字结构方式译义（“From a hand and a nail”）的方式可取，结合字源内容，对“打”可以先从形体结构译义“From 扌（=手）hand and 丁 labourer，打 originally means use hand or an object to hit”，马礼逊提炼出了“打”字的动词义和助动词义，在这两大类别意义的基础上译义。马礼逊归结作为助动词的“打”用在其他动词前，表示做或者执行某种动作。徐时仪从明清小说如《红楼梦》《金瓶梅》中口语化的例证中归纳了“打”作为动词虚化后助词的用法，认为“尽管‘打’的虚词义多用于口语中，其由实词虚化的过程在一般文献资料中显得有点晦涩迷离，但其由实词虚化而来的渊源脉络还是有迹可循的。《汉语大词典》未收‘打’的助词义，似可在修订时补上”（徐时仪，2008:66）。马礼逊所说的助词义和徐时仪所说的助词义不同，但这种提法值得重视。从马礼逊的译义来看，如果按词类归类译义，也是有效译义的方式。

像汉语“打”这样在一个语言中受思维、语义和搭配限制而衍生出大量词和词组，又被经常使用的字词，对“打”的研究最主要的分歧在于对它的义项划分方面存在的不同看法。田兵和陈国华（2009:293）指出了《现代汉语词典》中“打”动词义项处理存在的不足，如“没有在超级层面上提炼出一个或多个原型义”，“没有能显示出多数义项间的派生关系”，根据认知语义学的原型理论提炼出“打”的原型义“使用手掌或拳头将一股强大的力瞬间传递到另一物体上，并造成某种效果”（田兵、陈国华，2009:296）。基于两级认知模式，田兵和陈国华进一步确定了四个亚原型义和收入无法归类义项的“其他”共计五个义项群。这种方法突破了传统词典编纂中确立义项的范式，与主流英语学习词典处理多义词的模式一致，基于认知的义项划分和排列也更具理据。

在认知语义理论的框架下重建的“打”的动词多义义项模式，在当时尚未能结合语料库从语言使用的实际情况进行实证验证。受益于近年来现代汉语语料库的建设成果，在此，我将利用对外汉语研究中心的“现代汉语研究语料库”（包括50137条已标注词性的语料）和国家语委的“现代汉语语料库”（总汉字词语个数151300）检验田兵、陈国华的“打”的动词义项群。就以第一个亚原型义的义项群为例，结合“现代汉语研究语料库”[1]的词频和“现代汉语语料库”[2]的频率相关数据，以第一个语义模块为例，核查语料库后的结果如表。

[1] 该库由北京语言文化大学建立，共分两个层级：第一级是自20世纪90年代以来2000万字规模的粗语料，第二级是200万字的精语料，包括书面语语料160万字和准口语语料40万字，全部都标注了词性。网络“现代汉语研究语料库查询系统”共有50137条标注了词性的词语，网址http://www.dwhyyjzx.com/cgi-bin/yuliao/。该数据库版权归北京语言大学所有，研制人孙宏林、孙德金、黄建平、李德钧、邢红兵。

[2] 该语料库由国家语委建立，是一个大规模的平衡语料库，语料库样本含9487个篇章，总字符数151300，语料选材类别广泛，语料经过分词和词性标注，见网址http://www.cncorpus.org/CCindex.aspx。

表5-1　“打”语料库词典查询结果

词	现代汉语研究语料库词频	现代汉语语料库频率（‰）
打	890.6715	0.4897
打门	0.8149	未见
打鼓	未见	敲锣打鼓 0.0010
打旁杈	未见	未见
打胎	未见	未见

在上述两个语料库中，只能检索“词”层面上的频率，因此，像“打身上的土”“雨打芭蕉”“洪湖水浪打浪”“碗打了”这样的超出“词”层面的例句并不适用——语料如果有也应属于第一个动词“打”中的语料。其余的用例多数并未出现在这两个语料库中，可能的原因有二：第一是如果将“打门”“打鼓”“打胎”等认定为共现频率高的字串，是动宾结构的词组而非词，它们因此被归入动词“打”的语料库而非作为“词”存在；第二是被认定为“词”，但属于非高频义项，因而并未出现在频率检索结果中。由此观之，传统词典编纂中所使用的义项和用例即使未能反映语言使用的实际情况，现有的现代汉语语料库也难以全面修正传统的用例。唯一能做的是，基于传统词典编纂法编写的词典，只能在“词”的层面，可以参照两个语料库的高频词语，结合义项意义，补充一些高频例词。例如，“打击”（74.1547/0.0689）在两个语料库的词频统计中都位居前三，应该增补收入这样的例词。台湾的“中文词汇网络”（Chinese Wordnet）[1]有丰富的例句可供参考。

[1] 台湾“中央研究院”语言所的“中文词汇网路”（Chinese Wordnet）建设目标是在词汇语义学理论（lexical semantics）与知识本体（ontology）的基础上，提供详细分析词义的数据库。网址是：http://cwn.ling.sinica.edu.tw/。“打”的查询结果为及物动词121个义项，介词2个，量词1个，姓1个。

由于在外向型汉英学习词典中最终呈现的是汉英两种语言的例词例句，在没有特别有效的汉英平行语料库的现状下，基于英语语料库编写的英语单语词典的翻译双解版中可以找到含“打”的双语例词例证。《牛津高阶英语词典》是英语世界最著名的学习词典，从语料库选录的真实例证经过许多译者精心打磨而成配以汉译的《牛津高阶英汉双解词典》（第8版）是另一个双语语料的来源。《牛津高阶英汉双解词典》（2014）中含“打”的双语例证，可以反向从英语到汉语，为“打”的译义提供可供参考的例证。笔者摘取了《牛津高阶英汉双解词典》中收录的和“打”相关的典型例句，与田兵、陈国华的汉语语义义项进行配对比较。从译义的角度来看，汉英词汇的对等程度是译义最关注的问题。在此，笔者将从译义对等问题为起点，探寻汉英词典译义中出现的问题以及对策。

问题1：语法范畴和语法体系的不对等，“打”的英语标注只有不及物动词（intranstive verb）和及物动词（transtive verb）两个类别，而所有的汉语数据库中的动词分类极为丰富，据《现代汉语语法信息词典》，动词“打”就有体宾动词、谓宾动词、双宾动词、动结式、动趋式、离合动词六个类别，在每个类别下，“打”的搭配和用法因词而异。

对策1：语言的本体研究是语言学家的研究领域，“词类可以算是（所有语言）的基本架构单位，是语言学家公认建构语法的基础，也是不论对语言从事何种研究都可能用得到的讯息”（黄居仁、陈克健，1998:1）。目前，对现代汉语的研究最多就做到了标注词类信息，尚未在现代汉语语料库的基础上完成更好的现代汉语语法建构。对此，作为收集语言信息和文化信息并将其以恰当的形式呈现的词典学家也无能为力。现代汉语数据库建设中采用的更为细化的动词子类对于研究词语搭配和建构句子有一定启发，虽然还未能提升到通用的规则层面，解释该词的用法时可以适当参考，通过具体例证展现词语的搭配等语法信息。从汉语翻译到英语时，动词词类只能采取及物动词和不及物动词的语法标签。

问题2：现代汉语语料库中查到仅动词词类下就有121个义项，田兵、陈国华的语义网络将动词归纳为5大板块。单语学习词典一般比双语学习词典详尽，汉英学习词典译义时如何取舍众多义项？

对策2：双语学习词典的收词范围和取舍与几个因素相关：① 学习词典针对的词典用户的水平因素，是初级、中阶还是高阶。② 地域因素，学习者在中国生活学习汉语还是在国外的地域直接关系到词典收词量，如果是在中国生活学习汉语，每天接触到的都是真实语言，遇到的生词不可控性更大，这种类型的汉英学习词典收词量也要大些。③ 对于如此丰富的义项和例证，学习词典收词要考虑使用频率，宜选择频率高的。从“打”的双语语料库来看，汉语的语义网络进入英语后有所改变。英语“打”本身已经包含了用手或者物体击打另一物体或人的意思，汉语的语义网络只能部分有效，而且双语词典不可能像单语词典那么详尽，因此，双语学习词典译义时会根据词频或者语感等因素进行删减。学习词典是帮助学习者理解汉语还是生成汉语的，也会直接影响译义的内容。

问题3：译义时最关注的两种语言之间是否存在对应词以及对应词的对等程度。对于有平行语料库支持的对应词，优先考虑收录；没有平行语料库支持的对应词，翻译时有哪些策略可以解决跨语言跨文化过程中的问题？

对策3：例如牛津英汉双语语料中，关于“打”这个动作，因为打的轻重程度和方式的不同，英语中有“bang”“slam”“knock”“beat”“hit”等系列对应词，一般双语词典的做法是列举出一系列的对应词，学习词典更进一步，指出两种语言之间对应词的差异或者提供词语搭配信息，试图以此跨越两者之间的鸿沟。例如，“打”指做某种游戏或运动项目时，汉语中常常和“牌/麻将/扑克/篮球/台球/高尔夫球/秋千”等搭配，英语中“play”可以搭配的是球类和乐器，而汉语中“打”字不和乐器类搭配使用。译义时解释两种语言的差异性，或者在汉字“打”

后面列举出可搭配的一些代表性游戏或者体育项目名称，注明都是使用手或手接触的游戏或项目，足球是用脚踢的项目，因此不能和“打”搭配。这样的译义通过语言对比提供差异性的搭配信息和解释，虽然不能穷尽性地解释两种语言语用和搭配的差异，但使沟通更为充分。

仅以多义动词“打”为例，修订后的“打”字译义的内容分为三个部分：第一个部分是汉字字形和字义分析。第二个部分是对核心动词语义进行分析，根据词频统计，将最常用的两三个义项放在前面。学习词典的义项不求全面，而是考虑到学生可以接受的数量，因此，为了避免信息过于丰富而让学习者无从选择，对第二部分的常用义项数进行了精简和归并。第三个部分是衍生的词和表达，这一部分的收词数量可以无穷尽地扩张，是相当有弹性的一部分内容。在此，主要是根据现代汉语语料库和语感选择的例词例证。对于非动词的“打”，建议在动词“打”的条目下另立条目，单独处理，避免让这样常用词的译义过于庞杂。

样例

dǎ打

From 扌（=shǒu手）hand and dīng丁 labourer, dǎ打 originally means use hand or hold an object to hit.

【1】Often used as a verb. ① hit|beat|slam|bang an object such as dǎ打gǔ鼓（drum）|mén门（door）|zhuō桌zi子（table）. ② attack|fight people such as dǎ打rén人（person）|jià架（fight）|zhàng仗（war）. ③ fragile object is broken such as wǎn碗（bowl）|pán盘zi子（plate）|bēi杯zi子（cup）|chuāng窗hù户bō玻lí璃（window glass）dǎ打le了. ④ play games which involved more with hand such as dǎ打pái牌|má麻jiàng将|pū扑kè克|lán篮qiú球|tái台qiú球|gāo高ěr尔fū夫qiú球|qiū秋qiān千. ⑤ engage handmade activities such as dǎ打jiā家jù具（furniture）|tiě铁

(iron) |máo 毛 yī 衣 (sweater) . ⑥ go hunting dǎ 打 liè 猎 |yú 鱼 (fish) |niǎo 鸟 (bird) .

【2】Combined use with other characters, form new verbs or numerous expressions.

dǎ 打 bāo 包 to pack. qǐng 请 bǎ 把 zhè 这 xiē 些 cài 菜 dǎ 打 bāo 包。Please pack these dishes for me.

dǎ 打 bàn 扮 verb to dress up or noun dressing. dǎ 打 bàn 扮 de 得 piào 漂 piào 漂 liàng 亮 liàng 亮。Dressed up beautifully. 她的衣着打扮总是很得体。Her dressing is always good.

dǎ 打 di 的 or dǎ 打 chē 车 to take a taxi.

dǎ 打 dì 地 jī 基 to lay the foundations of the new building. gěi 给 xīn 新 dà 大 lóu 楼 dǎ 打 dì 地 jī 基。

dǎ 打 diàn 电 huà 话 to call. wǒ 我 yī 一 dào 到 jī 机 chǎng 场 jiù 就 děi 得 gěi 给 tā 他 men 们 dǎ 打 diàn 电 huà 话。I am to call them once I reach the airport.

dǎ 打 dòng 动 to be impressed or touched. tā 他 de 的 zhēn 真 chéng 诚 dǎ 打 dòng 动 le 了 tā 她。He impressed her with his sincerity.

dǎ 打 dǔ 赌 to bet. lún 轮 dào 到 tā 他 zuò 做 fàn 饭 le 了，dàn 但 wǒ 我 gǎn 敢 dǎ 打 dǔ 赌 tā 他 huì 会 xiǎng 想 fāng 方 shè 设 fǎ 法 táo 逃 bì 避 de 的。It's his turn to cook dinner, but I bet he'll try to duck out of it.

dǎ 打 duàn 断 to interrupt. wǒ 我 gāng 刚 gāng 刚 kāi 开 shǐ 始 jiǎng 讲 huà 话，tā 他 biàn 便 dǎ 打 duàn 断 le 了 wǒ 我。I had barely started speaking when he interrupted me.

dǎ 打 dǔn 盹 |dǎ 打 kē 瞌 shuì 睡 to doze off, drowse. dà 大 rén 人 men 们 zài 在 dǎ 打 kē 瞌 shuì 睡，ér 而 hái 孩 zi 子 men 们 zài 在 wán 玩 shuǎ 耍。While the adults doze, the young play.

dǎ 打 fa 发 to dismiss (a person or boring time). tā 她 wán 玩 shǒu 手 jī 机 dǎ 打 fa 发 shí 时 jiān 间。She plays her mobile to kill time.

dǎ 打 fēn 分 to mark grade.

dǎ 打 guān 官 si 司 to go to law. tā 他 hé 和 qī 妻 zi 子 dǎ 打 guān 官 si 司 zhēng 争 qǔ 取 hái 孩 zi 子 de 的 jiān 监 hù 护 quán 权。He fought his wife for custody of the children.

dǎ 打 gōng 工 to engage in a temporary job or work as an employee. xiàn 现 zài 在 wǒ 我 zài 在 yì 一 jiā 家 gōng 公 sī 司 dǎ 打 gōng 工。I work at a company now.

dǎ 打 gōu 钩 to check. zài 在 zhèng 正 què 确 dá 答 àn 案 páng 旁 biān 边 de 的 fāng 方 kuàng 框 zhōng 中 dǎ 打 gōu 钩。Check the box next to the right answer.

dǎ 打 jī 击 to crack down. jǐng 警 fāng 方 kāi 开 zhǎn 展 de 的 dǎ 打 jī 击 jiē 街 tóu 头 fàn 犯 zuì 罪 de 的 yùn 运 dòng 动。A campaign by police to crack down on street crimes.

dǎ 打 jiāo 交 dào 道 to deal with. tā 她 yǐ 已 xí 习 guàn 惯 hé 和 gōng 工 zuò 作 zhōng 中 yù 遇 dào 到 de 的 gè 各 zhǒng 种 gè 各 yàng 样 de 的 rén 人 dǎ 打 jiāo 交 dào 道。She is used to dealing with all kinds of people in her job.

dǎ 打 liang 量 measure with eye. tā 他 lěng 冷 jìng 静 de 地 dǎ 打 liang 量 zhe 着 miàn 面 qián 前 de 的 nián 年 qīng 轻 nǚ 女 zǐ 子。His eyes coolly appraised the young woman before him.

dǎ 打 pò 破 to break. tā 她 dǎ 打 pò 破 le 了 100 mǐ 米 shì 世 jiè 界 jì 纪 lù 录。She has broken the world 100 meters record.

dǎ 打 rǎo 扰 to disturb, to bother. duì 对 bu 不 qǐ 起，dǎ 打 rǎo 扰 nǐ 你 yí 一 xià 下，wǒ 我 néng 能 gēn 跟 nǐ 你 tán 谈 yì 一 huì 会 er 儿 ma 吗？ I'm sorry to disturb you, but can I talk to you for a moment?

dǎ 打 sǎo 扫 to clean. wǒ 我 yī 一 zhěng 整 tiān 天 dōu 都 máng 忙 zhe 着 zuò 做 fàn 饭 hé 和 dǎ 打 sǎo 扫 wèi 卫 shēng 生。I spent all day cooking and cleaning.

dǎ 打 sǎn 伞 to open an umbrella or using an umbrella.

dǎ 打 suàn 算 to plan. wǒ 我 bù 不 xǐ 喜 huan 欢 zhè 这 ge 个 fáng 房 jiān 间，dǎ 打

suàn 算 lìng 另 yào 要 yī 一 jiān 间。I don't like this room. I'm going to ask for another.

dǎ 打 ting 听 to inquire about. This verb can be repeated in Chinese. wǒ 我 bù 不 zhī 知 dào 道 gōng 公 sī 司 yǒu 有 mei 没 yǒu 有 kòng 空 quē 缺，bú 不 guò 过 wǒ 我 huì 会 dǎ 打 ting 听 dǎ 打 ting 听。I don't know of any vacancies in the company but I'll ask around.

dǎ 打 yìn 印 to print. wǒ 我 zhǐ 只 xū 需 bǎ 把 tā 它 dǎ 打 yìn 印 chū 出 lái 来，rán 然 hòu 后 tóu 投 dào 到 yóu 邮 tǒng 筒。I shall just print this out and put it in the post.

dǎ 打 zhāo 招 hu 呼 to greet or to give a previous notice. nǐ 你 lái 来 běi 北 jīng 京 qián 前 gěi 给 wǒ 我 dǎ 打 gè 个 zhāo 招 hu 呼。Before you travel to Beijing, please let me know.

dǎ 打 zhēn 针 to give sb an injection.

多义动词“打”的译义问题并未完全得以解决。Sven Tarp对于从母语学习外语的过程和双语词典编纂有以下区分：

通过母语思考的过程有两个阶段，这两个阶段的词典处理也因此不同。用外语输出让下面三个不同层面的问题得以凸现，而它们的词典处理需要不同方式。

1. 用母语思考，用外语输出

（a）从母语到外语的转换

（b）外语输出（狭义范围）

2. 用外语思考后用外语输出

这三个过程在词典中存在两处不同。第一个是1（a）和1（b）密切相关，而且互为补充，然而，2总是独立的过程，是由外语文本输出而构成的交流过程。第二个不同在于1（a）从母语到外语的双语词典总是被期待着与词典满足学习者需求，而在2中总是期待词典基于外语词典，无论单语还是外语到母语的双语词典。在1（b）中面临选择，在1（a）中凡是和使用对应词有关的问题，可以通过使用双语词典中的词典信息得以解决，或者在过程2中使用词典中的信息。对于学习者而言，选择中的第一个比第二个更快捷而且无须在查询过程中更换词典，但是也有局限性：就是难以将所有相关信息置于对应的一侧，其难度更甚于词典的词条。（Tarp，2008:59）

汉英学习词典中的信息对称问题以及如何更有效地跨语际传递信息，译义的理论和实践都还有待更深入的研究。

第三节 中国文化局限词的突破

文化词又称文化局限词，指的是在一种语言中特有而在另一种语言中受限或空缺的词汇。外向型汉英学习词典又如何跨越语言的障碍，向英语读者译介这些独特的中国文化词，是一个值得探讨的问题。笔者（2012）此前对汉英双语词典的最常见的文化局限词做了个案译义的研究：首先，汉语文化词的词语义和文化义两者往往是相互交织，例如，“娲”自身没有词语义，文化义就等同于词语义；“卦”“龙”的词语义比较简单，而文化义复杂；“天”的词语义和文化义都很复杂。其次，对于文化词的译义，可借助百科释义的方式，对词源、基本内容、神话传说人物等进行介绍，同时可考虑配插图，增强译义的跨文化性，对于文化内涵丰富的词，如果能从文化对比的角度译义，译义的可接受性和信息的针对性远超过机械地翻译。

译界对文化局限词并不陌生，相关的论文和研究也不少，但是具体到专业文化词——中医药词汇，除了医学专业人士的研究，还从未有人从外向型汉英学习词典的角度探讨中国文化特色专业词汇的英译问题和方法。中医药词汇是最具有中国文化特色的专业词汇，兼跨文化局限词和专业术语，对在中国生活的欧美国家学习者而言，中医药方面的词汇是无法回避的存在，如秋冬季节盛行的药膳，常用的感冒冲剂和治疗咳嗽的中成药剂，中国人亲朋好友间赠送的养生礼品等都是在中国人日常生活中的寻常事物。《现代汉语词典》的收词原则提到收录了各行业各学科的词，而求解功能的外向型学习词典也必然要适当收录各行业各学科的基础词汇，中医学知识对于现代人而言本身极为复杂，且中医分析体系根植于最为传统的中国哲学辩证思想，如何在外向型汉英学习词典中介绍复杂的中医术语和知识呢？

马礼逊的《汉英英汉词典》中相当注重收录中医药方面的词汇。作为中医基础理论的概念之一——“五脏”，不仅指五种人体内的脏器官，而且还指以五脏为核心的特殊中医系统，与气－阴阳－五行学说有关。对此，马礼逊的译义如下：

> 五臟 Woo ts’hang. “The five viscera;” viz. 肝心肺肾脾 Kan, sin, fei, shin, pe. “Liver, heart, lungs, kidneys, and stomach.” The poiati of the compass, tastes, colors, &c. are supposed to have a certain relation to the five elements. (《华英字典》第一卷，第49页)

马礼逊先具体列举出了五种内脏器官的读音、名称和英文对译。接着，他分析说中国的罗盘、味觉、颜色等都和五行相关。中医学的术语中的确把五脏和五行关联起来，如心在五行中属火，为阳脏，是五脏中的主宰，与四季中的夏季相通应。“五脏”不仅是罗列五种脏器官，在中医学中提到五脏的先后顺序也不应改变。此外，中医诊断学中还有“五色命脏”，把五脏的颜色作为诊断病症时的依据。马礼逊曾较为系统地学习过西医，但是对中医学的理论却感到不解，因此译义时不仅颠倒了“五脏”的先后顺序，对于五脏中的“脾”，马礼逊误译为“胃”

（stomach）。事实上，中医学上的“脾”在解剖学中具体所指的器官存在不同看法：多数汉英中医词典把中医的脾译为淋巴器官的脾（spleen），也有文章认为中医的脾实指的是现代解剖学上的胰脏，因此，对应的英语应该是“pancreas”，而非和“脾”字面对译的“spleen”，[1]还有观点认为中医的脾在解剖学上对应的是肝。[2]

专业词汇的文化局限词的译义，我们需要参照相关专业词典和书籍掌握一定的专业知识后才能判断。在中医术语英译过程中像“脾”这样的问题，即使是中医专业人士的认识也不一致，而国内中医界自认为中医不可能被西方人理解，因此，国内中医界在和世界卫生组织（WHO）探讨如何将中医英文译名标准化时，出现了一种趋向，就是倾向于采纳现代医学的病名和术语英译中医术语。然而，中医学中的术语有时和英文的术语表面一致而内涵不一致，中医中的“脾”就是典型的一例。再例如“肌”这样常见的字，一般词典英译为“muscle”也足够了，但是如果作为中医术语的“肌”，与muscle实则名同而实非。中医学中的“肌”指的是现代医学上所说的脂肪和肌肉，因此只翻译成muscle的英文，失去了中医的肌肉的“肉”（flesh）和“脂肪”（fat）这两层与muscle 相关的部分。“采用现代医学名词来翻译传统中医名词，从现代术语学和历史文献学的角度来看，都有问题。现代术语学强调名词应该反映出其所代表的概念。举例来说，疔叫作‘疔’（亦称‘疔疮’），‘因为其形小，根深，坚硬如钉而得名’（《中医药大词典》），在中医中，属于这种类型的疮疡都叫作‘疔’，而谢教授（笔者注：谢竹藩在《中医药常用名词术语英译》中）采用的boil、pustule、whitlow、-it is等不同的现代医学病名皆未能反映出中医‘疔’的基本特征，因此从术语

[1] 杨琳，《中医的脾》，《现代中西医结合杂志》2007年第28期，4121—4122页。
[2] 郑敏麟，《纠正千古谬误：中医“脾”在解剖学上对应的脏器非脾非胰而是肝》，《辽宁中医药大学学报》2010年第12期，72—75页。

学的角度来看，为不理想的翻译。而从历史文献学的角度来看，翻译带有文化特色的专业领域术语时，应该反映出‘为何原来选择该名词’（Unschuld，1989），而通常得以反映出‘为何原来选择该名词’最好的方法就是直译。”（魏迺杰、Nigel Wiseman，2006）

外向型汉英学习词典中酌量收录核心的中医学术语，是为了让对中医一无所知的外国人由此一窥中国的中医传统和文化。中医学书籍中充斥着专业术语，而且和中国古代传统文化思想观念相关，即使是受过良好教育的当代中国人都很难读懂。因此，在向学习汉语的外国人解释这个概念时，首先要考虑到学习者可能毫无任何基础中医学知识，还要考虑到他们的需求和接受程度：他们并非要成为中医药专业从业人士才会查询这样的词，很可能就是为了满足求知的好奇而查询外向型汉英学习词典的。因此，在这样的情景下，需要非常简单扼要而且是中医学外行都能读懂的译义。

“五脏”在中医学中的重要意义在于它对于中医理论的奠基作用，因此，外向型汉英学习词典有必要收录这个术语。《中医大辞典》（第2版）[1]对“五脏”的解释是“心、肝、脾、肺、肾五个脏器的合称。脏是指胸腹腔内之组织充实致密，并能贮存、分泌或制造精气的脏器。《素问·五脏别论》：‘所谓五脏者，藏精气而不写也，故满而不能实。’《灵枢·本脏》：‘五脏者，所以藏精神血气魂魄者也。’根据藏象学说，五脏是人体生命活动的中心，精神意识活动分属于五脏，加上六腑的配合，把人体表里的组织器官联系起来，构成一个统一的整体”（2006:222）。作为教学、科研用途的《中医大辞典》收入古人医学认识有其理据，但是对非中医专业的普通外国人，这样的解释过于艰深，需要进行改编后译

[1]《中医大辞典》第一版是1999年国家科技名词审定委员会查证中医药基本名词的工具书，较为全面地反映中医学术的综合性辞书，供医疗、教学、科研等用途。第2版修订了第一版28%条目，增补了约6%的条目，在规范化、实用性与现代化方面有了较大提高。

义。其中，可用于英文译义的包括“五脏”所包含的五种脏器官，以及在藏象学说中的五脏六腑整体观念。何为藏象学说，进一步查阅《中医大辞典》，发现同一部辞书中所用的术语并未完全统一，“藏象”同于“脏象”[1]，以此类推可知“藏象学说”在“脏象学说”条目下，此术语的解释为：

> 中医学基础理论的一个重要内容。是研究人体脏腑活动规律及其相互关系的学说。它认为人体是以心、肝、脾、肺、肾五脏为中心，以胆、胃、大肠、小肠、膀胱、三焦等六腑相配合，以气、血、精、津液为物质基础，通过经络使脏与脏、脏与腑、腑与腑密切联系，外连五官九窍、四肢百骸，构成一个有机的整体。它是我国劳动人民和医学家，通过长期对人类生命活动的观察研究和防病治病的实践，并吸取了阴阳五行的理论，逐步形成和发展起来的学说，对中医诊治疾病有重要的指导意义。五脏六腑，虽有一定的解剖概念，但主要是阐述其生理功能和病理现象，因而不能与现代解剖学中的同名脏器完全等同。参见“脏象”条。（李经纬等，2005:1454）

最后一句称“五脏六腑，虽有一定的解剖概念，但主要是阐述其生理功能和病理现象，因而不能与现代解剖学中的同名脏器完全等同”，指出了像“脾”这样与解剖学脏器不完全对等的情况。使用西医学术名

[1]《中医大辞典》1453页“脏象”条解释：“指人体内脏功能活动表现的征象。其主要内容包括五脏六腑、奇恒之腑以及五官九窍、皮肉筋骨等组织器官和气、血、精、津液等功能及其相互关系。”《素问·六节藏象论》：“脏象何如？心者生之本，神之变也，其华在面，其充在血脉……肺者气之本，魄之处也，其华在毛，其充在皮……肾者主蛰，封藏之本，精之处也，其华在发，其充在骨……肝者罢极之本，魂之居也，其华在爪，其充在筋……脾、胃、大肠、小肠、三焦、膀胱者，仓廪之本，营之居也，名曰器，能化糟粕，转味而入出者也，其华在唇四白，其充在肌……”参见“脏象学说”条。

词来英译中医术语具有一定的合理性，西医的术语是国际通用的标准化的医学专业术语，也是目前中医概念英译使用的主要策略之一，其目的是让中医变得可理解可沟通，虽然会失去中医概念的精确度。持反对意见的学者则提出中医与西医的概念术语的对应，多似是而非，中医概念的背后是一整套分析系统，因此用西医术语翻译中医概念实质上破坏了中医知识系统的完整性。

笔者查看了用两种不同方法英译中医术语概念的汉英中医词典，如果用西医术语翻译中医概念，类似像中医“脾”这样的术语几乎都会出现不同的译法，但是总体而言，部分采用西医概念翻译的中医术语对于以英语为母语的人而言借助西医术语的桥梁，具有科学性，由此能够对中医略知一二；而按照音译加意译的方式的英译中医术语，中医条目和释文中全是用拼音表现的陌生中医概念，译义中的陌生中医概念导致条目内容无法解读，每一条中医术语都变成了一个复杂的古代哲学思想概念，而词条之间必须反复多次查询才能略解其意。想必只有最专业的中医学者，已经熟悉并且掌握了中医的内涵的人，偶尔向外国病患或者同行解释中医知识时才会用到第二种类型的英译词典，即使略有中医基础的中国人尚且觉得晦涩难懂，更不用说毫无中医基础的外国人了。因此，考虑到外向型汉英学习词典对最基本的中医概念术语的需求，笔者倾向于对普通语言的中医词仍采用英语对应词，并且对中医概念增添解释说明的方式，基于这种理念对马礼逊的译义改编后的“五脏”如下：

样例 1：wǔ五zàng脏-wǔ五zàng脏liù六fǔ腑

wǔ五zàng脏 literally means the five viscera, ie.xīn心（heart）、gān肝（liver）、pí脾（spleen or pancreas）、fèi肺（lungs）、shèn肾（kidnies）. These five viscera in the traditional Chinese medicine, are different from the western medicine. According to the traditional Chinese medicine, the main function of five viscera is to maintain the essence for life, thus regarded as the core organ network. The five viscera are closely associated to liù 六 fǔ 腑（the six bowels）, ie. wèi 胃（stomach）、xiǎo 小 cháng 肠（small intestine）、dà 大 cháng 肠（large intestine）、dǎn 胆（gallbladder）、páng 膀 guāng 胱（bladder）、sān 三 jiāo 焦（triple burner）, which main function is to digest and transport. Five viscera and six bowels in Chinese wǔ 五 zàng 脏 liù 六 fǔ 腑 is fundemantal to the traditional Chinese medicine theory. In everyday language, it referes to the internal organs.

“五脏”的样例译义涉及中医学的理论，下一例脉诊涉及中医的实践。马礼逊在《汉英英汉词典》中详细地描述了脉诊的过程和相关术语：

They feel the pulse ie with three fingergers laid upon the wrist at the same time; that at part nearest the patients hand, and pressed by the third finger of the operator, iscalled 寸脉 tsun mĭh; the next part felt by the middle finger, is called 关脉 kwan mĭh; and the part highest up the arm, felt by the forefinger, is called 尺脉 Chĭh mĭh; when the Chĭh mĭh is slow and interrupted, the above phrase is used.(《华英字典》第一册，第 97 页）

《中医大辞典》对“切诊”的定义为：“四诊之一。包括脉诊和按诊，医者运用手和指端的感觉，对病人体表某些部位进行触摸按压的检查方法。检查内容，如脉象的变化，胸腹的痞块，皮肤的肿胀，手足的温凉，疼痛的部位等。把所得材料与其他三诊互相参照，从而做出诊断。特别是切脉，是临床上不可缺少的基本诊察方法。”《中医大辞典》解释的是“切诊”，“脉诊”只是“切诊”的方式之一，并未给“脉诊”单独立条目，释义中脉诊和按诊的内容混杂。《中医大辞典》的释义中对切诊的作用以及切诊检查的内容做了详释，这一点可以借鉴。马礼逊对脉诊的具体操作过程进行了描述，这是外国人感到新奇的诊断方式，而且在描述中加入了脉诊的相关术语，这种做法尤为可取。在外向型汉英学习词典中收入此条时，从切脉的方法、作用等方面对“脉诊”这一条目进行译义。

样例2：mài 脉 zhěn 诊

mài 脉 zhěn 诊（The pulse examination）is one of the four ancient diagnose techniques still in practice nowdays in the traditional Chinese medicine. The doctors feel the pulse with three fingers laid upon the wrist at the same time: that at part nearest the patients hand, and pressed by the index finger of the operator, is called cùn 寸 mài 脉; the next part felt by the middle finger, is called guān 关 mài 脉; and the part highest up the arm, felt by the fourth finger, is called chǐ 尺 mài 脉.

“想要成功地将一种复杂的知识在不同语言领域间传播，完全取决于能否选择一项有效的策略去克服存在于语言之间的障碍……缺乏语言的学习途径以及翻译方法的紊乱一直是中国医学的知识无法传达至西方的主要障碍”（魏迺杰，2006：总论），与专业人士使用的中医学词典不同，学习词典在信息的可理解性方面着力最著，将复杂的专业知识改写成外行人可理解的内容，再以学习者的母语予以言说。上述两例初步探索了中医学术语的英译，考虑到篇幅以及学习者的接受程度，虽然未能完全解释中医术语深厚的文化内涵，通过部分使用西医术语和对其功能作用实践的补充性内容，至少为汉语学习者理解中医术语搭建了桥梁。中医学术语的英译，实际上是如何沟通古今中外的难题之一，外向型汉英学习词典译义的策略和内容仍有待更深入地探讨和研究。

第四节 检索方式仍需大胆创新

以英语为母语学习汉语的学习者，马礼逊本人对学习汉语的问题和障碍有着切身体会。所有学习汉语的外国人，除了有中国人的帮助，还需要借助一些工具书突破学习中的障碍。在中国生活的外国人最常遇到的需要词典的情景有两种：第一，和中国人交流中常常听到陌生的汉字，不知这个字怎么写、什么意思；第二，目之所及常常看到陌生的汉字，不知这个字怎么读、什么意思。词典作为最常用的查询工具书，无疑要满足这两个最基本的交流需求，从马礼逊的《汉英英汉词典》到当代汉语学习词典，无一能够完全解决学习者的检索查询需求。

4.1 汉语拼音对学习词典检索的重要性

对于听到陌生汉字字音而查检汉字字形和字义，马礼逊的《汉英英汉词典》做出了突破性的贡献。汉字拼音是在中国生活深感学习汉语不便的外国传教士最早发明的，否则他们在学习中无法记录陌生汉字的读音。在发明拉丁字母注音方案的过程中，精通音韵学的中国文人、精通音乐的欧洲传教士都做出了贡献，因此，拉丁字母汉字注音方案早在1628年《西儒耳目资》出版时就已经非常发达。能够较为准确地记录汉字字音还不够，汉语中同一个音对应的汉字可以多达几十个，还需要借助字形字义才能让学习者在词典中解决交流中出现的问题，因此，《西儒耳目资》把罗马字母注音和大量汉字逐一对照，确立了较为统一的汉字注音方案。只有拥有了成熟且相对统一的拉丁字母汉语注音方案，才能按汉字注音字母A—Z排序法编排汉英词典，拼音方案是解决汉语学习者听音不识字时查检汉外词典的核心。

中国当代辞书编研使用了这种按注音字母顺序编排词典宏观结构的方案，但并未领会这套方案的精髓，所以才会在当代出版的汉语词典中出现只给汉语词目注音，而在释文中不给大量汉语例词例句注音的失误。汉语拼音是字母文字的学习者记忆汉语或记录陌生汉字字音，查检汉英词典的重要工具。汉语拼音在书面语系统中无法替代汉字，作用有限，但是在口语学习和识字教育中，却是学习汉语最有效的工具。因此，任何一部汉语学习词典，尤其是针对初学者的汉语学习词典，所有的汉字必须标注读音，这是外向型汉语学习词典的基本设计特征。

外向型汉英学习词典的检索系统，现行的按拼音字母顺序检索汉字的主流词典宏观结构的编排法从根源上来自16—19世纪学习汉语的外国人，虽然中国传统的韵书也有类似的按音查检汉字的结构，但在词典中结合应用源自于字母文字的辞书传统，这样的宏观结构和检索系统能够较好地解决听音不知字形字义的问题。

英语词典的排序法本质上是根据形态学（morphology）即按照字符拼写字母的顺序排序，如果按照实际读音排序就会出现很荒谬的结果。以fish与philosophy为例，“从形态学的角度来看，fish和philo-是两个完全无关的形位（morphemes），fish的意思是‘鱼’，philo-的意思是‘爱’，二者完全没有必要排在一起。从形态学和英语教学的角度看，需要和fish排在一起的是fishbowl（鱼缸）、fishcake（鱼饼）、fisherman（渔民）、fisherwoman（渔女）、fishery（渔业）、fishing（捕鱼）、fish meal（鱼粉）、fishmonger（鱼贩）、fishnet（渔网）、fishtail（鱼尾）、fishy（像鱼的）；需要和philo-排在一起的词位（lexeme），前有phil-（爱）、Philadelphia（兄弟之爱；费城）、philanderer（玩弄女性者）、philandering（玩弄女性）、philanthropic（慈善的）、philanthropically（慈善地）、philanthropist（慈善家）、philanthropy（慈善）、philatelic（集邮的）、philatelist（集邮家）、philantely（集邮）、-phile（爱好……人）、philharmonic（爱乐的）、-philia（……癖）、philistine（平庸之辈）、philistinism（平庸），后有philological（语文学的）、philologist（语文学家）、philology（语文学）、philosopher（哲学家）、philosophic（哲学的）、philosophical（哲学的）、philosopically（哲

学上）、philosophize（理性地思考）”（赵观睿，2014:11）。英国单语学习词典都是按形态学编排词典的，如果按音位作为词典的宏观结构，这两个词都以 /fi/起头，就会相距很近，显然以此法编写的英语词典会让使用者在查询时感到困惑。

汉语词典如果按形态学编排词典，应该是以部首为序的形序法词典。形序法原本是汉语辞书传统中最主流的做法，明清以来的《字汇》《正字通》《康熙字典》都是按汉字部首和字形结构编排的汉语辞书，现在的汉英学习词典以及汉语辞书却是按照注音检索排序法设计宏观结构的，部首排序作为检索表辅助音序编排法。按音序编排方式虽然有便利学习者听音检索字形字义的一面，但是从学习汉字以及记忆汉字的角度来看，这样的宏观结构割裂了汉字字形与字音、字义的关系。马礼逊对此采取了一些补救措施，如尽量把汉字同音、同形的汉字排放在一起，而不完全按照笔画数或者读音排序。此外，有时为了展示汉字从部件到新字的衍生性，如在“巜、巛、巜、川、㳅……”“專、傳、剸、嫥、摶、槫……”这一例中，其中“巜、巛、巜、川”是从汉字的部件到汉字词目，“專、傳、剸、嫥、摶、槫”都是因为有共同的构字部件而放在了一起。有时个别词目的音节并不同于其他词目，但是由于字形形似，马礼逊也把它们编排在一起。这样的补救措施某种程度弥补了按注音字母音序编排汉英词典的弊端，然而，这些补救措施在词典中又造成了词目编排原则混杂，不利于使用者检索的缺点。

外向型汉英学习词典的总索引表是解决词目检索和内词条检索的有效方式。索引的功能是为了帮助汉语学习者更好地查询使用词典，没有便捷的索引，任何一部词典的使用功用都会大打折扣。现当代词典通常不重视释文中的内词条，词目尚有索引可查，而每个词条中衍生的大量例证却没有索引可用。从词典使用者的角度来看，如果听到陌生字词或表述的读音，不知道汉英词典中有没有收录该词或表述，因为不知如何准确书写陌生字词或表述就又不能很快在词典中找到要查询词条的位置。在任何一部汉英词典中，根据汉语词或短语首字排序的大量汉语内词条并无有效索引可检索，也会导致汉语学习者放弃使用词典并因此产生对词典的不信任。对于学习汉语的外国人来说，如何听到音检索陌生汉语字词和表述，是最基本的功能需求。这一需求可以通过精心制作按拼音字母排序放在“总收词索引表”得以解决。历史汉英学习词典给予的启示是，给每一个汉字词目标注编号，把词典中所有的内词条连同词目一起严格按照注音排序。为了增强索引的指向性，总索引表提供词典中所含全部词目、内词条的编号和页码。这个索引相当于德范克的《ABC汉英词典》缩略索引版，它最大的好处就是汉语学习者知道读音后通过使用外向型汉英词典总索引表，可以很快知道词典中是否收录了相对应的字词或表述，以及在词典中该字词的写法和意义的位置和页码。

4.2 有待研发据形、据义平行检索法

学习汉语的外国人需要查询汉英学习词典的另一种典型场景是在阅读中见到陌生汉语字词而不知字音字义的情况。这本是外向型汉英学习词典所应具备的另一大基础功能，但从马礼逊时代至今，都仍未能有效地加以解决。从《康熙字典》到《现代汉语词典》或者《新华字典》，使用部首检索表都有一个前提，要能准确地从陌生字词中分离出部首，并能准确地计算部首以及剩余汉字部分笔画数，才能使用检索表查找陌生字词的首字的注音和页码。以汉语为母语的人掌握部首检字法尚且需要相当时间，而且在使用词典时仍需不断尝试，认为汉字难学难记的外国汉语学习者，尤其是零起点或低水平的汉语学习者，熟练利用汉语的部首检字法存在相当大的难度，不经过专门训练根本无法掌握。如今，不仅绝大多数汉英词典使用了音序排序法，就连汉语主流辞书也都以此法为主，部首检索法退居其后，仅以索引表的形式出现。

汉字的形序法从许慎的《说文解字》时代起，本质上是把形体相近的汉字“据形系连”，直观地可以体现出汉字意符与意义的关系，比较

形近汉字在形态和意义上的差异性特征，便于汉语学习者理解和记忆汉字。马礼逊的《汉英英汉词典》的第一部分《字典》就是完全采用了中国的形序法编排四万多汉语词目，为了解决汉语学习者难以利用汉字部首和计算笔画的方法查检汉字的问题，马礼逊创设了索引表。

马礼逊采用了两种索引表，一个是所有汉字词目按部首笔画排序的总索引表，给每个汉字标注注音、提示部首编号和笔画数；另一个是从英文概念或表述检索汉语字词的索引表，这是汉语学习者在从母语到外语的输出过程中，因为汉语水平有限而需要的一种检索类型。第一种索引表基本上同于《现代汉语词典》或《新华字典》中的部首检索表，只是细节上存在差异。这个检索表的功能会受到汉语学习者对汉字部首和计算笔画能力的限制。这个问题从16世纪欧洲人来华学习汉语至今，四百余年来都没有得以完全解决，主要原因仍在于中国学界并未认识到这个问题对汉语学习词典研编的制约性。在21世纪初，笔者重新提出这个世纪难题，寄望中国词典学界能充分认识到外向型汉语学习词典中的制约因素，有针对性地进行研究，群智群策解决这一遗留难题。

在学习过程中，从母语到外语的索引表是用外语表述想法时最需要的一项功能。国内目前所见的《汉英英汉词典》其实采取的是一种笨办法，一半的篇幅是汉英词典，另一半的篇幅是英汉词典，而任何一部分的释义都不充分，这样的汉英英汉双语词典并不符合学习词典的特征。最简单的办法仍是为外向型汉英学习词典研编从英语检索汉语字词表述的索引表，使得零起点的汉语学习者无须额外学习词典查询方式就可方便用汉英学习词典，充分利用各种索引表增强外向型汉英学习词典的查询功能。

实现外向型汉英学习词典的形检、义检功能，笔者在研究过程中曾尝试解决这个问题，但未有重大突破。在此抛砖引玉，期望引起辞书学界的重视，并能够彻底解决汉语字词的检索难题；如能解决这两大检索问题，也将是外向型汉英学习词典在21世纪取得的最重大的成果。

第六章

结语：历史词典与外向型汉英学习词典创新

中国的辞书传统在世界辞书史上有着独特的地位，历史渊源极为久远，种类繁多，无论是大规模的官修词典还是个人编写的辞书，数千年来每个时代都有创新之作，给我们留下了丰富的辞书文化遗产。近现代之交，中国百年战乱深刻影响了中国的社会进程，中国失去的一个世纪正是西方崛起的世纪。新中国成立之后，百业待兴，作为社会文化产品的辞书也经历了重生。改革开放后，随着中国融入世界的进程加快，中外文化交流的客观需要促进了沟通两种语言和文化的双语词典的繁荣。以数量最多的英汉双语词典为例，目前在国内市场上销量最好的仍然是引进英美辞书巨头的辞书产品，对于中国学习英语的用户群体而言，借此了解对象国语言和文化也是不错的选择。然而，当世界开始关注中国，与中国交往日益深入之时，中国却未能向世界提供让世界了解中国语言和文化的工具书，尤其是帮助外国人学习汉语语言和中国文化的外向型汉语学习词典。从国内辞书出版来看，这种类型的词典并非完全缺失，而是未能满足外国人学习汉语的需求而不被辞书用户普遍接受。

中国当下的辞书编纂传统深受英语辞书传统的影响，无论是建立现代汉语语料库还是确立汉语的词类，都是在学习和借鉴英语辞书在世界范围的成功经验，希冀由此引导中国的辞书传统与世界接轨。这条路走得并不顺畅，耗资耗时建立的现代汉语语料库，对汉语“词”的划分存在一定分歧，即使标注了词类，也未能在句法生成的层面上真正起到像英语词类那样与句法简单对应的作用。英语单语学习词典的成功未能被汉语单语学习词典复制成功。

而反观历史上的汉英学习词典，如果严格按照当代词典学的标准评判，任何一部汉英学习词典都有着这样或者那样的缺点和不足。词典批评本身是为了词典编纂服务的，研究历史词典也是希望服务于当下和未来，而非只是为了批判而批判。在词典学日益成为一门独立学科的当下，对历史词典评判的立足点不应是马后炮式的“智慧”，而应该回到历史原点，才能更为直观地剖析创新和不足。马礼逊的《汉英英汉词典》就是一部蕴含着智慧与创新的辞书，但作为原生态的汉英学习词典，其中的不足之处随处可见。在本研究中，笔者并非有意回避马礼逊《汉英英汉词典》中的缺点，当某些词典知识已经成为普遍共识的情况下，多说无益，既不能推动知识的进步，也不能促生创新性的思想。相反，这样一部编写于两百多年前的汉英学习词典的优点和长处，尤其是遗失在历史长河中不易被现代人察觉的、迄今仍能满足学习者需求的汉语学习词典的功能和特征，则可以启迪当代的辞书编纂，对探索更具创新性的外向型汉英学习词典有重大意义。这是本研究的初衷，也是本研究所致力跨越的沟通历史词典文本与未来辞书编纂理论和实践之间的鸿沟，知古而弥新，让曾经辉煌一时的优良传统在当代和未来获得新生，让沉溺于模仿英语单语学习词典传统的当代词典学界，看到一个不同的、更彰显汉语语言特点和文化的外向型汉英学习词典的类型。或许，在21世纪，中国辞书界能够找到一条创新之路，让汉语学习词典成为世界辞书舞台的新宠，传扬中国独特优秀的辞书传统和文化。

中国辞书界善于学习，对汉语单语辞书传统有着精深的研究，对英语单语学习词典的编纂和实践细心体察模仿，唯独忽略了像马礼逊的《汉英英汉词典》这种特殊历史语境中的汉语学习词典传统。马礼逊的《汉英英汉词典》不是历史上的唯一，而是16—20世纪众多汉外学习词典中的一部，之所以选择它，是因为它影响了整个19世纪的汉英学习词典的编写和出版，也因为它是最早出版的、在世界上流传较广的一部汉英学习词典。时隔两百多年，当代从事辞书研究的学者读懂这部历史上的《汉英英汉词典》不容易，剖析它的设计和功能更不容易，从中挖掘可用于未来汉英学习词典编纂的经验更是难上加难。然而，这却是熔古铸新、另辟蹊径，可能开创21世纪外向型汉英学习词典新局面的突破口。毕竟，这些历史学习词典承受住了一个多世纪汉语学习者的考验，它们经历了中国语言和文化的剧变，却能够与时俱进地、更好地保留中国的传统文化，这些都是值得我们重视和借鉴的成功经验。

第一节　传承发扬文化的外向型汉英学习词典

20世纪的辞书类型学研究，将语文辞书和百科辞书截然两分，语文辞书更侧重语言信息，而百科辞书中则广为收罗文化百科知识。这样的区分一旦成为普遍通用的标准，扼杀了辞书的百花齐放，就需要矫正这种认识了。对于学习词典而言，尤其是辅助学习一门外语的学习词典，学习者在学习外语语言的同时，对异国文化知识的需求甚至超过他们的外语水平，都是很常见的现象。数量庞大的商人、游客和对异国文化感兴趣的零起点的学习者，对异国文化的兴趣高于对异国语言学习的需求，可以想见在市场上没有以他们母语编写的中国百科知识词典的现状下，外向型汉语学习词典或者是外向型汉英学习词典就是他们所依赖的中国知识信息的来源。因此，外向型汉语学习词典或者外向型汉英学习词典中必然要收录中国文化知识信息。

从第五章的个案研究来看，外向型汉英学习词典收录文化信息的方式极为丰富，在解释汉字的时候可以引入字源和汉字结构等汉字文化，也可以在译义中引入代表性的中国文化典故、成语故事等，还可以在语用中通过具体事例展现中国文化。最为常见的做法，是在译义时增补文化差异性的说明，用通俗易懂、简明扼要的语言向汉语学习者讲解中国文化。如果连最深邃的中医学术语都能给中医知识零起点的外国人解释清楚，而无须百科辞书那样的篇幅，这又何尝不是外向型汉英学习词典的一大创新呢？此外，由于外向型汉英学习词典译义的语言是英语——汉语学习者的母语，因此，词典使用者不再受汉语语言水平的限制，以学习者母语娓娓道来的中国文化为学习词典增添了趣味。

一位知名文化评论家指责"《新华字典》切断了中华文化之根"，文中拿《新华字典》和初版于1901年的《澄衷蒙学堂字课图说》（[清]刘树屏）的条目进行比对，例如"京"，《新华字典》仅释为"京城，国家首都，特指我国首都"。而在清末的《澄衷蒙学堂字课图说》中则有文采斐然的解释，"首善之区曰京，北京，京都；大也，京为天子所居，故大之，国朝因前代之旧，以顺天府为京师，为城三重，宫阙壮丽，居民二百万，人烟稠密，冠绝各省"。比较之后，这位评论家说"随手举几例，均可见出现行通用字典与清末人文常识的根本区别。对字的释义彻底切断了中华文化的源头，同时也阻隔了世界文明的传输……每一个汉字，都变得那么枯燥、乏味。人与历史文化生动天然的联系，就这样活生生断裂了"[1]。这样片面指摘词典的方式，并不是词典批评的范畴，然而他尖锐地指出了20世纪后半叶以来中国辞书编纂中的一个问题：在西方词典学的影响下，作为工具书的现代汉语辞书编写过于注重当下和当代意义。此外，辞书类型分工过细，同为汉语辞书的《现代汉语词

[1] 网络上对老愚此文2014年转载颇多，用例细节互有出入，但老愚的观点不变，此处引文见网易博客地址：http://wh2021126.wap.blog.163.com/w2/blogDetail.do?blogId=1534693586&hostID=wh2021 @126。

典》和学生用的《新华字典》过于强调“现代汉语”和在此语境下的当代意义。被这位文化评论家所热捧的《澄衷蒙学堂字课图说》其实是一部跨界之作，因为还未受到词典学的影响，从教育的角度考虑学习者的需要，精心编写的一部介于汉语教材、字典、百科知识间的读物，图文并茂，不落俗套又充满知识性和趣味性，因此受到好评。

当转换思路，从学习者的角度思考他们的需求，即使他们的汉语水平是零起点或略识汉字，但是作为一名心智成熟的成年人学习一门外语时，他们对异国文化的兴趣以及对知识的渴求和接纳程度，使得现在市场上所见的绝大多数的汉语学习词典的文化部分显得浅薄。辞书释义时过于重视当代意义，对于延绵不绝从古至今的中国语言和文化而言，现代汉语变成了“无本之木”，也不利于中国文化的传承和传播。此外，对于学习外语的使用者而言，初学者或中低水平的使用者在查阅词典习惯上也不同于中高级学习者，中高级学习者会查阅多部词典来解决问题，相对而言，初学者或中低水平的学习者会依赖一部内容丰富、他们能够看得懂的外语－母语的双语词典。19世纪马礼逊的《汉英英汉词典》就是这样一部学习词典，它也是在当代词典学诞生之前的产物，词典中尤其重视译介中国文化，词典在收词释义时不仅收录了普通语文词典的内容，也涵盖百科性质和文化资料的内容，同时还收录宗教、中医药等专业术语，所有的汉字都有注音和英文对译。这样无意识的历史实践，曾经受到了欧美学习者和使用者的好评，反过来也应该引起当代中国学者的注意。现在比较热的词典用户研究，受到资金、研究方法的局限，反映出的只是冰山一角的需求。例如，实证研究表明，汉语学习者查询汉外双语词典的目的是查询意义和读音，这样的结果并不准确，因为汉字是形、音、义三位一体的存在，不知字形如何查询意义和读音？由此可知，实证研究只是揭示出部分的事实。像马礼逊《汉英英汉词典》都是经过欧美学习者上百年检验的词典，它不仅代表的是过去学习者的需求，也可以揭示现在和未来汉语学习者对学习词典的需求。针对外国人学习汉语的具有中国特色的外向型汉英学习词典中，中国汉字故事、历史地理、成语典故、中医药等许多具有中国文化独特性的内容都应该成为汉语学习词典固有的内容，使中国学习词典旧传统在新时代获得新生，也是使中国的汉语学习词典出现不同于英语学习词典的创新之源。

此外，在词典的类型学中，根据服务对象，汉语学习词典也可以进一步分为以汉语为母语的学习词典和以外语为母语的学习词典。对于以汉语为母语的学习者而言，因为有语感和一定的语言文化储备，可以缺省一些基础的信息。而对于以汉语作为外语的学习词典而言，词典须全面收录汉字注音、意义、语用、文化义等各方面的信息。针对外向型汉英学习词典的用户是汉语水平零起点的初学者，学习者的母语英语必须作为译介和学习汉语的桥梁。

第二节　实用性强的外向型汉英学习词典

词典学研究的目标是提供最大化的词典知识，理解词典作为特定文化产品如何满足社会需求的方式，以此更好地推动词典的未来（Wiegand，1989）。历史词典的研究除了词典考古的方法，了解历史词典的渊源基因背景，客观评价历史词典在词典史的地位和作用。像马礼逊的《汉英英汉词典》的汉英学习词典，还有另一种研究路向，也就是本研究中探索采取的方法：分析产生于中西文化交流需求背景下的雏形汉英学习词典，着重剖析它如何满足了当时欧美人士学习汉语的需求，即研究雏形的汉英学习词典的哪些功能满足了汉语学习者的需求。如果这些功能在21世纪仍然存在，就可以认定为汉英学习词典的基本功能，而这些基本功能在外向型汉英学习词典中的应用，则可以增强外向型汉英学习词典的实用性。这样的研究也是词典学研究的领域，而且能为21世纪的词典学提供可供实践的经验。

像马礼逊《汉英英汉词典》这样编纂年代较早，又有三部六大卷这样的体量，当代学者很难使用或者体会两百年前编者苦心设计的功能和作用，更无从体会学习词典的设计特征。笔者从事马礼逊词典研究多年，才渐渐体悟到词典的一些功能设计，迄今仍不能说对《汉英英汉词典》的所有功能都一清二楚。学术就是在摸索中，随着认识的深入而进步的。这三部分词典的具体功能在本书第三章中有具体分析，在此从宏观的角度提纲挈领地叙述词典功能与学习词典特征之间的关系。第四章则在第三章的基础上，进一步总结符合汉语学习的词典设计特征。

中国当代的汉语学习词典编纂基本上是山寨的英语单语学习词典路向。这种路向不注重挖掘汉语的本质性特征，例如汉字系统的独特性、汉字拼音对学习的特殊作用等，而所模仿的英语最擅长的如词类与句法、词类与搭配等，在汉语研究中又很难取得突破。因此，中国当代汉语学习词典的研编坠入了一个陷阱，只看到英语单语学习词典的无限风光，而自己却在漩涡中难以自拔。马礼逊的《汉英英汉词典》是被国内外学界都忽略的一本原创性的雏形学习词典，可以为当代外向型汉语学习词典提供宝贵的经验。

本研究是以英语为母语的汉语学习者为目标的外向型汉英学习词典的编研。汉语语言和文化作为信息源，信息源的丰富程度并不能代表接受方能够接受的程度。如何更有效地将中国语言文化信息源，更好地让以英语为母语的人接受，在从汉语信息源到英语的过程中，涉及的不是翻译，本质上是根据两种语言和文化异同而进行的改写。外向型汉英学习词典不同于基于母本词典翻译成另一种语言的双解词典中的生硬语言和文化移植，而是更有机地让源语言文化信息融入对象国的语言文化中，实现从源语言和文化到目的语的跨界之旅。具体到外向型汉英学习词典编纂过程中，就体现在汉英学习词典译义内容选择和译义的策略方面。

汉字作为语素文字，相比于字母文字的独特性体现在：与拼音文字只有几十个字母的数量相比，汉语中的常用字多达数千，记忆大量汉字是以字母文字为母语的人学习汉语时的一大障碍。此外，汉字在形体结构中包含着文化因素，体现的是反映汉民族传统文化的构字理据。汉字的数量巨大，但是汉字构字和识记汉字却有捷径。汉字字形解析后得到三类字符——意符、音符和记号，其中意符和意义有关，音符和读音有关，和读音意义都没有关系的就是记号，这三要素是分析汉字字形都会涉及的核心要素。这三类字符与汉字相比数量有限，而且是构字的基本单位，因此，可以通过识记要素举一反三地记忆掌握汉字。笔者倡导以汉字作为外向型汉英学习词典的词目，因为从汉语学习的角度来看，汉字的数量比词的数量少，识记有限的汉字，由核心汉字的语义也能更好理解衍生出大量的词和表达。此外，汉字是以英语为母语的学习者普遍认为最难学难记的，汉英学习词典的辅助学习功能，需要在汉字的译义中得以实现，而汉字译义是现在汉英词典中所稀见而历史汉英词典中曾有但无系统性方法的部分。有鉴于此，本研究中着重探讨了汉字译义的内容和方式，并通过具体案例分析展示了如何通过对意符、形声字、记号字等不同字符的构字理据分析，在汉字译义中展现汉字的构字特点和所蕴含的独特中国文化传统，摸索出一条更符合汉字特征的外向型汉英学习词典的译义方法。重视汉字文化以及汉字译义本该成为外向型汉英学习词典的代表性特征，在当前重视模仿英语学习词典的趋势下却被忽略了。本研究的重大贡献之一就是重新挖掘了汉字在外向型汉英学习词典中的重要性，并较为全面地论述了汉字译义的理据与方法。

从可理解性方面而言，外向型汉英学习词典中如何解说汉语语法也是一大难题。和屈折语相比，汉语词类和句法的非直接对应关系是导致外向型汉语学习词典不能完全采用英语学习词典模式的主要原因。但是从学习者的角度考虑，英语学习词典已经有了先入为主的优势，完全抛开英语词典的模式即让使用者放弃对词典的前见，既费力气也不现实。第二点采用与英语语法范畴基本同一的语言学术语和词类分类，是从组词造句的角度决定的。这样的词类信息是目前语言学研究中通用的共同系统和标准，词典中提供词类信息，服务于词和词能否组合，如何构成短语和句子以及如何构成句子的句法结构。结合从事外语教学的研究者的常识：以英语为母语的人，对于自己的母语语法未必有英语学习者语法知识更多，然而，母语者较少犯语法错误是因为语法已经内在习得，而英语学习者是由语法外部显现的规则推导正确的句子，在这个过程中会出现各种各样超出语法知识的细节问题而导致偏误丛生。

从外向型汉英学习词典编纂的角度，需要向学习者提供比语法书更为具体的语法信息，而非笼统的语法规则，才能体现学习词典的优势。在笔者倡导的以汉字为条首的外向型汉英学习词典中，如何从字到词、短语的搭配，词、短语搭配如何生成句子，仍然有很多需要汉语语法学界解决的问题。词典学本质上是重应用而非重理论和语言本体的语言学研究，因此，受限于汉语研究的现状，笔者重点探讨了汉语中用法灵活但无实际意义的虚词“什”和最复杂的汉语多义动词“打”的译义，在这两例译义中，笔者都在预设以英语为母语的人会有怎样的学习障碍，以此考虑如何在译文中针对性地解决学习者可能存在的语法和语用问题，并在译义中试图以润物细无声的方式植入语法语用信息，这也是对外向型汉英学习词典“实用性”的探索。

第三节　继承与创新——展望未来

英语单语学习词典经过近百年的发展，已经形成了相对稳定且符合英语语言特色的设计特征；而对于汉语学习词典而言，尤其是外向型汉英学习词典，国内尚未见到系统地研究在词典中如何体现“汉语学习”的特色，研编符合汉语语言特点的外向型汉语学习词典。本研究在这方面迈出了第一步。

中国对外汉语教学的历史悠久，但是有史可考的汉语和英语之间的汉语学习词典的历史可追溯至1807年澳门流传的手抄本《字汇英吉利略解》（*A Dictionary Chinese and English, carefully compiled from many others, translated from the Latin Macao Dictionary in III volumes 1807*）。1815—1823年马礼逊出版了他的《汉英英汉词典》，自此汉英双语词典一跃成为中西文化交流史的主角。“19世纪汉英双语词典的种类和数量多样化，除了官话、方言等语文性词典，中后期还出现了专科术语词典。据不完全统计，19世纪出版的汉英、英汉双语词典有67种，马礼逊、卫三畏、翟理斯汉英词典再版次数多、历史影响最大。……19世纪的汉英词典史由马礼逊继承手稿汉外词典传统的精华创始，经过卫三畏、翟理斯等辞书作者的努力，在19世纪获得了新的发展，同时也影响到中国20世纪的辞书编纂。”（杨慧玲，2012:294—298）

马礼逊的《汉英英汉词典》不仅奠基了19世纪汉英双语词典的主导地位，作为最早出版的一部汉英双语的“学习汉语”的词典，同时也是第一代汉语学习词典的代表作。第一代汉语学习词典为双语词典，词典作者基本上都是在中国从事宗教、外交、海关、商贸的外国人，他们编写词典的目的是服务于在华外国人学习汉语，由于词典面向对象群体与当代外向型汉英学习词典同一，因此，这些汉英双语词典可以被看作第一代外向型汉英学习词典。时间起点应该从罗明坚、利玛窦的《葡汉辞典》（约1583—1588）算起，至1949年新中国成立，这三百多年是第一代汉语学习词典独领风骚的时期。这一时期，汉欧语言的汉语学习词典从手抄本到19世纪印刷本的大量涌现，马礼逊的《汉英英汉词典》一方面充分继承了手抄本时期的汉欧双语学习词典，又创新地拓展了汉英学习词典的新传统，其影响力直达19世纪中叶卫三畏和20世纪初翟理斯的汉英词典，因此，可以视为第一代汉语学习词典的代表作。

第一代汉语学习词典在宏观和微观结构方面具有较为鲜明的代际设计特征。在宏观结构方面，第一代汉英学习词典基本上“以字带词”的结构居多，汉字词目的收词规模大。即使是第一部手抄本的葡汉词典，所收条目数量都在6000以上。手抄本汉语学习词典时代最具代表性的叶尊孝的两部汉拉词典，第一部所收汉字词目的数量有7000多条，第二部收汉字词目数量有9000多条。马礼逊的《字典》收汉字词目数量同于《康熙字典》，约47035个汉字，《五车韵府》有约12674个汉字词目。至翟理斯，虽然到19世纪末20世纪初，中文印刷出版有6000汉字就足够使用，但他的1912年版的汉英词典仍然有10926个汉字词目。从马礼逊时代鲜有人懂得汉语，到翟理斯时代在中国工作生活的外国人众多，他们虽然没有明确提出词典的使用者是汉语初学者或具有一定水平的中级汉语学习者，但我们可以合理地提出这样一个问题：第一代汉语学习词典为何有如此大的汉字词目收词量？ Tarp（2008）对学习词典的研究发现，学习外语所在地对于学习词典的收词量的大小有直接影响，第一代汉语学习词典就是典型的一例。因为这些词典的编者都在中国生活，他们所编写的词典也是针对和他们有类似经历和需求的在华工作的外国人，在中国生活和中国人打交道的生活工作情景中，他们会遇到不因他们是外国人而有所控制的大量陌生汉语词汇和表达，因此，第一代汉英学习词典的汉字词目数量庞大，例证来源广博，收词范围涵盖中国政治、法律、经济、文化、民俗、医药、地理、科技、社会新生事物等各个方面。

第一代汉语学习词典的最大贡献在于创造性地建立了汉语学习词典编纂所必须解决的音检汉字系统，同时创造了形－音相结合的检索表设计，初步尝试了义检汉字的方法。汉字作为形、音、义一体的比字母文字相比，复杂且数量庞大，尤其是在汉语－外语双语词典中，如何编排和检索汉字词目是最大的问题。16世纪末，罗明坚、利玛窦使用罗马字母给汉字注音的方案，发展至当代汉语拼音方案，是解决汉语学习词典编纂中按字音检索汉字的关键。这样的设计理念和探索贯穿了第一代汉语学习词典史。到了21世纪，按音检索汉字的设计和汉字部首－注音检索表已经成为各类汉语单语或者双语词典的一种固定模式，饮水思源，我们当知这是第一代汉语学习词典的遗产和贡献。然而，第一代汉语学习词典未能解决从汉字字形和从英语义检汉字的问题，这仍未引起当代学者的充分重视，迄今在这两个方面仍鲜有突破。这是21世纪外向型汉语学习词典所必须突破的“瓶颈”，唯有如此，中国人编写的外向型汉语学习词典才能被世界各国的汉语学习者所用。

第一代汉语学习词典因为数量庞大，在词典的微观结构设计方面精彩纷呈，不好一概而论，仅在此总结值得我们借鉴的一些经验和特点。首先，释文中重视释字，他们发现了汉字在汉语语言中的重要性。第一代汉语学习词典经历了字、词、词组混杂的阶段而逐渐发展到以汉字为核心的“以字带词”的宏观结构设计。在微观结构中，重视汉字体现在释文中普遍都收有对汉字字形结构分析和字义溯源的内容。只是因为当时还未产生文字学，他们的释字的科学性不足。中国的古今文字学自20世纪创建，发展到21世纪已有了质变，未来的外向型汉语学习词典应充分利用中国古、今文字学研究的成果，将其系统收录汉语学习词典，科学地释字应该成为外向型汉语学习词典的本质性特征之一，这才是符合汉语自身特点的汉语学习词典的设计特征之一。

其次，在第一代汉语学习词典的微观结构中，或多或少地都是通过英语语言学解说汉语语法，具体表现在译义时基本上用英语单词的词性反映汉语词的词性，对于虚词增加用法说明，释文中有对语用情境的解说。从词典使用者视角来看，使用者已有的知识结构和语言认识，会影响到他们对第二语言或者外语的感知和认知。因此，在汉语尚未获得英语在世界上的地位时，模仿英语单语学习词典的微观结构设计具有一定的合理性。只是，英语是屈折语而汉语是孤立语，需要创新外向型汉语学习词典的语法模式。朱德熙提出的汉语短语和句法同构，可以成为探究汉语学习词典语法体系的起点，从汉字－词－词组－句的搭配关系就是微观而具体的汉语语法。外向型汉英学习词典最大的优势在于，它的编排结构从汉字始，释文中的具体例证恰好是展现从搭配关系的微观世界到汉语语法形而上的平台。如果中国学者能够研编出符合汉语特征的外向型汉语学习词典的语法体系，中国人编写的汉语学习词典也将能够获得像英语学习词典那样高的世界认可度和品牌知名度。

从词典类型学来看，19世纪40年代谢尔巴卡把语文词典和百科词典作为两个不同类型的辞书。Landau也认为“大多数人认为，词典和百科全书两者关系密切，有时甚至可互通。但从本质上讲，它们是不同种类的参考书，其编纂宗旨也不同。词典的主要目的是描述词义，通常是说明语词如何在特定语境中使用、如何发音。……百科全书收录的是关于各分支学科知识的词条”（Landau，2005:6），但是，Landau确实注意到了语文词典和百科词典的词条在对照时，会有雷同之处。从第一代汉语学习词典来看，尤其是在对中国文化局限词的释义时，词典中同时具有语文词典和百科词典的特征，汉语学习词典可以说是混合了两者特征的新类型。

第一代汉语学习词典的编纂者主体是在华工作生活的外国人，因此，汉英学习词典的译义对他们而言是从外语到母语，他们对于汉语的理解或许有错误或者不深入的地方，但是英语释义或者汉英对译的水平总体较高。

英语单语学习词典的代际特征具有继承性和创新性。汉语学习词典的道路更为崎岖，第一代汉语学习词典的主体特征除了检索方式和按音检字法被继承并延续至今以外，其他的设计特征基本上在现当代不受重视。现当代国内出版的主流汉语学习词典是沿着模仿英语单语学习词典的道路前行，没有体现出汉语语言特点，缺乏中国文化情怀，缺乏针对外国人词典使用群体的学习特征。第一代汉语学习词典仍有可供借鉴的成功经验，期待21世纪中国研编出新一代外向型汉语学习词典。

附录一

马礼逊家谱

马礼逊家谱（三代节选）

詹姆斯·马礼逊
马礼逊的父亲
出生于苏格兰Perthshire，
早期到英格兰Northumberland靠畜牧业谋生，
后期在技术行业从业，
虔诚的苏格兰教会信徒，曾任长老，
严格要求子女守安息日，
1812年去世。

汉娜·马礼逊
马礼逊的母亲
英格兰Northumberland人，
与詹姆斯·马礼逊育有7个子女
（4个儿子3个女儿，
马礼逊是最小的儿子），
1802年去世。

马礼逊（Robert Morrison, 1782—1834）

玛丽·马礼逊（Mary Morrison, 1791—1821）
马礼逊的第一任妻子
1809年与马礼逊结婚，
1821年去世，
她和马礼逊生育了2子1女。

艾莉莎·马礼逊（Eliza Morrison, 1795—1873）
马礼逊的第二任妻子
1824年与马礼逊结婚，
1873年去世，
她和马礼逊生育了4子1女。

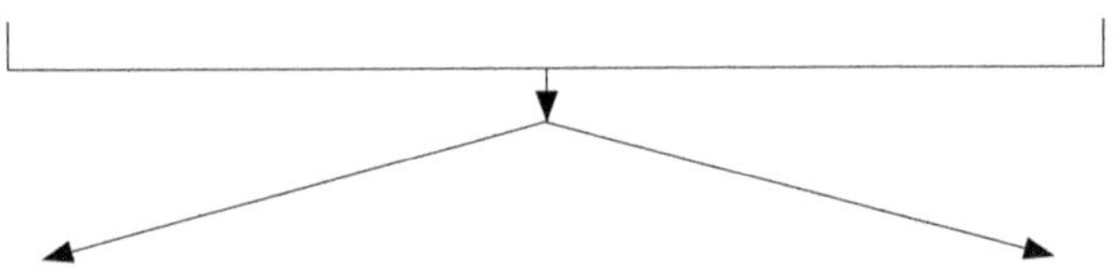

① James Morrison, 1811年3月5日出生即夭折。
② Mary Rebecca Morrison（1812—1844），与中国医疗传教之父合信（Benjamin Hobson, 1816—1873）医生结婚，子孙兴旺。
③ John Robert Morrison 马儒翰（1814—1844），参与《南京条约》谈判。

④ Robert Morrison（1825—1911），1858年陪同英使额尔金出使中国签订《天津条约》。
⑤ Martin Crafton Morrison（1827—1870）
⑥ Hannah Morrison（1828—1866）
⑦ George Staunton Morrison（1831—1893），在英国驻华领事馆工作过，首位驻日领事。
⑧ Charles Marjoiribanks（1832—1852）

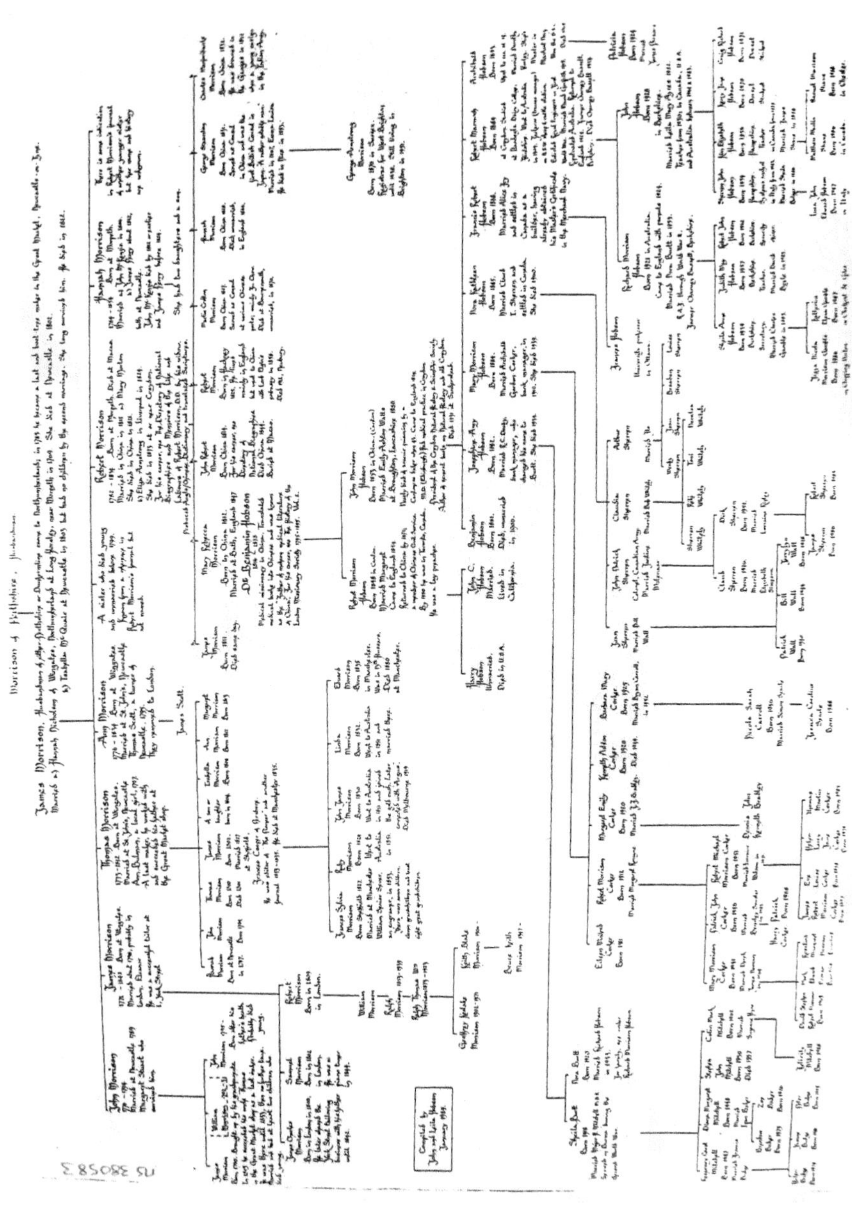

SOAS/LMS/MS 380583/Papers of Robert Morrison c.1824

附录二

马礼逊自传纲要

第一个阶段：1782—1802

1782年1月5日出生于诺森伯兰郡（Northumberland）的莫珀斯镇（Morpeth）布勒古林（Buller's Green）

1798年16岁，确立了宗教信仰

1799年1月1日起，开始记录日志、开始学业

1801年1月19日，跟随莱德勒牧师学习拉丁文

1802年，我母亲去世

第二个阶段：1803—1807

1803年1月7日，进入霍士顿神学院

1804年5月28日，成为一名传教士，搬到传教学院

1807年1月8日，按立牧师，向中国人传教

同年1月31日，登上前往中国的船

同年9月4日，取道美国在中国登陆

第三个阶段：1808—1823

1808年，在广州学汉语

1809年2月20日，与玛丽小姐结婚，她时年18岁

同年2月21日，接受东印度公司职位

1811年3月5日，詹姆斯·马礼逊出生及死亡，玛丽生命垂危

同年4月2日，《通用汉言之法》完成

1812年2月19日，我父亲去世

同年6月29日，玛丽·丽贝卡·马礼逊出生

1813年7月4日，米怜夫妇抵达中国

1814年4月17日，马儒翰出生

1815年1月21日，我的玛丽和两个孩子动身回英国

同年3月9日，我哥哥汤姆斯去世

同年12月29日，第一批次词典出版

1816年7月1日，《对话集》完成，本年其余时间参加英国使团出使北京

1817年12月24日，成为英国格拉斯哥大学神学博士

同年7月26日，完成《中国一览》

1817—1818年，创建英华书院，写《出使回忆》

1819年3月20日，米怜夫人去世

同年11月25日，完成《圣经》翻译，写作《随笔：中文基督教与佛教、回教、儒教术语对照》

1820年8月22日，我心爱的玛丽和孩子们回到了中国

1821年6月10日，我的玛丽去世

1822年4月15日，完成了词典

同年6月2日，米怜去世。11月1日，广州火灾；对海员的演讲

1823年1月20日，离开中国，访问英华书院，创建新加坡书院，8月回到中国

同年12月6日，登上滑铁卢号返回英国

第四阶段：死亡与永生（终）

Dates in the life of Robert Morrison D.D.

First period 20 years

A.D.

1782 Jan. 5. Old Xmas day born at Morpeth in Northumberland.

1798 ______ Became seriously religious: aged 16

1799 Jan. 1. Began to keep a journal & to study.

1801 June 19. Entered on ^the^ study of Latin with Rev. W. Laidler.

1802 My mother died.

Second period 7 years

1803. Jan. 7. Entered Hoxton Academy.

1804 May 28. Accepted as a mifsionary - Removed to Seminary.

1807 Jan. 8. Ordained to the Ministry of the gospel amongst the Chines[e]

-- Jan.31. Embarked for China.

-- Sept.4. Arrived in China via N.America.

Third period 15 years

1808 Studying Chinese in Canton.

1809 Feb. 20. Married to Mifs Morton in her 18th year

21. accepted Company's appoint^t^

1811 March 5th. James Morrison born & died.

Mary's life despaired of.

-- April 2. Grammar finished.

1812 Feb.29th. My father died.

-- June 29. Mary Rebecca born.

1813 July 4. Mr & Mrs Milne arrived in China.

1814 April 17. John Robert born.

1815 Jan 21. My Mary & two children went to England.

-- March 9. My brother Thos died.

-- Decr 29. First Number of the Dicy printed.

1816 July 1st. Dialogues finished; the remaining months of this year were spent on the Embafsy to Peking.

1817 Dec 24th. Made D.D. at Glasgow. July 26th View of China.

-17/18- Anglo-chinese College founded. Memoir of the Embafsy

1819 March 20. Mrs Milne died. Lectures on Phil.

-- Novr 25 Finished Translation of the Bible. Discourses of Jesus.

1820 Augt 22 My beloved Mary & children returned to China.

1821 June 10 My Mary died.

1822 April 15 Finished the Dictionary.

-- June 2. William died. Nov.1. Fire of Canton. Sermon to sailors.

1823 Jan.20. Quitted China. Visited the A.C.Coll. Established the Singapore Institution. Augt. returned to China.

-- Decr 6. Embarked for Engd. on board the Waterloo

Fourth

Death

Eternity

SOAS/LMS/MS 380583/Papers of Robert Morrison c.1824

附录三

《马礼逊回忆录》所载中英文著述[1]

1805

1805年8月至12月，马礼逊在伦敦跟随容三德（Yang Sam Tak）学习汉语，在容三德的帮助下，抄写了一部大英博物馆馆藏的四福音书手稿《四史攸编耶稣基利斯督福音之会编》，借阅两部英国皇家学会图书馆收藏的汉拉词典。

1807

1807年马礼逊到广州后翻译汉拉词典，至1808年6月27日，抄完了1100页汉拉词典，同时往汉拉词典中补充《康熙字典》上的字。

1807年12月，马礼逊学习汉语编写的*Chinese Vocabulary*（《汉语词汇》）寄回英国。

[1] 国内《马礼逊回忆录》有顾长声和大象出版社译本。顾长声译本是节译本，学术研究只能用大象出版社译本。

1810

1810年《通用汉言之法》(*A Grammar of the Chinese Language*)语法书完成准备印刷[1]，1815年塞兰坡出版。

1810年在《四史攸编耶稣基利斯督福音之会编》的基础上修改出版8开本《使徒行传》。

1811

1811年，出版8开本《路加福音》；编译并出版《神道论赎救总说真本》。

1812

1812年，编译苏格兰国教会的《教义问答》；出版《问答浅注耶稣教法》。出版8开本《保罗书信》。

1812年在伦敦出版*Horæ Sinicæ: Translations from the Popular Literature of the Chinese*(《中国杂文集》)，内收《三字经》《大学》《三教源流》等汉籍英译篇章。

1812年提到为《通用汉言之法》增补一册*Dialogues in Chinese and English* (《中英对话集》)。

1813

1813年，编译并出版8开本《新约全书》。

1814

1814—1815年，编写出版了《古时如氏亚国历代略传》。

---

[1] 米怜书41页记录1811年完稿，在此，以马礼逊日记时间为准。

1814年，编译出版12开本《创世记》。

1815

1815年8月24日，完成《新约》8开本的修订，同年出版。

1815年，米怜与马礼逊合作创办《察世俗每月统计传》中文期刊，此刊至1821年停刊共出版7卷80多期。

1816

1816年澳门东印度公司出版*Dialogues and Detached Sentences in the Chinese Language, with a translation*（《中英文对话集》）。

1816年7月到1817年1月，马礼逊作为中文译员陪同英国阿美士德使团出使北京，出使日记*Memoir of the Principal Occurrences during An Embassy from the British Government to the Court of China in the Year 1816*于1820年在伦敦出版。

1817

1817年，原本想作为《汉英英汉词典》附录的*A View of China for Philological Purpose*（《中国一览》）在澳门单独出版，此书介绍中国历史纪年、地理、政府、宗教、习俗。

1817年，马礼逊和米怜合办的英文刊物*The Indo-Chinese Gleaner*（《印中搜闻》）第一期在马六甲出版，至1822年4月停刊时共出版了20期。

1817年，马礼逊出版了*Chinese Primer*（《中文入门》），完成了《诗篇》《路得记》的翻译。

1818

1818年，编译《养心神诗》和《年中每日早晚祈祷叙式》。

1818年11月10日，马六甲英华书院奠基。

1818年，完成《出埃及记》《玛拉基书》的翻译。

1818年，编译出版《神天道碎集传》小册。

1819

1819年，编译出版《出埃及记》《诗篇》《以赛亚书》。

1818—1819年，马礼逊在马六甲出版中文著作《西游地球闻见略传》。

1819年，出版12开本《路加福音》。

1815—1819年，出版12开本《新约全书》。

1820

1820年，在马六甲出版*Detached Remarks, intended to settle the Phraseology used in Chinese Discourse, and to contrast the principles of the Budh, Mahometan, and Confucius sects, with those of the true religion*（《随笔：中文基督教与佛教、回教、儒教术语对照》）。

1820年，编译出版《但以理书》《先知书》。

1823

1823年，在马六甲出版*Notices concerning China and the Part of Canton, the affair of the frigate Topaz, and the Fire of Canton*（《中国和广州港杂记》）。

1824

1824年，在英国出版*China, a Dialogue for the use of schools: being ten conversations between a father and his two children concerning the history and present state of that country*（《中国史政——父子问答集》）。

1825

1825年，在伦敦出版 *Chinese Miscellany: consisting of Original Extracts from Chinese Authors, in the native character; with translations and philological remarks*（《中国杂撰》）。

1826

1826年，在伦敦出版 *Parting Memorial*（《临别赠言》）。

1827

1827年，开始编写《广东省土话字汇》（*Vocabulary of the Canton Dialect*），1829年初完成。

1828

1828年澳门东印度公司出版《广东省土话字汇》。

1832

1832年，在马礼逊的帮助下，裨治文创办了 *Chinese Repository*（《中国丛报》）。

同年，马礼逊创办 *Evangelist and Miscellanea Sinica*（《传福音者与中国杂纂》），4开一大张，不定期出版。

1833

1833年，自创自印中文《杂闻篇》小报，共出版了四期。

附录四

2007—2014年中英文马礼逊研究目录补

杨慧玲　补编

第一部分：马礼逊研究中文论著目录（2007—2014）

专题研究（专著和硕士博士论文）

2008

1. 胡国祥，《近代传教士出版研究（1807—1911）》，华中师范大学博士论文。

2. 潘剑芬，《明清时期西方传教士在穗澳地区的图书出版活动（1581—1840）》，暨南大学硕士论文。

3. 蒋文凭，《英汉语文词典文化史》，西南大学硕士论文。

2010

4. 杨慧玲，《19世纪汉英词典传统——马礼逊、卫三畏、翟理斯汉英词典的谱系研究》，北京外国语大学博士论文。

5. 卞浩宇，《晚清来华西方人汉语学习与研究》，苏州大学博士论文。

6. 田茹，《西方传教士与早期澳门汉语传播（16—19世纪）》，暨南大学硕士论文。

2011

7. 高黎平，《传教士翻译与晚清文化社会现代性》，上海外国语大学博士论文。

8. 狄霞晨，《从英文报刊看新教传教士对中国近代语言文学的认识》，复旦大学硕士论文。

9. 周绪彦，《〈华英字典〉及其新义研究》，上海师范大学硕士论文。

10. 曹力文，《从〈华英字典（英汉词典）〉和〈汉英合璧相连字汇〉看19世纪中国文化西传》，暨南大学硕士论文。

2012

11. 杨慧玲，《19世纪汉英词典传统——马礼逊、卫三畏、翟理斯汉英词典的谱系研究》，北京：商务印书馆。

12. 游梦雨，《鉴往知来：马礼逊〈华英词典〉对当代外向型汉英词典研编的启示》，南京大学硕士论文。

13. 张夷弛，《马礼逊对华语言及文化传播策略研究》，重庆师范大学硕士论文。

14. 余静斐，《中医词语早期的英译研究》，广州中医大学硕士论文。

2013

15. 尹延安，《传教士中文报刊译述语言文化研究（1815—1907年）》，华东师范大学博士论文。

16. 季华，《鸦片战争时期来华传教士汉语学习语境探析》，南京大学硕士论文。

17. 李秀梅，《马礼逊〈通用汉言之法〉研究》，山东师范大学硕士论文。

2014

18. 刘同赛,《近代来华传教士对中国古典文学的译介研究——以〈中国丛报〉为中心》,济南大学硕士论文。

期刊论文

2007

1. 张群显,《马礼逊语文大事记:马礼逊来华二百年纪念》,《语文建设通讯》第86期。

2. 滕琪,《从巴设译稿到马礼逊译本——略论天主教传教士与新教传教士〈圣经〉汉译之异同》,冯天瑜、刘建辉、聂长顺主编《语义的文化变迁》,武汉大学出版社。

3. 周岩厦,《"法律"一词使用、翻译的话语实践——集中于19世纪初期在中国的西方传教士》,《西安电子科技大学学报》(社会科学版),2007(03)。

4. 王玉贵、陈丽,《略论马礼逊在中西文化交流史上的贡献》,《五邑大学学报》(社会科学版),2007(04)。

5. 游斌,《被遗忘的译者:中国士人与中文〈圣经〉翻译》,《金陵神学志》,2007(04)。

6. 张龙平,《马礼逊教育会与中国早期教育社团》,《教育评论》,2007(06)。

2008

7. 杨华,《英华书院与近代中国新闻传播事业》,《新闻爱好者》,2008(01)。

8. 周岩厦,《从英华书院到马礼逊学校——中国西式教育发轫述评》,《中国地质大学学报》(社会科学版),2008(01)。

9. 周岩厦，《中国早期英语教育评述》，《合肥工业大学学报》（社会科学版），2008（02）。

10. 陈才俊，《基督新教来华与中国学校英语教学的发端》，《华南师范大学学报》（社会科学版），2008（02）。

11. 王辉、叶拉美，《“直译”的政治：马礼逊〈大学〉译本析论》，《广东外语外贸大学学报》，2008（03）。

12. 胡国祥，《传教士与近代活字印刷的引入》，《华中师范大学学报》（人文社会科学版），2008（03）。

13. 吴义雄，《〈中国丛报〉与中国语言文字研究》，《社会科学研究》，2008（04）。

14. 卞浩宇，《基督教新教早期在华“医药传教”剖析》，《历史教学》（高校版），2008（04）。

15. 陈才俊，《马礼逊与早期中英外交关系考析》，《广东社会科学》，2008（05）。

16. 陈红，《马礼逊与中国英语教学的初创》，《苏州大学学报》（哲学社会科学版），2008（05）。

17. 邹振环，《〈外国史略〉及其作者问题新探》，《中山大学学报》（社会科学版），2008（05）。

18. 谭树林，《英国东印度公司与中西文化交流——以在华出版活动为中心》，《江苏社会科学》，2008（05）。

19. 钟少华，《略论近代辞书的继承与创新》，《云南师范大学学刊》（社会科学版），2008（05）。

2009

20. 于锦恩，《马礼逊的汉语学习考察》，《东南大学学报》（哲学社会科学版），2009（06）。

21. 高兵，《马礼逊〈圣经〉翻译的跨文化交际学考察》，《宁夏社会科学》，2009（06）。

22. 赵晓阳，《二马〈圣经〉译本与白日升〈圣经〉译本关系考辨》，《近代史研究》，2009（04）。

23. 徐文堪，《马礼逊及其汉语研究简论》，《传统中国研究集刊》（第六辑）。

24. 黎尚健，《关于〈东西洋考每月统记传〉若干问题的探索》，《广州大学学报》（社会科学版），2009（08）。

25. 司佳，《〈五车韵府〉的重版与十九世纪中后期上海的英语出版业》，《史林》，2009（02）。

26. 郑志明，《晚清〈三字经〉4种英译版本特点及翻译特色》，《黎明职业大学学报》，2009（03）。

27. 王燕，《作为海外汉语教材的〈红楼梦〉——评〈红楼梦〉在西方的早期传播》，《红楼梦学刊》，2009（06）。

28. 沈毅，《19世纪初新教传教士在华的经济新闻传播活动》，《中国社会科学院研究生院学报》，2009（06）。

29. 黄灵燕，《传教士罗马字记音反映的官话音-k尾》，《语言研究》，2009（01）。

30. 依里斯著，叶凤美译，《依里斯日记中记载的礼仪之争》，《清史研究》，2009（02）。

31. 吴义雄，《〈中国丛报〉关于中国社会信仰与风习的研究》，《学术研究》，2009（09）。

32. 张法，《中国现代哲学语汇从古代汉语型到现代汉语型的演化——“中国现代哲学语汇的缘起与定型”研究之一》，《中国政法大学学报》，2009（01）。

33. 斯当东著，侯毅译，《1816年英使觐见嘉庆帝纪事》，《清史研究》，2009（02）。

34. 江岚、罗时进，《早期英国汉学家对唐诗英译的贡献》，《上海大学学报》(社会科学版)，2009(02)。

35. 何博传，《中国通商图：魔鬼与天使的敲门声》，《开放时代》，2009(05)。

36. 艾贝尔著，叶凤美译，《礼仪之争与阿美士德使团徒劳而返》，《清史研究》，2009(02)。

2010

37. 罗国华，《西方〈圣经〉汉译者的翻译观》，《嘉兴学院学报》，2010(01)。

38. 谭树林，《马礼逊在华传教事业与美国之关系》，《南京财经大学学报》，2010(02)。

39. 吴义雄，《〈印中搜闻〉与19世纪前期的中西文化交流》，《中山大学学报》(社会科学版)，2010(02)。

40. 贾永梅，《早期来华传教士的"非传教行为"研究——以第一位来华新教士马礼逊为例》，《山东师范大学学报》(人文社会科学版)，2010(02)。

41. 王宏志，《"我会穿上缀有英国皇家领扣的副领事服"：马礼逊的政治翻译活动》，《编译论丛》，2010(03)。

42. 卓新平，《马礼逊与中国文化的对话——〈马礼逊文集〉出版感言》，《世界宗教研究》，2010(03)。

43. 徐时仪，《西学东渐与中国近代辞书编纂》，《辞书研究》，2010(03)。

44. 杨慧玲，《汉英双语词典的诞生及其早期设计特征》，《外语教学与研究》，2010(03)。

45. 赵晓阳，《太平天国刊印圣经底本源流考析》，《清史研究》，2010(03)。

46. 颜宜葳，《马六甲英华书院寻踪》，《科学文化评论》，2010(03)。

47. 胡其柱、贾永梅,《翻译的政治：马儒翰与第一次鸦片战争》,《浙江社会科学》, 2010（04）。

48. 向际宇,《近代西方汉学字典初探》,《辞书研究》, 2010（04）。

49. 李秀清,《〈中国丛报〉与中西法律文化交流史研究》,《中国政法大学学报》, 2010（04）。

50. 屈文生,《早期中文法律词语的英译研究——以马礼逊〈五车韵府〉为考察对象》,《历史研究》, 2010（05）。

51. 谭树林,《剌佛与马礼逊在华传教事业之关系研究》,《世界宗教研究》, 2010（06）。

52. 陈新华,《早期教会学校与晚清西学东渐——以"马礼逊学堂"为个案》,《特区实践与理论》, 2010（06）。

53. 陈辉,《19世纪东西洋士人所记录的汉语官话》,《浙江大学学报》（人文社会科学版）, 2010（06）。

54. 李安定、刘苏,《基督教的传播对中国现代文化构型的影响》,《甘肃社会科学》, 2010（06）。

55. 肖朗、傅政,《伦敦会与在华英国教会中等教育——以"英华书院"为中心的考察》,《浙江大学学报》（人文社会科学版）, 2010（06）。

56. 司佳,《麦都思〈三字经〉与新教早期在华及南洋地区的活动》,《学术研究》, 2010（12）。

2011

57. 张美平,《马礼逊经典翻译与中西文化交流》,《浙江教育学院学报》, 2011（01）。

58. 王化文,《马礼逊与〈中国丛报〉》,《兰台世界》, 2011（01）。

59. 孟庆波、刘彩艳,《专业汉学时期以前英国汉语研究简述》,《河北理工大学学报》（社会科学版）, 2011（02）。

60. 曹保平,《马礼逊对汉语国际传播的贡献》,《兰台世界》, 2011

（03）。

61. 郑志明，《西方来华传教士与〈三字经〉西传》，《黎明职业大学学报》，2011（03）。

62. 姚达兑，《〈圣经〉与白话——〈圣经〉的翻译、传教士小说和一种现代白话的萌蘖》，《金陵神学志》，2011（03—04）。

63. 沈国威，《理念与实践：近代汉外辞典的诞生》，《学术月刊》，2011（04）。

64. 谭树林，《汤姆斯中文铅活字考论》，《齐鲁学刊》，2011（04）。

65. 王化文，《〈中国丛报〉主要作者群研究》，《商品与质量》，2011（04）。

66. 王燕，《马礼逊与〈三国演义〉的早期海外传播》，《中国文化研究》，2011（04）。

67. 蔡锦图，《中文〈圣经〉翻译的历史回顾和研究》，《圣经文学研究》（第五辑），2011（05）。

68. 张西平、彭仁贤、吴志良，《北外海外汉学研究中心与澳门、香港学术机构合作推出〈马礼逊文集〉》，《读书》，2011（05）。

69. 刘佳，《从马礼逊的〈三字经〉和〈大学〉译本看中国典籍在西方译介的影响》，《赤峰学院学报》（汉文哲学社会科学版），2011（05）。

70. 刘四发，《马礼逊〈圣经〉汉译文语言评析》，《学理论》，2011（06）。

71. 方美珍，《〈大学〉英译版本比较》，《湖北函授大学学报》，2011（10）。

72. 龚丹，《从〈马礼逊——在华传教士的先驱〉的翻译看文化诠释》，《文学教育（中）》，2011（12）。

2012

73. 刘静，《英华书院与晚清编译事业》，《北京印刷学院学报》，

2012（01）。

74. 葛锐、李晶，《道阻且长：〈红楼梦〉英译史的几点思考》，《红楼学刊》，2012（02）。

75. 张淑琼，《清代广州海幢寺经坊刻书及藏版述略》，《岭南文史》，2012（02）。

76. 谭树林，《马礼逊与19世纪美国基督教在华传教事业之关系研究》，《苏州科技学院学报》（社会科学版），2012（03）。

77. 俞森林，《中国道教经籍在十九世纪英语世界的译介与传播》，《社会科学研究》，2012（03）。

78. 顾钧，《鸦片战争以前来华美国人的汉语学习》，《江苏大学学报》（社会科学版），2012（04）。

79. 赵庆文，《清代新教赞美诗集的编译（1818—1911）》，《宗教学研究》，2012（04）。

80. 赵稀方，《中国的"再疆域化"——十九世纪传教士在中国的翻译》，《西南民族大学学报》（人文社会科学版），2012（04）。

81. 张啸，《19世纪传教士在华的翻译出版活动及其影响》，《学术界》，2012（06）。

82. 马云霞，《〈圣经〉"二马"译本的语言问题》，《周口师范学院学报》，2012（06）。

83. 余亚莉，《十九世纪外国传教士在华办报三阶段》，《陇东学院学报》，2012（06）。

84. 蔡慧清，《论朱子学在英语世界的最早传播与研究（上）》，《湖南大学学报》（社会科学版），2012（06）。

2013

85. 马庆株，《〈汉语拼音方案〉的来源和进一步完善》，《语言文字应用》，2013（01）。

86. 元青，《晚清汉英、英汉双语词典编纂出版的兴起与发展》，《近代史研究》，2013（01）。

87. 李伟芳，《论英国专业汉学史上马礼逊的奠基之功》，《兰台世界》，2013（01）。

88. 司佳，《邝其照与1868年〈字典集成〉初版——兼谈第一本中国人编写的英汉字典及其历史实用价值》，《广东社会科学》，2013（01）。

89. 赵晓阳，《〈圣经〉中译史研究的学术回顾和展望》，《晋阳学刊》，2013（02）。

90. 王悦晨，《一场由翻译触发的社会运动：从马礼逊的〈圣经〉翻译到太平天国》，《中国翻译》，2013（03）。

91. 王雪娇，《从马礼逊〈华英字典〉看〈红楼梦〉在英语世界的早期传播》，《红楼梦学刊》，2013（04）。

92. 王仲男、方还海，《西方汉学中汉字注音一瞥》，《汉字文化》，2014（04）。

93. 芦笛，《从十九世纪汉英英汉字典看中西真菌词汇的翻译》，《食用菌》，2013（05）。

94. 陈历明，《欧洲白话与传教士的事功》，《学术月刊》，2013（12）。

95. 卞浩宇、严佳，《传教士马礼逊与近代汉语教材、词典的编纂》，《苏州教育学院学报》，2013（06）。

96. 王音音，《马礼逊与〈圣经〉、〈华英字典〉编译》，《青年文学家》，2013（06）。

97. 谭树林，《马礼逊广州商馆汉语教学活动述论》，《暨南学报》（哲学社会科学版），2013（10）。

98. 于翠玲、郭毅，《马礼逊的〈印刷自由论〉版本探源及价值新论》，《北京行政学院学报》，2013（06）。

99. 黄晓佳，《忠诚　变通　适应——马礼逊〈圣经〉翻译思想评述》，《北京第二外国语学院学报》，2013（12）。

2014

100. 蔡慧清,《论朱子学在英语世界的最早传播与研究(下)》,《湖南大学学报》(社会科学版),2014(01)。

101. 袁进,《试论近代西方传教士创作的中文新小说》,《明清小说研究》,2014(01)。

102. 孙岩,《马礼逊〈中国通俗文学译文集〉探析》,《洛阳师范学院学报》,2014(01)。

103. 李栋,《鸦片战争前后英美法知识在中国的输入与影响》,《政法论坛》,2014(01)。

104. 袁进,《近代早期西方传教士与中文近代媒体的变革》,《社会科学》,2014(01)。

105. 杨卫华,《港台中国基督教史研究60年》,《安徽史学》,2014(01)。

106. 郑海娟,《〈圣经〉汉译与修辞三体》,《圣经文学研究》,2014(02)。

107. 刘美华,《〈印中搜闻〉视域中的中国社会信仰和习俗》,《北京行政学院学报》,2014(02)。

108. 邹朝春,《〈中国丛报〉的创刊及动机初探》,《宗教学研究》,2014(04)。

109. 卞浩宇,《〈印中搜闻〉对近代西方汉学发展的影响》,《苏州教育学院学报》,2014(05)。

110. 段怀清,《晚清新教来华传教士语境中的Literature概念——以马礼逊〈华英字典〉为中心》,《杭州师范大学学报》(社会科学版),2014(06)。

111. 孙琪,《和合本之前的基督新教〈圣经〉中译史简述》,《天风》,2014(08)。

112. 莫兴伟,《19世纪上半叶英人汉语语法研究著作述评》,《科技视界》，2014（33）。

113. 王肖南，《试论中国近代新闻传播发展的垫脚石——宗教性报刊》，《传播与版权》，2014（12）。

第二部分：马礼逊研究英文论著目录（2007—2014）

2007

Zhang, Xiantao. *The Origins of the Modern Chinese Press: The Influence of the Protestant Press in late Qing China*. Routledge.

Seitz, Jonathan A. *The comparative "merits" of Christian conversion: early diasporic Protestantism (1803–1840) in formation*. Diss. Princeton: Theological Seminary, 2007. UMI Nuber 3316578.

2008

Hancock, Christopher. *Robert Morrison and the Birth of Chinese Protestantism*. Bloomsbury T & T Clark. 2008.

2009

Wu, Xian & Zheng, Liren. "Robert Morrison and the First Chinese-English Dictionary." *Journal of East Asian Libraries*, No.147, pp. 1–12.

2012

Ying, Fuk-Tsang. "Evangelist at the Gate: Robert Morrison's Views on Mission." *The Journal of Ecclesiastical History*. Volume 63/2012, pp. 306–330.

Daily, Christopher. "Robert Morrison and the Multicultural Beginning of Chinese Protestantism." *Social Science and Missions*, Issue 25/2012, pp. 9–34.

2014

Yang, Huiling. "The Making of the First Chinese-English Dictionary: Robert Morrison's Dictionary of the Chinese Language in Three Parts (1815–1823)." *Historiographia Linguistica,* 41:2/3, pp. 299–322.

附录五

1978—2014年外向型汉英词典名录汇编

年份	词典名	编著者	出版社	语种	针对用户群
1992	汉英虚词词典	王还	华语教学出版社	汉-英	不明确，但可判断是外向型
1995	汉英词典（修订版）第二版	北京外国语大学英语系词典组	外语教学与研究出版社	汉-英	翻译工作者、英语教师、学习汉语的外国朋友
1999	多音多义字汉英字典	［澳］白瑞德、杨沐	华语教学出版社	汉-英	不明确，可判断是外向型
2000	汉英汉语成语用法词典*A Chinese-English Dictionary of Chinese Idioms*	潘维桂	华语教学出版社	汉英双解	中等汉语水平的外国人和中等英语水平的中国人
2000	新时代汉英大词典 *New Age Chinese-English Dictionary*	吴景荣、程镇球	商务印书馆	汉-英	英语学习者和外国学习汉语者
2002	新时代精选汉英词典	潘绍中	商务印书馆	汉-英	大中学生、一般英语工作者和海外学习汉语的读者
2002	汉字英释大辞典	吴光华等	上海交通大学出版社	汉-英	学习英语的中国人和学习汉语的外国人

续表

年份	词典名	编著者	出版社	语种	针对用户群
2002	常用汉英双解词典	傅永和、肖金卯、鲁元魁、王有志	上海教育出版社	汉英双解	学习现代汉语的中小学生、少数民族、外国人
2002	简明汉英词典	《简明汉英词典》编写组	商务印书馆	汉－英	学习英语的中国人和学习汉语的外国人
2003	新世纪汉英大词典	惠宇	外语教学与研究出版社	汉－英	译者、英语学习者、汉语学习者
2003	汉英双语辞海	《汉英双语辞海》编委会	山西人民出版社	汉－英	中外读者
2003	学生实用汉英大词典	孙怀庆	吉林大学出版社	汉－英	英语学习者和学习汉语的外国朋友
2003	新汉英辞典 *The New Chinese-English Dictionary*	吴光华	上海交通大学出版社	汉－英	学习英语的中国人和学习汉语的外国人
2005	汉语近义词典（汉英双解） *A Dictionary of Chinese Synonyms*	王还	北京语言大学出版社	汉英双解	外国留学生和对外汉语教师
2005	汉英双解成语词典 *A Dictionary of Chinese Idioms with English Translation*	《汉英双解成语词典》编委会	商务印书馆国际有限公司	汉英双解	中外读者
2005	汉英、英汉习语大全	张学英、张会	清华大学出版社	汉－英	学习英语和学习汉语的人士

续表

年份	词典名	编著者	出版社	语种	针对用户群
2005	汉英古今常用词汇词典	张常人	外文出版社	汉－英	学习中英语言的人，翻译者
2005	精选英汉汉英词典（第三版大字版） *Concise English-Chinese Chinese-English Dictionary*	吴景荣等编 朱原、王良碧玉等译	商务印书馆	汉英双解	学习英语的中国读者和学习汉语的外国读者
2006	汉英大词典	王瑞晴	北京外文出版社	汉－英	大中学生、专业技术人员、英语爱好者以及学习汉语的外国朋友
2006	汉英词典	安亚中	商务印书馆国际有限公司	汉－英	国内外读者
2006	新汉英词典	吴景荣等	中国对外翻译出版公司	汉－英	学习英语的汉语读者和来中国工作、学习或旅游的外国人
2006	商务馆学汉语词典 *The Commercial Press Learner's Dictionarg of Contemporang Chinese*	鲁健骥、吕文华			
2007	汉英双语学习词典 *A Chinese-English Dictionary*	钱文驷、姚乃强	北京外文出版社	汉英双语	学习汉语的外国人
2007	新汉英词典（双色版）	王立非	商务印书馆国际有限公司	汉－英	学习英语的人
2008	*My Chinese Picture Dictionary*汉语图解词典	吴月梅等	商务印书馆	汉英双语	学习汉语的外国人

续表

年份	词典名	编著者	出版社	语种	针对用户群
2008	新时代汉英大词典	吴景荣、程镇球	商务印书馆	汉英双解	英语、汉英对译
2008	学汉语小字典 *Pocket Chinese Dictionary*	蔡智敏	外文出版社	汉英双解	对外汉语教学一年级
2008	常用汉语虚词英译 *A Handbook of Chinese Functional Words*	孙瑞禾	商务印书馆	汉英双语	学习英语的大专学生、英语教师和翻译工作者
2008	留学生汉英学习词典 *Chinese-English Dictionary for Foreign Learners*	《留学生汉英学习词典》编写组	上海译文出版社	汉－英	学习汉语的留学生
2008	汉英大词典	安亚中、张健	商务印书馆国际有限公司	汉－英	国内外读者
2008	汉英大词典（缩印本）	安亚中、张健	商务印书馆国际有限公司	汉－英	国内外读者
2009	留学生汉语习惯用语词典	杨金华	上海世纪出版有限公司译文出版社	汉英双解	学习汉语的中高级外国留学生、海外华侨华裔、境内少数民族
2010	汉英词典（第三版）	姚小平	外语教学与研究出版社	汉－英	学英语的中国人和学汉语的外国人

续表

年份	词典名	编著者	出版社	语种	针对用户群
2011	商务馆学汉语字典 *The Chinese Broken Marks Dictionary*	［美］黄全愈、黄矿岩、陈彤	商务印书馆	汉英双语	汉语学习者
2012	汉语量词图解词典（汉英版） *Picture Dictionary of Chinese Measure Words*	曾祺、商务印书馆世界汉语教学研究中心	商务印书馆	汉英双语	学习汉语的外国人
2013	汉语800虚词用法词典	杨寄洲、贾永芬	北京语言大学出版社	汉英双语	各国汉语学习者和对外汉语教师
2014	汉字通	顾建平	东方出版中心	汉－英	学习汉语的人
2014	558易用汉英词典	澳门城市大学语言研究所编委组、北京大学英语系《新意式558易用汉英词典》编撰组	浙江大学出版社	汉－英	学习汉语的外国人

参考文献

辞书类

［汉］许慎著，［宋］徐铉校，《说文解字》，中华书局，2013年再版。

［清］陈荩谟、胡含一，《五车韵府》，广东：慎思堂，1708。

［清］陈廷敬、张玉书等，《康熙字典》（同文书局原版），中华书局，1963。

［英］霍恩比著，赵翠莲等译，《牛津高阶英汉双解词典》（第八版），商务印书馆，2014。

［英］魏迺杰编译，《英汉·汉英中医词典》，湖南科学技术出版社，2006。

曹先擢、苏培成，《汉字形义分析字典》，北京大学出版社，1999。

顾建平，《汉字通》，东方出版中心，2014。

郭沫若，《甲骨文字研究》，科学出版社，1962。

李经纬等主编，《中医大辞典》（第2版），人民卫生出版社，2005。

罗竹风主编，《汉语大词典》（全22册），世纪出版集团、汉语大词典出版社，2011。

商务印书馆辞书研究中心编，《现代汉语学习词典》，商务印书馆，2010。

孙全洲主编，《现代汉语学习词典》，上海外语教育出版社，1995。

杨敦伟，《现代常用汉字溯源字典》，湖南人民出版社，2012。

英国柯林斯出版公司编著，柯克尔登译，《柯林斯COBUILD中阶英汉双解词典》，北京外语教学与研究出版社，2013。

俞士汶等著，《现代汉语语法信息词典详解》（第二版），清华大学出版社，2003。

中国社会科学院语言研究所词典编辑室，《现代汉语词典》（第6版），商务印书馆，2012。

Brollo, Basilio. 1694. *Han çu si ie. Sinicarum litterarum europea exposition. Dictionarium sinico-latinum, suis fratribus sinicae missionis tyronibus elaboratum per Fr. Basilium a Glemona Ord. Minorum strict. observ., venetae Divi Antonii provinciae alumnum, A.D.1694*. Florence: Biblioteca Mediceo-Laurenziana, Ms. Rinuccini 22.

Brollo, Basilio. 1698–1700?. *Dictionarium sinico-latinum in quo litterae sinicae ordine alphabetic dispositae explicantur, adiuncto quoque indice ad easdem litteras inveniendas in fine, compositum a Ie Xin-fu, minorita italo, vicario apostolic, Revmo P. Basilio a Glemona Ord. Min. S.P.N. Francisci Reform., et ab alio Ie Xin-fu, Frate Io. Baptista a Serravalle, missionario apostolic in provincial Xensi scriptum*. Florence: Biblioteca Mediceo-Laurenziana, Ms. S. Marco 309.

Morrison, Robert. 1815–1823. *Dictionary of the Chinese Language in three parts*. Macao.

Morrison, Robert. 1828. *Vocabulary of the Canton Dialect*《广东省土话字汇》. Macao.

中英文著作文章类

[美]马士著，区宗华译，《东印度公司对华贸易编年史》，中山大学出版社，1991。

[美]艾贝尔著，叶凤美译，《礼仪之争与阿美士德使团徒劳而返》，《清史研究》，2009年第2期。

[日]宫田和子，《英華辞典の総合的研究——19世紀を中心として》，白帝社，2010。

[美]孟德卫著，陈怡译，《奇异的国度：耶稣会适应政策及汉学的起源》，大象出版社，2010。

[日]何群雄著，阮星、郑梦娟译，《19世纪基督新教传教士的汉语语法学研究——以马礼逊、马士曼为例》，《国际汉语教学动态与研究》（第三辑），外语教学与研究出版社，2008。

[日]内田庆市，《关于马礼逊的语法论及其翻译观》，《东亚文化交涉研究》，第2号，2009。

[日]朱凤，《モリソンの〈華英字典〉に關する一研究：その百科全書的な特徵およびヨーロッパ漢學史における位置づけについて》，京都大学博士论文，2004。

[日]朱凤，《马礼逊〈华英英华字典〉与东西文化交流》，白帝社，2009。

[日]朱凤，《马礼逊〈字典〉“致读者”》，沈国威编，《近代英华华英辞典解题》，日本关西大学出版部，2011。

[英]艾莉莎·马礼逊编，《马礼逊回忆录》（中文版）一，大象出版社，2008a。

[英]艾莉莎·马礼逊编，《马礼逊回忆录》（中文版）二，大象出版社，2008b。

［英］米怜著，北京外国语大学中国海外汉学研究中心翻译组译，《新教在华传教前十年回顾》（中文版），大象出版社，2008。

［英］尼古拉斯·奥斯特勒著，章璐等译，《语言帝国：世界语言史》，上海人民出版社，2009。

［英］斯当东著，侯毅译，《1816年英使觐见嘉庆帝纪事》，《清史研究》，2009年第2期。

安德源，《汉语词典用户的词典信息需求调查》，《辞书研究》，2012年第2期，28—32页。

蔡慧清，《论朱子学在英语世界的最早传播与研究（上）》，《湖南大学学报》（社会科学版），2012年第6期。

曹保平，《马礼逊对汉语国际传播的贡献》，《兰台世界》，2011年第3期。

曹力文，《从华英字典〈英汉词典〉和〈汉英合璧相连字汇〉看19世纪中国文化西传》，暨南大学硕士论文，2011。

岑玉珍、宋尚镐，《韩国留学生对汉语学习词典的需求调查》，《辞书研究》，2011年第1期，152—162页。

查时杰，《再论马礼逊与广东十三夷馆》，载《自西徂东——基督教来华二百年论集》，香港基督教文艺出版社，2009。

陈才俊，《马礼逊与早期中英外交关系考析》，《广东社会科学》，2008（05）。

陈力卫，《马礼逊〈华英英华辞典〉在日本的传播和利用》，《马礼逊研究文献索引》，大象出版社，2008。

陈梦家，《中国文字学》（修订本），中华书局，2011。

陈怡，《约翰·韦伯〈历史性论文：论中华帝国的语言是原始语言的可能性〉中对汉语的接受》，北京外国语大学硕士论文，2003。

池威廉（Che Wai Lam），A study of the culture-oriented approach adopted by Robert Morrison in a dictionary of the Chinese language，香港浸会

大学硕士论文，2000。

崔永华，《汉字部件和对外汉字教学》，《语言文字应用》，1997年第3期。

傅永和，《汉字结构和构造成分的基础研究》，载陈原主编，《现代汉语用字信息分析》，1993，108—113页。

韩敬体，《〈康熙字典〉的主要特点、教训及在我国辞书史上的重要地位——兼评〈论《康熙字典》〉》，载《中华字典研究》(第一辑)，中国社会科学出版社，2009。

韩林华，《〈康熙字典〉的编辑成就》，《齐齐哈尔师范学院学报》，1994年第6期。

郝瑜鑫、王志军，《国外汉语学习词典需求之探讨——以美国为例》，《华文教学与研究》，2013年第3期，50—57页。

郝瑜鑫、邢红兵，《汉语学习型词典需求调查研究——兼论初中级阶段学习型词典的编纂》，《汉语国际教育"三教"问题——第六届对外汉语学术研讨会论文集》，北京外语教学与研究出版社，2010，26—48页。

何家宁，《词典使用研究的必要性、领域及方法》，《辞书研究》，2002年第4期。

胡晓萍，《汉字的结构和演变》，东北师范大学出版社，2013。

黄爱美，《马礼逊〈通用汉言之法〉研究——英国早期来华传教士的汉语研究》，清华大学硕士论文，2003。

黄建华、陈楚祥，《双语词典学导论》，商务印书馆，2001。

黄智奇，《马礼逊、郭实腊与鸦片公司合作》，《亦有仁义——基督教传教士与鸦片贸易的斗争》，香港宣道出版社，2004。

李大忠，《外国人学汉语语法偏误分析》，北京语言大学出版社，2007。

李国英，《论汉字形声字的义符系统》，《中国社会科学》，1996年第3期。

李行健、余志鸿，《〈康熙字典〉的编纂新理念》，《中华字典研究》

（第一辑），中国社会科学出版社，2009。

李莉，《汉语学习词典应用状况调查研究》，鲁东大学硕士论文，2012。

李伟芳，《论英国专业汉学史上马礼逊的奠基之功》，《兰台世界》，2013年第1期。

李晓琪，《现代汉语虚词讲义》，北京大学出版社，2008。

李燕、康加深、魏励、张书岩，《现代汉语形声字研究》，《语言文字应用》，1992（01），29—36页。

李运富，《汉字学新论》，北京师范大学出版社，2012。

林明金，《双语词典提供文化信息的必要性与作用》，《外国语言文学》，2007年第3期。

林明金、林大津，《双语词典提供文化信息的途径》，《辞书研究》，2007年第5期。

蔺璜，《汉语语法体系的嬗变》，《语文研究》，1995年第2期（总第55期）。

刘京晶，《英语学习型词典中插图使用的现状及分析》，《科教文汇》，2008年第11期。

柳苗，《中亚留学生汉语词典使用情况调查研究》，新疆师范大学硕士论文，2011。

陆谷孙、王馥芳，《当代英美词典编纂五十年综述》，《外语教学与研究》，2006年3月，136—141页。

马军译注，《德国东方学泰斗——克拉普洛特传》，载阎纯德主编《汉学研究》，第3集，1998。

倪海曙，《现代汉字形声字字汇》，语文出版社，1992。

潘钧，《汉字研究文集》，云南大学出版社，2007。

裘锡圭，《文字学概要》（修订本），商务印书馆，2013。

屈文生，《早期中文法律词语的英译研究——以马礼逊〈五车韵府〉

为考察对象》，《历史研究》，2010年第5期。

任海波，《基于语料库的现代汉语近义虚词对比研究》，学林出版社，2013。

佘贤君、张必隐，《形声字心理词典中义符和音符线索的作用》，《心理科学》，1997年第20卷。

［日］沈国威编，《近代英华华英辞典解题》，关西大学出版部，2011。

石肆壬选编，《词典学论文选译》，商务印书馆，1981。

斯蒂夫勒著，杨慧玲译，《英国东印度公司广州商馆的汉语学生》，《国际汉学》第24辑。

苏精，《马礼逊与中文印刷出版》，台湾学生书局，2000。

苏精，《中国，开门！》，香港基督教中国宗教文化研究社，2005。

苏培成，《现代汉字学纲要》（第3版），商务印书馆，2014。

苏新春，《汉字的语言性与语言功能》，山东教育出版社，2014。

谭树林，《英国东印度公司与澳门》，广东人民出版社，2010。

唐余俊，《〈现代汉语词典〉收词原则与收词范围》，南京师范大学硕士毕业论文，2007。

田兵、陈国华，《英语高阶学习词典设计特征研究——兼及多义词的认知语义结构和义项特征》，科学出版社，2009。

万江波、凌秋虹，《在高校非英语专业开设“大学英语词典使用”课》，《辞书研究》，2005年第3期。

汪家熔，《试析马礼逊〈中国语文词典〉的活字排印——兼与张秀民、叶再生先生商榷》，《北京印刷学院学报》1996年第2期。

汪家熔，《鸟瞰马礼逊词典——兼论其蓝本之谜》，叶再生编，《出版史研究》（第五辑），中国书籍出版社，1997。

王东杰，《白话文引发的语文论争与汉字拼音化运动政论策略的调整》，《四川大学学报》（哲学社会科学版），2013年第4期。

王宏志，《斯当东与广州体制中英贸易的翻译：兼论1814年东印度公司与广州官员一次涉及翻译问题的会议》，《翻译学研究集刊》，2014年第十七辑，57—91页。

王辉、叶拉美，《“直译”的政治：马礼逊〈大学〉译本析论》，《广东外语外贸大学学报》，2008年第3期。

王宁，《汉字的优化与简化》，《中国社会科学》，1991年第1期，69—80页。

王荣波，《马礼逊〈五车韵府〉音系研究》，清华大学硕士论文，2007。

王树槐，《基督教与清季中国的教育与社会》，广西师范大学出版社，2011。

王小海，《国外的词典使用研究》，《辞书研究》，2005年第1期。

王雪娇，《从马礼逊〈华英字典〉看〈红楼梦〉在英语世界的早期传播》，《红楼梦学刊》，2013年第4期。

王燕，《马礼逊与〈三国演义〉的早期海外传播》，《中国文化研究》，2011年第4期。

王耀东、敏春芳，《“打”字的来源及读音考》，《宁波大学学报》（人文科学版），2011年第2期。

魏迺杰（Nigel Wiseman），《就谢教授及其同僚运用西医术语表达中医概念的回复》，《中国中西医结合杂志》，2006，746—748页。

魏向清，《英语学习词典的选择与使用（一）》，《辞书研究》，2008年第1期。

魏向清，《双语学习词典设计特征研究的谱系学思考》，《辞书研究》，2013年第5期，1—10页。

魏向清等，《中国辞书发展状况报告（1978—2008）》，商务印书馆，2014。

吴伯娅，《康熙与〈律历渊源〉的编纂》，《故宫博物院院刊》，2012

年第4期。

吴莉苇，《当诺亚方舟遭遇伏羲神农：启蒙时代欧洲的中国上古史论争》，中国人民大学出版社，2005。

伍萍，《英语学习词典文化信息处理方法探究——基于五大英语学习词典的研究》，广东外语外贸大学硕士论文，2006。

吴勇毅，《语义在对外汉语句型、句式教学中的重要性——兼谈从语义范畴建立教学用句子类型系统的可能性》，《汉语学习》，1994年第5期。

夏立新，《对外汉语学习词典的出版和使用者调查研究》，《出版科学》，2009年第1期，65—69页。

夏立新，《对汉英语文词典编纂和出版的一些思考》，《出版科学》，2011年第2期，23—27页。

萧致治、杨卫东编，《老马礼逊到达广州》，《西风拂夕阳——鸦片战争前的中西关系》，湖北人民出版社，2005。

邢红兵，《〈（汉语水平）汉字等级大纲〉汉字部件统计分析》，《世界汉语教学》，2005年第2期。

徐海、源可乐、何家宁，《英语学习型词典研究》，外语教学与研究出版社，2012。

徐时仪，《“打”字的语义分析再补》，《南阳师范学院学报》（社会科学版），2008年第4期。

徐式谷，《英汉翻译与双语类辞书编纂论集》，商务印书馆，2013。

徐式谷，《历史上的汉英词典（上）》，《辞书研究》，2012年第1期。

杨慧玲，《马礼逊和他的〈五车韵府〉》，北京外国语大学硕士论文，2005。

杨慧玲，《马礼逊与中国语言和文化的西传》，《文化杂志》2006年春季刊。

杨慧玲，《19世纪汉英词典传统——马礼逊、卫三畏、翟理斯汉英词典的谱系研究》，商务印书馆，2012。

杨树达，《老清华讲义——中国文字学概要》，湖南人民出版社，2010。

杨玉良，《一部尚未刊行的翻译词典——清官方敕纂的〈华夷译语〉》，《故宫博物院院刊》，1985年第4期。

姚小平，《西方语言学史》，外语教学与研究出版社，2011。

叶再生，《概论马礼逊的中国语文字典——中国最早一家现代化出版社和中国近代出版史分期问题》，《出版史研究》（第一辑），1993。

叶再生，《出版史研究》（第一辑），中国书籍出版社，1996。

雍和明、罗振跃、张相明等，《中国辞典史论》，中华书局，2006。

游梦雨，《鉴往知来：马礼逊〈华英词典〉对当代外向型汉英词典研编的启示》，南京大学硕士论文，2012。

于屏方，《动作义位释义的框架模式研究》，中国社会科学出版社，2007。

于屏方、杜家利，《汉、英学习词典对比研究》，中国社会科学出版社，2010。

余静斐，《中医词语早期的英译研究》，广州中医大学硕士论文，2012。

俞森林，《中国道教经籍在十九世纪英语世界的译介与传播》，《社会科学研究》，2012年第3期。

张德劭，《汉字部件规范的目的和部件拆分标准——兼评〈基础教学用现代汉语常用字部件规范〉》，《中国文字研究》2007年第2期。

张涤华，《张涤华文集》，安徽师范大学出版社，2011。

张积家、方燕红、陈新葵，《义符在中文名词和动词分类中的作用》，《心理学报》，2006年第2期。

张积家、王娟、印丛，《义符研究20年：理论探讨、实验证据和加工模型》，《心理科学进展》，2014年第3期。

张群显，《马礼逊语文大事记：马礼逊来华二百年纪念》，《语文建设通讯》第86期，2007。

张志毅，《辞书强国——辞书人任重道远的追求》，《辞书研究》2012年第1期。

张西平、彭仁贤、吴志良主编，《马礼逊研究文献索引》，大象出版社，2007。

张西平、杨慧玲，《世界汉外词典史上的一桩学案》，《自西徂东——基督教来华二百年论集》，香港基督教文艺出版社，2009。

张旺熹，《从汉字部件到汉字结构——谈对外汉字教学》，《世界汉语教学》，1990年第2期。

张翔，《现代汉字形声字义符表意功能类型研究》，《青海师范大学学报》（哲学社会科学版），2010年第1期

章宜华，《汉语学习词典与普通汉语词典的对比研究》，《学术研究》，2010年第9期，151—156页。

章宜华，《内向型普通词典与外向型学习词典的对比研究》，《广东外语外贸大学学报》，2010年第5期，5—9页。

章宜华，《二语习得与学习词典研究》，商务印书馆，2015。

章宜华、雍和明，《当代词典学》，商务印书馆，2007。

赵丽明，《〈康熙字典〉对海外的影响——中外文化交通大桥》，《中华字典研究》（第一辑），中国社会科学出版社，2009。

郑天挺，《马礼逊父子》，列岛编，《鸦片战争史论文专集》，生活·读书·新知三联书店，1958。

钟一凡，《形声字的理想分类初探》，《语言教学与研究》，2008年第5期。

周绪彦，《〈华英字典〉及其新义研究》，上海师范大学硕士论文，2011。

周有光，《马礼逊的〈中文字典〉和官话拼音方案》，《中国语文》

杂志，1960年1月。

周有光，《现代汉字学发凡》，《语文现代化：丛刊》，上海知识出版社，1980年第2辑，123—130页。

周有光，《汉字和文化问题》，人民文学出版社，2009。

左松超，《〈康熙字典〉在字典编纂史上的成就和影响》，《中华字典研究》（第一辑），中国社会科学出版社，2009。

Abercrombie, D. 1978. The Indication of Pronunciation in Reference Books, in P. Strevens ed. *In Honor of A.S. Hornby*. Oxford: Oxford University Press.

Atkins, B. T. & Rundell, Michael. 2008. *The Oxford Guide to Pratical Lexicography*. Oxford University Press.

Atkins, B. T. S. 1992. Therotical lexicography and its relation to dictionary-making, in Frawley, W. ed. *Dictionaries: The Journal of the Dictionary Society of North America*, No.14：4–43.

Atkins, B. T. S. 1985. Monolingual and bilingual learners' dictionaries: A comparison. In R. Ilson ed. *Dictionaries, Lexicography and Language Learning*. Oxford: Pergamon Press and the British Council.

Back, M. 2005. Bilingual dictionaries for learners. *Kernerman Dictionary News* 13.

Bassnett, Susan. 2010. *Translation Studies*（Thrid Edition）. Shanghai Foreign Language Education Press.

Batia Laufer, Tamar Levitzky-Aviad. 2006. "Examining the effectiveness of bilingual dictionary plus'—a dictionary for production in a foreign language." *International Journal of Lexicography*, Vol.19, No.2, 135–155.

Béjoint, H. 1984. *Traditiona and Innovation in Modern English Dictionaries*. Oxford University Press.

Bergenholtz, Henning & Agerbo, Heidi. 2014. There is no Need for the Term Polysemy and Homonymy in Lexicography. *LEXIKOS.* Vol.24（2014），pp. 27—35.

Cheng, Chin-Chuan. 2000. Frequently-used Chinese characters and language cognition. *Studies in the Linguistic Sciences*. Vol.30：107–118.

Chien, David & Thomas Creamer. 1986. A brief history of Chinese bilingual lexicography. In *The History of Lexicography,* ed by Reinhard Hartmann. John Benjamins Publishing Company.

Coxhead, A. 2009. An introduction to the Academic Word List, in *Longman Dictionary of Contemporary English*. Harlow: Pearson Education Ltd.

Cowie, A. P. 2002. *English Dictionaries for Foreign Learners: A History* (《英语学习词典史》). Beijing Foreign Language Teaching and Research Press & Oxford University Press.

Daily，Christopher. A. 2013. *Robert Morrison and the Protestant Plan for China*. Hong Kong University Press.

Dohi, K. 2001. Thorndike's Influence on Learners' Dictionaries. *Dictionaries*. 2001（22）.

Ellis, Rod. 1995. Modified oral input and the acquisition of word meanings. *Applied Linguistics*. 1995（16）.

G. T. Staunton. 1856. *Memoirs of the Chief Incidents of the Public Life of Sir George Staunton*. London.

Harrison, Brian. 1979. *Waiting for China: The Anglo-Chinese College at Malacca, 1818–1843, and early nineteenth-century missions*. Hong Kong University Press.

Hartmann, R. R. K. & James, George, 2000. *Dictionary of Lexicography*. Beijing Foreign Language Teaching and Research Press & Oxford University

Press.

Hartmann，R. R. K. 2005.Teaching and Researching Lexicography（《词典学教学与研究》）.Beijing Foreign Language Teaching and Research Press.

Herbst, T. 1990. Dictionaries for Foreign Language Teaching: English, in F. J. Hausmann et al. eds, *Dictionaries and Their Parts as Texts. Lexicographica International Annual,* 1990（6）.

Ilson, Robert. 1985. *Dictionaries, Lexicography and Language Learning*. Oxford: Pergamon Press and the British Council.

Klaproth, Julius Heinrich. 1818. Critique on Dr. Morrison's Chinese Dictionary, in *Asiatic Journal* 5：575.

Klaproth, Julius Von. 1818. Critique on Dr. Morrison's Chinese Dictionary, and Dr. Montucci's Parallel between his intended Dictionary and Dr. Morrison's. In *The Asiatic Journal and Monthly Register for British India and its Dependencies*. Vol.V.

Kirkpatrick, Betty. 1989. User's guides in dictionaries. In *Dictionaries. An International Encyclopedia of Lexicography,* vol.1, edited by Franz Josef.

Landau, Sidney. 2001. *Dictionaries: The Art and Craft of Lexicography.* Cambridge/New York: Cambridge University Press.

Laufer, Batia & Levitzky-Aviad, Tamar. 2006. "Examining the effectiveness of bilingual dictionary plus'—a dictionary for production in a foreign language." *International Journal of Lexicography* , Vol.19, No.2, 135–155.

Leech G. & Thomas, J. 1987. Pragmatics and the dictionary, in D. Summers ed, *Longman Dictionary of Contemporary English*. Harlow: Longman Group U.K. Ltd., F 12–13.

Lemmens, M. & Wekker, H. 1986. *Grammar in English Learners' Dictionaries*. Tübingen M. Niemeyer.

Lloyd W. Daly & B. A. Daly. 1964. Some Techniques in Mediaeval Latin Lexicography. *Speculum*. Vol.39. No.2. April. 1964, pp.229–239.

MacFarquhar and J. C. Richards. 1983. On dictionaries and definitions. *RELC Journal*. 1983 14 : 111–124.

Michael Rundell. 1999. Dictionary use in Production. *The International Journal of Lexicography*. 1999 12 (1) : 35–53.

Millburn, John R. & Rössoak, Tor E. 1992. The Bardin family, Gobe-makers in London, and their associate, Gabriel wright, in *Der Globusfreund*, No. 40/41 November 1992.

Morrison, Robert. 1819. "Notice" [addressed to the subscribers to his dictionary] . *The Asiatic Journal* 8 : 274.

Morrison, Robert. 1819. *The Asiatic Journal and Monthly Register for British India and its Dependencies*. Vol. Ⅷ.

Morrison, Robert. 1826. *Report of The Anglo-Chinese College at Malacca*.

Nation, I. S. P. & Newton, J. 2001. Teaching vocabulary, In J.Coady & T. Huckin eds. *Second Language Vocabulary Acquisition*. Cambridge University Press and Shanghai Foreign Language Education Press.

Piotrowsky, T. 1989. Monolingual and bilingual dictionaries: Fundamental differences. In M. L. Tickoo (ed.) , *Learner's Dictionaries: State of the Art*. SEAMEO RELC, Singapore.

Quirk, R. 1995. Preface to Longman Dictionary of Contemporary English, in *Longman Dictionary of Contemporary English*. London Longman Group Limited.

Rundell, Michael. 1999. Dictionary use in Production. *The International Journal of Lexicography*. 1999 12 : 35–53.

Rundell, Michael. 1998. Recent Trends in English Pedagogical Lexicography.

The International Journal of Lexicography. 1998（4）.

Scholfield, P. J. 1999. Dictionary use in reception. *International Journal of Lexicography*, 12：13—35.

Sandro, Nielsen. 2006. A Functional Approach to User Guides. *Dictionaries: Journal of the Dictioanry Society of North America*, Number 27, 2006.

Stein, Gabriele. 1985. *The English Dictionary before Cawdrey.* Max Niemeyer Verlag Tübingen.

Stein, G. 2002. *Better Words: Evaluating EFL dictionaries.* University of Exeter Press.

Trap, Svan. 2008. *Lexicography in the Borderland between Knowledge and Non-knowledge: General Lexicographical Theory with Particular Focus on Learner's Lexicography*. Walter de Gruyter.

West, P. 1953. A *General Service List of English Words*. London Longmans.

Wiegand, Herbert Ernst. 1989. Der gegenwärtige Status des Lexikographie und ihr Verhältnis zu anderen Disziplinene. In Franz Josef Hausmann/Oskar Reichmann, Herbert Ernst Wiegand, Ladislav Zgusta（eds.）, Wörterbücher, Dictionaries, Dictionnaires. *An International Encyclopedia of Lexicography,* First Volume. Berlin: Walter de Gruyter. pp.246–280.

Wierzbicka, Anna. 1991. What Are the Use of Theoretical Lexicography? Dictionaries: *Journal of the Dictionary Society of North America*, Number 14, 1991/93.

Wiseman, Nigel. Feng, Ye（冯晔）. 2003. *Introduction to English Terminology of Chinese Medicine*（《英文中医词汇入门》）. 台北：合记图书出版社。

后 记

关于这本书，有不得不说的故事。写作这本书的初衷是因为我作为国内为数不多的马礼逊研究青年学者之一，从2002年起就专攻马礼逊的《汉英英汉词典》，从最初的望洋兴叹到第一篇以《五车韵府》为研究对象的硕士论文，再到博士论文对19世纪汉英词典史最大一支谱系的发掘，期间的研究都是围绕着这部《汉英英汉词典》展开的。当我的博士论文屡获殊荣，本以为可以暂时放下自己的研究课题时，却又发现对于马礼逊和他的《汉英英汉词典》还有许多未完的故事，让我不能割舍。于是，我又承担了国家社科基金项目，对马礼逊和他的《汉英英汉词典》做了专题研究，也对自己十余年来耕耘一部词典画上圆满的句号。

写作之初，凭借对国际国内学界研究的了解，我对自己的研究非常自信。然而，随着书稿逐渐成形，在挖掘早期汉英学习词典与当代外向型汉语学习词典编纂的关系，思考对21世纪的启示部分时，笔下如有千斤。《汉英英汉词典》是一部编写于200多年前的外向型汉语学习词典，翻阅解读这部巨著就已是难题，要想从久远的过去发掘出仍然适用于21世纪的经验，就更加困难重重。然而，这是我写这部书的初衷，不仅要还原出历史真相，也要发掘出早期汉语学习词典对当代的价值，使得本书兼具学术性与实用性。写作搁置了相当长的一段时间。在此期间，我曾专程前往广东外语外贸大学的双语词典学研究中心，听取中国双语词典学会会长章宜华教授中肯的建议；拜访丹麦奥胡斯大学词典学研究中心，向Henning Bergenholtz和Sven Tarp两位教授请教他们对于学习词典研究的心得；在广泛涉猎这个领域的现有研究之后，萌发了新的研究思路。在冬日斯德哥尔摩的无尽长夜中，我在昏黄的灯光的陪伴下写作；夏日大暑，在永定河畔一浪浪的蝉鸣声中，我仍闭关挥汗修改论文。在刚结束博士论文之后，又一次高强度地读书写作，我突发感想：突破自己虽然艰难，但知道了世界之大以及学术远景的广阔，我辈仍需尝试。

感谢这五年来支持我的海内外师长前辈学者，他们的耳提面命以及通过电邮的交流，是支持我前行最大的动力。感谢我身后的家人，他们在我成家立业后选择了追逐心灵的生活，给予了我超出常人想象的宽容与支持。感谢恩师张西平教授，颇具眼光地为我选择了这个课题和学术方向，只是没有想到，这个课题竟会做到白发生而犹未尽意。感谢陈国华教授，引导我进入双语词典学研究领域并始终关心着我的成长。感谢我的课题组成员于屏方教授和戴文颖博士的支持。这本书留下了我的青春足迹，在它出版之际，我将走向人生的下一个阶段，并以此书纪念逝去的青春年华。